国家社科基金项目资助

六经皆心学

宋濂哲学与浙东学术

刘玉敏　著

ZHEJIANG UNIVERSITY PRESS
浙江大学出版社

图书在版编目(CIP)数据

六经皆心学:宋濂哲学与浙东学术/ 刘玉敏著.—
杭州:浙江大学出版社，2021.1
ISBN 978-7-308-20899-4

Ⅰ.①六… Ⅱ.①刘… Ⅲ.①宋濂(1310—1381)—
心学—关系—浙东学派—研究 Ⅳ.①B244.8 ②B244.995

中国版本图书馆 CIP 数据核字(2020)第 244848 号

六经皆心学:宋濂哲学与浙东学术

刘玉敏　著

责任编辑	蔡　帆	
责任校对	吕倩岚	
封面设计	周　灵	
出版发行	浙江大学出版社	
	（杭州市天目山路 148 号　邮政编码 310007）	
	（网址：http：//www.zjupress.com）	
排　　版	浙江时代出版服务有限公司	
印　　刷	广东虎彩云印刷有限公司绍兴分公司	
开　　本	710mm×1000mm　1/16	
印　　张	16	
字　　数	284 千	
版 印 次	2021 年 1 月第 1 版　2021 年 1 月第 1 次印刷	
书　　号	ISBN 978-7-308-20899-4	
定　　价	52.00 元	

目　录

导　言

　　肇始于北宋中期的理学，经过两宋政治的洗礼，至元代，有较大影响力的只有程朱道学和心学了。尤其是朱熹集理学之大成，令人高山仰止，难以逾越。于是元代理学所面临的任务，不是选边站队，而是消化吸收，冷静思考总结各家学说之得失。

　　金元统治时期的北方在文化上并非一片荒漠，朝廷重视儒学，亦以六经开科取士，涌现出一批儒臣和学者。除了有窦默、刘因、赵复、姚枢、许衡等教授、传播儒学外，北方土生土长的赵秉文、王若虚、郝经、元好问等均对儒学有深入钻研，尤其是郝经，生当宋金元三朝，可谓北方学术的集大成者。因为不受南方门户之见的羁绊，北方学者在思想阐发上更自由、更随性。其中，王若虚的一系列经史辨惑，对两宋各家的注释恣意评点，呈现出新的学术观点和学术风格。他的观点和南方学术一起，构成对经典更多元化的解读。这些都堪称宋金时期的学术创见。元统一全国，南北学术交汇，为学术的进一步繁荣创造了有利条件。

　　但由于元初四十年取消了科举，学子们在经学上研究动力不足，于是辞章、文学盛行。郝经就曾痛斥那些"以儒为戏""以儒为名"的人，"作为文章，衒其儇巧，鄙正学为质古，目纯素为不通，规规切切，以儒相哗者莫之辨。假我六艺，文彼奸回，静固幽深，矫輮造凿"①。延祐恢复科举后，学子们又汲汲于科场时文，只记诵后人传注，六经原典反而被忽略。科举的导向直接影响整个社会的学风，也严重影响学术的发展。

　　婺州曾是南宋学术的中心。吕祖谦于 12 世纪 70 年代主盟斯文，婺学与湖湘、闽学鼎立为三。通常来说，婺学包括吕祖谦的金华学、陈亮的永康学和唐仲友的经制之学。吕祖谦承中原文献之传，兼收并蓄，经史结合，故其学术自成一家。吕祖谦之后，有"北山四先生"，前后相继，从学于朱熹的得意弟子黄榦，于是婺学一变而为朱学。再之后，有吴莱、柳贯、黄溍，均为一时名儒，却都以文学见长。曾经辉煌一时的婺学进入元代后竟一蹶不振

---

①　郝经著，张进德、田同旭编年校笺《郝经集编年校笺》卷二十六《去鲁记》，人民文学出版社 2018 年版，下册，第 676 页。

了。这回归孔孟、重振婺学的重任便落在了宋濂肩上。

宋濂是元末明初著名思想家、文学家、政治家。明初,宋濂领衔总裁《元史》,礼乐制作、典章制度等多经其裁定,深受明太祖朱元璋赏识,被誉为"开国文臣之首"。这一称誉固然是对宋濂贡献的肯定,也给他带来极大的麻烦:登门求文者络绎不绝,连外国贡使也以得其一纸为贵。宋濂的文章"雍容浑穆",人们惊艳其文笔不凡之余,往往忽略了文中所蕴涵的思想。乃至到今天,宋濂的理学思想都没能得到充分挖掘,这直接影响了后世对他的评价和定位。① 本书即以宋濂哲学及其与浙东学术的关系为研究对象,通过剖析宋濂哲学对浙东学术的传承和影响,重新审视宋濂的理学地位以及元明清时期浙东学术发展的逻辑性与合理性。

一、国内外研究现状

国内外对宋濂均有研究。王锟、金晓刚在《百年历史的投影:二十世纪以来浙东学派研究平议》一书中辟专节对近百年来宋濂的研究进行了综述,认为直到 2000 年以后学术界才对宋濂的交游、理学、宗教等思想有较为深入的研究。该文基本将中国 2013 年以前有关宋濂的研究论文和专著搜罗殆尽,并将这些成果按内容进行了分类,堪称全面。不足之处在于缺少具体观点的介绍,对思想史和理学史专著中有关宋濂的研究也缺乏关注②。本书既以宋濂的哲学思想及其与浙东学术的关系为研究对象,所以只对与本研究相关的学术成果进行介绍,余不赘述。已有研究主要表现为四个方面:

第一,关于宋濂的思想传承。大部分成果依据《宋元学案》、宋濂行状的论述,认为其传"北山四先生"之学,是金华朱学的传人。如侯外庐主编《宋明理学》、王春南《宋濂评传》等。容肇祖则依据章学诚《文史通义·朱陆》对朱熹传人的论述,认为宋濂属"明初的博学者,即朱学的传人"③。随着对宋濂著述的深入解读和分析,对其思想渊源的认识逐渐多元化。唐宇元《宋濂的理学思想》虽认为宋濂是朱学的后裔,但从其"明心"思想可看出朱学向阳

---

① 如宋克夫《宋明理学与明代文学》就认为:"宋濂的理学缺乏完备的思想体系,对理学的发展也没有特殊的建树。但程朱理学对他的理学思想和文学创作却具有深刻的影响。在某种意义上,宋濂以文学的形式,表达了其理学思想。归根结底,宋濂是一个具有理学思想的'文章之士'。"(中国社会科学出版社 2013 年版,第 34 页。)

② 王锟、金晓刚《百年历史的投影:二十世纪以来浙东学派研究平议》,中国社会科学出版社 2018 年版,第 122—137 页。

③ 容肇祖《明代思想史》,齐鲁书社 1992 年版,第 7 页。

明心学嬗变的痕迹①。张之楠《"任道为宗":宋濂的学术传承和理学思想》则认为宋濂理学思想可上溯至朱熹和吕祖谦,依据是其文集自述和《宋元学案》的论断②。徐儒宗认为宋濂传的是婺学,婺学由两宋之际的范浚开其宗,南宋吕祖谦、唐仲友、陈亮达其盛,经闻人梦吉、柳贯、吴莱、黄溍的传播,至宋濂则采宋儒诸家之说而取其长,从而集婺学之大成,开有明一代之学风③。黄灵庚先生亦认为宋濂集婺学之大成④。张学智《中国儒学史》(明代卷)认为宋濂之学糅合了"北山四先生"所传之朱学与吕祖谦中原文献之学,在明初儒学中别开一脉⑤。向燕南《宋濂的学术渊源与学术评论》一文则认为宋濂传承的是以婺学为主的浙东学术,重视学术的经世致用,并融合佛老,在元明学术相对空疏的时期保留了一脉博学的传统因子,具有重要的思想史意义⑥。

　　第二,关于宋濂的理学思想特色。以侯外庐主编《宋明理学史》、秦志勇《中国元代思想史》为代表,认为宋濂"调和朱陆,折衷儒佛"。王春南《宋濂评传》、徐永明《文臣之首——宋濂传》认为宋濂是以儒学为主,融合折衷诸多思想于一体的人物。其调和朱陆的做法,不过是沿承元代朱陆合流的趋势;其折衷儒佛的方式,也不过是宋元以来三教合流的具体表现。路鹏飞通过分析刘基、宋濂、方孝孺的思想倾向,认为宋濂总体倾向心学,这三人承元代朱陆合流之势,为明代程朱理学发展为阳明心学作了思想和理论上的准备⑦。

　　宋濂究竟更偏向于朱学还是陆学,学术界看法不一:唐宇元等认为其思想大体不出朱学范围,陈寒鸣、秦志勇等则认为其思想已经由理学而趋向于心学。也有学者如邹建锋认为宋濂已经建构了心学体系,属于心学范畴。

　　第三,关于宋濂史学思想的研究。朱仲玉《宋濂和王祎的史学成就》具体分析了宋濂的史学作品《洪武圣政记》《浦阳人物记》及《元史》中部分传记后,得出结论:宋濂有史才,但其史学受经学的支配,所以史学只是他借以传道的工具⑧。向燕南《中国史学思想通史》(明代卷)设专章论述宋濂的史学

---

① 唐宇元《宋濂的理学思想》,《孔子研究》1987 年第 3 期,第 70—78 页。
② 张之楠《"任道为宗":宋濂的学术传承和理学思想》,《东方论坛》2010 年第 4 期,第 13—18 页。
③ 徐儒宗《宋濂融贯众说集婺学之大成》,《江南文化研究:宋濂研究专辑》,文苑出版社 2011 年版,第 41—42 页。
④ 参见黄灵庚《宋濂的学术道统论考》,《中国典籍与文化论丛》2015 年增刊。
⑤ 张学智《中国儒学史》(明代卷),北京大学出版社 2011 年版,第 34 页。
⑥ 向燕南《宋濂的学术渊源与学术评论》,《历史文献研究》(总第 27 辑),第 182—192 页。
⑦ 路鹏飞《明初理学思想辨析——以刘基、宋濂、方孝孺为例》,《贵阳学院学报》(社会科学版)2018 年第 3 期,第 83—87 页。
⑧ 朱仲玉《宋濂和王祎的史学成就》,《史学史研究》1983 年第 4 期,第 97—104 页。

思想，充分肯定了其价值，但认为"基本仍是在旧的轨道间徘徊，……都还未出现大变动的迹象"①。廉敏《明代历史理论研究》从天人、治道、古今这三个层面分析了宋濂的史学思想，认为宋濂以"气"作为宇宙造化的本原，但在历史演变问题上，更推崇"心"的力量②。仓修良《宋濂的谱牒学理论》从五个方面概括了宋濂的谱牒学理论，并提出宋濂是历史上杰出的谱牒学家，应当受到重视③。

　　第四，关于宋濂的宗教观研究。宋濂著述中有大量的佛道教思想，引起了学术界广泛的重视。贾素慧《近三十年来宋濂与佛教研究述评》对 1985 年以来海内外关于宋濂与佛教研究的新成果进行了系统总结，主要包括宋濂与佛教、宋濂儒释一贯论、宋濂心性论等方面④。该文总结得比较全面，兹不赘述。贾先生的另一篇文章《宋濂佛门交游研究》则对宋濂于入仕前、仕宦南京和致仕后三个时期与佛门的交游情况作了详尽的梳理，并得出结论：宋濂与佛教之间，是儒学为主、佛教为之辅助的关系⑤。

　　此外，台湾地区唐惠美以宋濂为例，对元明之际士人的或隐或仕作了探讨。她认为以宋濂、王祎、胡翰等人为代表的金华人显示了兼容文、道学统的思想取向，这也是元末金华学术的发展趋势。宋濂入明后不能实现心志，取决于明太祖的用士心态与政治企图⑥。许东海《仙道、圣政、世变——宋濂〈蟠桃核赋〉之仙道书写及其明初史学意涵》一文，从文史互证的角度专门对宋濂奉敕撰写的《蟠桃核赋》进行了剖析，认为该赋"借由文本书写所展现的历史关照与当代讽刺，亦深刻曲折地映射明太祖立国初期圣政图景与政教策略间，扞格难全的历史困境"⑦。刘文起从宋濂对文的认知、文的功能、为文的方法三个方面阐述其文论，认为宋濂"以为文习作，来阐释推崇孔孟经书的恒久贡献，在儒家经典流传的时空过程中，他所扮演角色的特殊性及重要性，实在是毋庸置疑"⑧。朴志诜的硕士论文从理学、政治、教育方面研

① 向燕南《中国史学思想通史》(明代卷)，黄山书社 2002 年版，第 75 页。
② 廉敏《明代历史理论研究》，中国社会科学出版社 2012 年版，第 56—62 页。
③ 仓修良《宋濂的谱牒学理论》，《历史文献研究》总第 33 辑，第 133—145 页。
④ 贾素慧《近三十年来宋濂与佛教研究述评》，《江苏第二师范学院学报》(社会科学) 2015 年第 7 期，第 69—73 页。
⑤ 贾素慧《宋濂佛门交游研究》，《昆明学院学报》2016 年第 4 期，第 107—114 页。
⑥ 唐惠美《元明之际士人出处之研究——以宋濂为例》，台湾花木兰文化出版社 2014 年版。
⑦ 许东海《仙道、圣政、世变——宋濂〈蟠桃核赋〉之仙道书写及其明初史学意涵》，《汉学研究》2008 年第 2 期，第 101—129 页。
⑧ 刘文起《宋濂之文论》，《东吴中文学报》第 22 期，2011 年 11 月，第 205—225 页。

究了宋濂《龙门子凝道记》的思想①。谢智明的博士论文《儒释道关系视野中的宋濂思想研究》探析了宋濂儒学、佛教、道教的学术思想渊源，认为其思想渊源并非独尊一家，学术方面则以儒家思想为宗，融合佛道的学说以为补充②。该论文提出了很多独到的见解，对本书的研究颇有启发。

John D. Langlois 在《1358 年加入朱元璋之前的宋濂与刘基》一文中就宋濂和刘基在 1358 年选择朱元璋之前对元朝廷的态度转变、心态历程作了分析，并论述了二人辅佐朱元璋之后所作的种种努力③。日本方面，以荒木见悟、三浦秀一的研究最为卓著。荒木见悟的《明代思想研究》以宋濂为发端，对其儒释道三教思想进行了阐述。三浦秀一《中国心学の稜線：元朝の知識人と儒道仏三教》一书从宋濂所处的社会思潮入手，对其入仕前后的思想分别进行了分析，尤其对佛教和文在宋濂思想形成中的作用、"六经皆心学"、《龙门子凝道记》、文论、宋濂与朱元璋的关系等作了探讨。

以上成果对于我们从不同角度认识宋濂，推动宋明理学的研究无疑都具有积极意义。但是这些研究也存在一些不足：其一，尚缺乏整体的宏观的视野。大部分成果孤立阐发宋濂某一方面的思想，虽较为细致深入，但缺乏大格局、大视野，给人"只见树木，不见森林"之感，难以窥其思想全貌。徐永明《宋濂评传》对宋濂的天道观、性命说、理欲观、宗教思想等进行了分析，但因为缺少宏观的把握和纵向的比较而失之于简单。尤其是对其佛道教思想的分析和定位，流于表面。其二，缺少比较的研究。没有比较，就无法进行思想定位。宋濂具有丰富的心学、经学、史学思想，其思想史地位和影响如何，需要与其前后思想家的相关思想进行比较后方能得出结论。上述研究虽然认为宋濂具有承前启后的地位，但是具体如何承前、如何启后却又语焉不详。

这其实就涉及宋濂与浙东学术的关系问题。宋濂一生绝大部分时间活动于浙东，受整个浙东学术传统的影响。只有将其置于宋明理学史和浙东学术这一大背景下，看看他如何评判已有的学术流派，再具体考察其思想如何博采众长，进一步发扬光大浙东学术并对后世产生影响，如此才能准确评价其思想，并予之客观的定位。学术界目前对浙东学术的内涵、精神以及浙东学术主要人物如吕祖谦、王阳明、黄宗羲、章学诚的思想研究较多。当把宋濂与浙东学术联系起来研究时，往往只侧重于他的经史观点；有的研究虽

① 朴志讹《宋濂〈龙门子凝道记〉研究》（硕士论文），台湾师范大学 2012 年。
② 谢智明《儒释道关系视野中的宋濂思想研究》（博士论文），彰化师范大学国学研究所 2012 年。
③ John D. Langlois. *Song Lian and Liu Ji in 1358 on the Eve of Joining Zhu Yuanzhang.* Asia Major, Third Series, Vol. 22, No. 1 (2009), pp. 131-162.

然意识到了宋濂与婺学、阳明心学的关系，却没有从思想上细细分梳。

二、主要研究内容

本书拟分九章，从九个方面全面论述宋濂的哲学思想及其与浙东学术的关系。

任何思想的产生都与思想家的个人经历、交游、所处的环境等因素直接相关。故第一章"宋濂的生平事迹与交游"，拟在前人研究的基础上简单介绍宋濂的生平，并对已有著作中没有涉及的宋濂其他交游情况（也只是部分）作一论述，进而考察宋濂生活的社会、政治和学术背景。

厘清学术渊源，对于理解该思想家的思想性质殊为必要。第二章"宋濂的问学宗旨与学术渊源"，重点考察宋濂的问学志向、人格目标，进而明确他直宗孔孟、融会诸家的学术取向。他立志以孔孟为师，根柢六经，博采众说，光大婺学。他的三教思想各有渊源，其佛道教思想则主要源自他对佛典道藏的研读领悟。

宋濂哲学思想的建构始于心本体论，第三章"宋濂哲学的本体论"即论述之。宋濂在前人的基础上，以"心"为核心构建了一个完整的哲学本体论。心为宇宙之本体，天下万物之理皆原自心。理主宰气，气化生万物。心既为一切之本原、本体，所以需要正心、治心。因为心中之理已经笔之于六经，六经所载就是心之理，经即是心，心即是经，所以学习、体会六经之意就是正心的途径。"六经皆心学"是宋濂心学思想的特色：一方面要求通过阅读六经、体会圣贤之心来对治朱、陆学说上各自的弊端，另一方面则含蓄地指出应以六经作为学问根本，而不是后人传注（主要指当时流行的朱子学说）。

从心本论可见宋濂融合朱陆，扬长避短。故其工夫论亦对二家皆有扬弃。第四章"宋濂哲学的工夫论"，主要介绍宋濂的修养工夫。他一方面吸收了程朱的思想，主张"用致知为进学之方，藉持敬为涵养之地"，志圣贤之学，读经涵养身心，敢于怀疑，勤于思考。另一方面他提出养心"七术"，死生顺命，淡泊名利。从其一生的实践看，宋濂确有古大贤之风。

修心、正心的目的是成圣成贤，做有德之人。用于历史，即形成道德史观。第五章"宋濂的历史观"即介绍其道德史观。宋濂重视国史、闰史、家史和个人传记的修撰和记录。他为地方先贤立传，一以道德为准。他提倡并号召家族家庭修谱牒，积极为他们撰写谱序，体现了士君子的社会担当。作为一代史官，宋濂具史识，秉史才，对历史事件多有精彩点评。他的"经史不异"观点既是对"古无经史之分"思想的继承，又是对婺学"经史结合"治学思想的发扬运用。

将道德史观运用于政治领域，便是德治。第六章"宋濂的经世哲学"介绍其政治思想。宋濂的治国理念基本承袭了传统儒家和道家的思想，主张实行德治和无为而治相结合。从根本上，他希望人君法天而行，以"天"制约君；同时要求君主重视民生，改善民生。不过在处理君臣、君民关系上，他"忠臣不事二主""立君为民"的观点相比先秦是一种倒退。

"六经皆心学"体现在文学领域，便是"文道合一"。第七章"宋濂的文道观"介绍宋濂丰富的文学思想。他针对宋元"文道胥失"的问题，将"六经皆心学"运用于其中，重新界定了文与道的内涵和外延，提倡"文道合一"，反对人为地将理学与文学对立起来。"文道合一"正面回应了"作文害道""洛学兴而文字坏""理学兴而文艺废"等命题，对后世产生了深远影响。

宋濂学宗孔孟、根柢六经的学术追求体现在处理三教关系上，便是"三教平行"论。第八章"宋濂的三教观"，详细论述宋濂的佛教、道教以及三教关系思想。通过分析宋濂佛道教思想的特色，处理儒佛、儒道关系的方式，得出结论：宋濂主张的其实是"三教平行"论，三教并行不悖，在思想上互不交叉，既没有"援佛入儒"，也没有"援儒卫佛"，只是在政治教化上主张三教并用。他的"会通"思想，其实是指同一学说内部不同学派或宗派的会通，如儒学内部的朱陆会通，佛教内部禅教一致、顿渐一致，道教内部如全真教南北会通等等；异质学说之间则保持一定的距离，维护各自的独立性和纯洁性。他能用娴熟的术语分别书写三教文章，足见其深厚的学养和理论功底。

第九章"宋濂哲学与浙东学术"，将宋濂置于浙东学术发展史这一大背景下，看其地位和意义。他生当元明浙东道学衰歇、文学昌盛之时，继承吕学，提倡心学，发扬史学，形成了以心学绾史学、文学、事功学的思想特色。这一特点也正是浙东学术整体的体现。浙东学术的发展源流，虽然有学者直推至东汉时期的王充，其真正形成却是在宋代。张九成通过遍注群经形成心学思想，并具有了经史结合的特点。之后吕祖谦兼采诸家而走上了通过研史以求圣人之道的路径，他所求的圣人之道便是圣人之"心术"。宋濂的"六经即心学"是对浙东以诠释经典阐发心学这一做法的肯定，承上启下，是浙东心学发展过程中重要的一部分。他对历史的分类、对家史的重视、对乡贤人物的传记，都对后世产生了直接影响。他的文道观，对学术史的梳理，亦被清代黄宗羲、全祖望等人部分接受或采纳。

最后是"结语"，总结婺学的传承发展，对浙东学术的总体特征提出新看法。

第一章　宋濂的生平事迹与交游

关于宋濂的生平事迹,各家传记、评传已经考述甚详,本书的叙述不会出其右。只是为后文的叙述方便,此处择其一生中最重要的几点略加介绍。重点论述其交游情况和生活的时代背景。

第一节　宋濂的生平述略

宋濂的传记,最早当属他的好友兼同门郑涛于元顺帝至正十三年(1353)作的《宋潜溪先生小传》,其好友王祎(1322—1374,字子充,浙江义乌人)生前亦撰有《宋太史传》,以为宋濂之才气可与司马迁相上下。宋濂殁后,其学生郑楷为之作《行状》,详述宋氏家族生平始末。这三人对宋濂的生平记述与评价成为后来的《明史》、各地方志、《婺书》等历史记载的原型。今人徐永明所撰《宋濂年谱》叙述本末甚详,堪称目前为止对宋濂生平事迹考述最全面、最详尽的一部书。

宋濂(1310—1381),字景濂,号潜溪,亦号无相居士。其先祖本居住于金华潜溪,至宋濂才迁于浦江。其母怀孕仅满七月,便生下宋濂。故其婴儿时即多病,“每患风眩,辄昏迷数日”。多亏祖母和母亲精心呵护,方保无虞。宋濂幼时英敏强记,号为神童。六岁入小学,其师包文藻授以《蒙求》,“一日而尽,自后日记二千余言”。九岁能诗,所作《兰花篇》凡二十六韵,以兰花喻君子,已初见其志。有道士来访,命赋诗,操笔辄成四韵,有“步罡随踢脚头斗,噀水能轰掌上雷”之句,语惊四座,遂被目为神童。乌伤(今义乌)贾思适(字伯达)叹其才,将女儿许给了他。

宋濂祖上虽有读书为官者,但至其祖父迁居义乌始,便家道败落,以农耕为生。家贫,无力为宋濂延请名师儒,而乡中那些授徒者又不敢教授这个神童,“自是或作或辍者十年”。年十五六时,本乡贤达张继祖归乡,闻景濂善记,便以《四书》试之。宋濂立记五百言,一字不遗。张继祖大惊:“有才如此,不可废也!”遂推荐他就学于城南闻人梦吉。闻人授以《春秋》三传之学,宋濂始习举子业。同里胡翰(字仲申,号仲子)一直就学于吴莱(1297—

1340)，深得其书，于是建议宋濂去学古文辞。宋濂欣然而往，"益取经史及诸子百家之书而昼夜研读之"，其学大进。继而又登柳贯（1270—1342）、黄溍（1277—1357）之门，此二人都是当时名满天下的大儒。二公见之，深相器重，尽授所学，并寄予厚望。黄溍之文博雅雄丽，登门求文者络绎不绝。黄溍应接不暇之时便请宋濂代作，于是宋濂开始以文知名于时。

　　至元元年（1335），宋濂参加乡试，落第。至正九年（1349），因朝廷大臣危素等人推荐，擢宋濂为将仕郎、翰林国史院编修官。以布衣入史馆，乃儒者之特选。但宋濂感觉元王朝气数已尽[1]，遂以亲老不能远行为借口，固辞。为避免纠缠，他躲进仙华山做道士，潜心读书撰述，《浦阳人物记》便是此时之作，郑涛、戴良、欧阳玄纷纷为其作序。又与戴良编成《柳待制文集》。随后，天下大乱，各地义军纷起。至正十六年（1356），为避战乱，宋濂与弟子郑渊再入仙华山隐居，待机而动。期间著《龙门子凝道记》二十四篇，系统论述了自己对宇宙人生的思考、政治追求以及对时局的看法，此时宋濂四十八岁。

　　至正十八年（1358），朱元璋军队攻克婺州。次年正月，聘宋濂为婺州郡学五经师。至正二十年（1360），朱元璋定鼎金陵（今南京）。应李善长推荐，宋濂、刘基、叶琛、章溢同时入金陵觐见，同年宋濂被任命为江南等处儒学提举，至此宋濂正式踏入仕途。三月后成为太子朱标的老师。1368 年，朱元璋正式登基，改国号为明，年号洪武。同年十二月下诏修《元史》，宋濂、王祎为总裁。次年二月《元史》开局，八月书成。此后，宋濂又奉诏修《大明日历》一百卷、《宝训》五卷、《阅江楼记》、《观心亭记》、《昭鉴录序》、《洪武圣政记》、《春秋本末序》、《祖训录序》、《大明律》等，"他若山川、百神、朝享、律历、衣服、四夷朝贡赏赉之仪，及功臣碑碣、属国诏谕，鲜不出其手者"[2]，可谓"一代礼乐制作，濂所裁定者居多"[3]。朱元璋时常与其讨论治国之道，对其文采和为人深为敬佩，尝于朝上公开说："朕闻太上为圣，其次为贤，其次为君子。宋景濂事朕十九年，未尝有一言之伪，诮一人之短，始终无二，非止君

---

① 吴志坚通过考察元代的科举制度，认为"宋濂获得翰林编修的推荐是由他的姻亲兼好友郑氏替他以文干进的结果，而不赴的原因恐怕不能完全归结于没有仕进之心，而应与当时现实政治斗争有关，具体地说，与脱脱的失势有关"（《中国科举制度通史》元代卷，上海人民出版社 2015 年版，第 571 页）。此可备一说。

② 吴之器《婺书》，宋濂著、黄灵庚编辑校点《宋濂全集》"附录二"，人民文学出版社 2014 年版，第五册，第 2573 页。

③ 《明史》卷一二八，中华书局 1974 年版，第 12 册，第 3788 页。

子,抑可为贤矣!"①尝欲任以政事,宋濂辞谢:"臣无他长,待罪禁近足矣。"②
宋濂官至翰林学士承旨知制诰兼赞善大夫,洪武十年(1377)致仕,归金华。

宋濂归隐金华后,终日闭门读书,对朝政缄口不言。每年赴京师朝见一次,有时与朱元璋讨论佛经要义。他致仕后所写多为僧道塔铭碑碣、家乘谱序。也正是在此时,方孝孺二次来求学,整整三年,尽得其学而归,成为宋濂最器重、最得意的弟子。洪武十三年(1380),胡惟庸案起,宋濂之长孙宋慎连坐得罪,宋濂牵连下狱。在太子和皇后的极力保奏下,得以免死,流放四川茂州。次年,至夔州,寓僧舍,宋濂不食数日,临终作《观化帖》后而卒,终年72岁。正统年间,赐谥文宪。

第二节　宋濂的部分交游

如果从南宋灭亡、南北统一算起,元朝国祚不过90年。宋濂生活于元朝中后期,与南宋末至元中期的很多思想家、文学家都有交集。入明前,他一直手不释卷,自先秦诸子百家之书至当时出版文集,他都悉心研究并阅览,并为大量的文集作序。他40岁时便已文名远扬,一生交友无数。其文集中提到的人名达1000多个,对各学派的传承和现状、前辈的学行和特点可谓了若指掌。孔子曰:"友直,友谅,友多闻,益矣。"师友之间互相砥砺,激励启迪,是宋濂学问不断精进渊博的动力之一。

关于其交游情况,按研究的先后顺序,陈葛满《宋濂交游考——与师长交游部分》具体考察了宋濂与老师们之间的关系,主要是包廷藻、闻人梦吉、方麒、吴莱、柳贯、黄溍③。王春南《宋濂评传》则提到了包廷藻、张继之、闻人梦吉、吴莱、黄溍、柳贯、韩性、欧阳玄、朱震亨,不过行文略显简略④。陈玉东《宋濂交游及文学思想考论》则分师长、同门、友人三部分,对宋濂的主要人际交往进行了考证论述。师长方面,论文提到了吴莱、黄溍、柳贯、陈樵、欧阳玄;同门则提到了胡翰、王祎、戴良;友人部分,则有千岩元长禅师、郑氏义门、刘基、杨维桢。与前两位先生所论有交叉的人物,在资料和思想的提供和分析上,更详尽了一些⑤。陈昌云《宋濂文学新论》主要对宋濂的

---

① 《明史》卷一二八,第3787页。
② 《明史》卷一二八,第3786页。
③ 陈葛满《宋濂交游考》,《浙江师范大学学报》1992年第2期,第34—38页。
④ 王春南、赵映林《宋濂、方孝孺评传》,南京大学出版社1998年版。
⑤ 陈玉东《宋濂交游及文学思想考论》,广西师范大学硕士论文,2007年。

"文学"交游进行了分析,对宋濂文集中提到的文人,按生活年代和地域进行了详细划分。"前代"文人有危素、余阙、胡助、欧阳玄、陈樵,"越诗派"有苏伯衡、胡衡、张孟兼、林温、许元,"吴诗派"有杨维桢、高启,"江右文人"有刘崧、陈谟、刘于、刘永之,"闽诗派"有张以宁、林弼,"岭南诗人"有孙蕡、王佐,"高僧羽客"有千岩禅师、诗僧来复、日僧范堂令仪、全室禅师、张正常,与朱元璋也有诗词唱和,"学生"则有方孝孺、朱标、黄昶①。考证论述不可谓不细致,足见作者对宋濂文集钻研之细,让我们对当时江南一带的文学发展状况有了较全面的了解。此外,魏青《刘基与宋濂》一文详细论述了二人的交往,比较了二人的思想特点②。

　　以上研究无疑为我们了解宋濂的"朋友圈"打开了一扇门,尤其是对宋濂的师长,研究已颇为详尽。本文拟在上述学者的基础上,锦上添花,对尚未提及的几位思想家——也是对宋濂思想有影响的人物,略加论述,以期使宋濂的思想背景和交游研究更丰富。

一、戴表元

　　戴表元(1244—1310),字帅初,一字曾伯,庆元奉化(今浙江奉化)人,号剡源先生、质野翁、充安老人等。他曾自序:"五岁知诗书,六岁知为诗,七岁知习古文,十五始学辞赋,十七试郡校,连优,补守六经谕。"南宋咸淳七年(1271)中进士,授迪功郎升学教授。元军下江南,戴表元避兵于四明山中,之后返回故里,读书之余,授徒卖文为生。元大德八年(1304),由执政推荐拜信州教授③,秩满授婺州,以疾辞。至大三年(1310)卒,享年67岁。《元史》有传,有《剡源集》二十八卷存世。今人辑有《戴表元集》。

　　戴表元师从四明王应麟、天台戴岳祥,二人皆以文学名于世。他与当时著名诗人方回、赵孟頫、柳贯都是好朋友,这些人在诗歌的创作上都表著一时。戴氏去世之年,正是宋濂出生之时,于宋濂自然是前辈。宋濂的恩师黄溍,"于宋季辞章之士,乐道之而弗已者,唯剡源戴先生为然"④。因黄溍的称道不已,宋濂于是四处求购戴氏文集,未果。后宋濂总裁《元史》,遂派人下江南寻访,不久有司果然访得《剡源集》二十八卷献上。宋濂看罢,欣然为

---

① 陈昌云《宋濂文学新论》,黄山书社2016年版。
② 魏青《刘基与宋濂》,《殷都学刊》2000年第4期,第48—52页。
③ 对于元朝廷任用戴表元的时间,袁桷《戴先生墓志铭》、《元史》均作"大德八年",其时戴61岁。李军、辛梦霞校点《戴表元集》"前言"中认为戴被推荐的时间是大德六年(1302),当时戴59岁(《戴表元集》,"前言",吉林文史出版社2008年版,第5页)。本文以袁桷、《元史》为准。
④ 《宋濂全集》卷二十二《剡源集序》,第一册,第447页。

之作序。宋濂认为至宋代末期，重道轻文，乃至文风凋敝，那些单纯追求宏博、古奥的文章，简直不堪卒读。"及览先生之文，新而不刻，清而不露，如晴峦出云，姿态横逸而连翩弗断；如通川萦纡，十步九折，而无直泻怒奔之失。"①戴氏简直就是力挽文坛狂澜于将倒的"豪杰之士"。于是他命人将戴表元写入《元史》"儒林传"。《元史》评价曰："至元、大德间，东南以文章大家名重一时者，唯表元一人而已。"②可谓推崇至高。

宋濂所感慨的"辞章至于宋季，其敝甚矣"③，正是戴表元眼中的文坛。戴表元认为，文与道是不相妨碍的，"人之精气，蕴之为道德，发之为事业，而达之于言语词章，亦若是而已矣"。无论是道德还是辞章，都是人之精气的体现。自孔孟之后，便"言道者不必贵文，言文者不必兼道"，文道分离，如此持续了近两千年，期间涌现了很多"通儒硕人"，他们或者在传"道"上，或者在为"文"上，都做得非常出色，"窃独怪夫古之通儒硕人，凡以著述表见于世者，莫不皆有统绪，若曾、孟、周、邵、程、张之于道，屈、贾、司马、班、扬、韩、柳、欧阳、苏之于文"，但是之后文和道都陷入低谷，"迨新安子朱子出，学者始复不敢杂道于文"④。朱熹之学以性理为主，但他也留下了3000多首诗，其诗多明理，算是将文与道结合得比较好的。戴表元并没有把辞章之没落归罪于朱子学，而认为罪魁祸首是科举考试。他于景定、咸淳年间客居杭州时，就发现能作诗的人极少。大家专心科举，无暇留意于诗文。而他当时正在学诗，"每每为人所厌薄"。当时人对作诗的普遍看法是："以为兹技乃天之所以畀于穷退之人，使其吟谣山林，以泄其无聊，非涉世者之所得兼。"⑤戴表元当时就觉得这种观点很狭隘。后来他入太学，又发现"诸贤高谈性命，其次不过驰骛于竿棳俳谐、场屋破碎之文，以随时悦俗，无有肯以诗为事者"。那些山林退士、江湖羁客倒是不关心科举，但他们于诗"仅或能攻"而已；而那些踏入仕途已不用再参加科举者，于诗却"往往以余力及之"⑥。所以这些人对于诗学的推动无济于事。入元后，科举废除，这时戴表元结识了很多会作诗的人，因为"科举学废，人人得纵意无所累"⑦。

他总结南宋一朝的文风："后宋百五十余年，理学兴而文艺绝。永嘉之

①　《宋濂全集》卷二十二《剡源集序》，第一册，第448页。
②　《元史》卷一九〇，中华书局1976年版，第14册，第4336—4337页。
③　《宋濂全集》卷二十二《剡源集序》，第一册，第448页。
④　《戴表元集》卷十一《紫阳方使君文集序》，第146—147页。
⑤　《戴表元集》卷八《仇近仁诗序》，第106页。
⑥　以上引文见《戴表元集》卷八《方使君诗序》，第107页。
⑦　《戴表元集》卷八《陈无逸诗序》，第111页。

学,志非不勤也,挈之而不至,其失也萎。江西诸贤,力肆于辞,断章近语,杂然陈列,体益新而变日多,故言浩漫者荡而倨,极援证者广而颣。俳谐之词获绝于近世,而一切直致,弃坏绳墨,棼烂不可举。文不在兹,其何以垂后?"①当然,此处的"理学"并非指程朱道学,而是科举考试所要求的程式学问。与唐代以诗为考试科目不同,宋代科举考的是明经、辞赋,所以大家不愿在作诗上花太多精力。"人不攻诗,不害为通儒",相反,"间有一二以诗进,谓之杂流,人不齿录"②。如此,诗学受冷落便成为必然。戴表元为什么这么重视作诗? 在他看来,"诗者,文之事"③,作诗本属于作文,他奇怪的是有些人一定要把诗和文区分开,为文者耻于作诗,作诗者常常谦虚地不敢言文。所以他有时很绝望:"若如今人,直谓之无诗无乐可也。"④

在戴表元心目中,理想的状态是文道合一。生当宋元鼎革之际,他目睹了战争给社会带来的动荡和苦难,所以他写了大量反映社会现实的诗歌。这些诗无论从内容还是形式论,都是上乘佳作。清代卢文弨评价其诗:"和易而不流,严谨而不局,质直而不俚,华腴而不淫。"这自然是对其诗形式上的概括,从内容上看,其反映社会现实、人间苦难,表达故国哀思、沉痛情感,当然是人道的体现。

戴表元有感于当时诗歌创作的没落,所以认为文和道可以分离。即诗歌不必非要"载道""明理",它具有相对的独立性。这一文道观在当时具有一定的代表性。宋濂爱其文,但对这一观点却并不认同,认为文道从来都是合一的。作为前辈,戴表元的观念启发了宋濂对这一问题的深入思考。

二、吴师道

吴师道(1283—1344),字正传,婺州兰溪人。少时善记览,工辞章,所作诗歌清丽俊逸。弱冠时读到真德秀遗书,幡然有志于圣贤之学。至治元年(1321)登进士第,授高邮县丞,历任池州建德县尹、国子助教、博士,以奉议大夫、礼部郎中致仕。黄溍为其文集作序,宋濂撰碑铭,《元史》入"儒林传"。现有《春秋胡传附辨》十二卷、《战国策校注》十卷、《敬乡录》十四卷、《绛守居园池记校注》一卷、《礼部集》二十卷存世。

---

① 袁桷著,杨亮校注《袁桷集校注》卷二十八《戴先生墓志铭》,中华书局 2012 年版,第四册,第 1349—1350 页。
② 《戴表元集》卷九《陈晦父诗序》,第 116—117 页。
③ 《戴表元集》卷八《张仲实文编序》,第 109 页。
④ 《戴表元集》卷七《程宗旦古诗编序》,第 97 页。

　　吴师道师从许谦,许谦乃"北山四先生"之一,溯其渊源,乃朱子学在金华之正传。吴师道服膺朱子学,"经义一本朱子,排斥异论,有诋朱子者,恶绝弗与言"①。他曾写信给许谦,就自己对朱学的理解质证于师。他直言朱子可比并于孔子:"帝王群圣人之道,至夫子而明;群圣贤之言,至朱子而明。朱子之功,异世之夫子也。"②许衡在大都施教成均时,宗朱学,其法俱在,吴师道任国子助教时继续沿用许衡的做法,从其学习者都有许衡犹在之感。作为金华人,吴师道对婺学充满深厚的感情,希望它能发扬光大。于是在多篇文章中提到婺学的传承、名儒,并上书请求为金履祥立祠堂,为何基立北山书院。邱居里在《吴师道集》之"前言"中总结吴师道的学术贡献有二:其一,通过表彰阐扬"北山四先生"的金华朱学,承传了朱学在金华的传播;其二,重视史学和文献学,传承了吕祖谦开启的东莱婺学③。这一概括无疑是正确的。但就与宋濂的关系而言,却不止这些。

　　宋濂撰《吴先生碑》乃在吴师道去世后 37 年,应其子吴沈之请。吴沈与宋濂相交为友,他认为在了解吴师道甚详的那些乡人中,宋濂是最"好道而谅直者",故有此请。宋濂在叙述了吴师道的生平著述后,指出"自圣贤之学不传,笃信者失之拘而不适于用,喜功者失之诡而不合乎义","先生蚤有所闻,尊而行之,守道而不遗乎事,致用而必本于道,施其绪余于郡邑,已足以震耀当世"。假如使之居高位而行政,天下之人都会广被润泽。所以在铭文中,宋濂赞曰:"惟婺有传,考亭之适。先生是承,孔武且力。"④他的确认为吴师道传承了婺州的朱子学。

　　但是在吴师道的思想中,对宋濂有影响的不是他的理学思想,而是他对佛教的态度和文道观。吴师道对佛教始终持批判的态度,"自佛老祸中国垂二千载,莫盛于今日"⑤。他列举了自己所见到的佛门存在的种种不法:佛门主持生活奢侈,讲究排场,服乘拟天子;出家为僧者占民籍十分有三,庙产相当于有司一半赋税。因为享有特权,所以加入佛门者泥沙俱下,多游惰无赖。在学说上,佛教也摒弃了清净寂灭、离世弃俗,高者直指性命,为宏阔胜大之说,聪明者眩惑;卑者谈祸福缘业、禳祷禁咒,愚昧者笃信不疑。完全抛弃了佛学的精髓,而任其荒诞。所以在吴师道看来,佛教看似繁盛,实则正

---

①　《宋濂全集》卷五十《吴先生碑》,第三册,第 1158 页。

②　吴师道著,邱居里、邢新欣校点《吴师道集》卷十二《明善书院记》,吉林文史出版社 2008 年版,第 256 页。

③　《吴师道集》"前言",第 2—8 页。

④　以上引文见《宋濂全集》卷五十《吴先生碑》,第三册,第 1159 页。

⑤　《吴师道集》卷十《异端论》,第 207 页。

走向衰微；反观儒学，随着天下一统，儒家的纲常之教、礼乐刑政修明海内，废除科举也只是意味着废除了进取辞章这种浮夸不实的学问，儒道之用是实实在在的，只是看不见罢了。因此，"彼之盛者实则衰，而吾之衰者实则盛，本则立矣，持之以久，胜之以渐，异端之害，有不息者乎！"①在他的心中，念念不忘的是如何战胜乃至除掉佛教，这一态度与自三国以降儒家排佛的立场一致，在儒林中也具有代表性。宋濂作为佛门居士，其对佛教的态度、处理儒佛关系的方式当然会从这些反佛立场中得到启发。

吴师道完全生活在元朝统治时期。元灭宋后取消科举，直到延祐二年（1315）才重新开科取士。没有了应试入仕的动力，无论是经学还是文学都受到了影响。科举恢复后，以《四书章句集注》为考试标准，又让那些一门心思想做官的人知识变得日益狭隘，成为应试的机器，根本不可能给经学带来任何生机。吴师道分析学风不振的原因："窃怪比年义理之学日以晦埋，文章之体日以骫骳，士气日以衰苶懈怠，岂无故哉？大抵司文衡者不肯心服前儒，好持偏见诐说，迷谬学者，敢于违明制而不惧，此最大害也。又有专泥一经，不知兼之六艺、参之赋策以观其全，而模拟凤构之弊得以售，又有好取俚拙不文之作，以不拘格律为工。……学者但当潜心经文，笃守传说，融会而发明之。至于文，非贾、马、晁、董、班、扬、韩、柳、陆宣公、欧阳子、王、苏、曾不观，自然追配古人，度越流俗。"②他认为经学不振是因为那些掌握取士权力的人持偏见诐说，令学者无所适从；文风则是被那些知识狭窄、死记硬背又不讲究格律的人破坏了，以致衰颓。对于经，只要笃守经传、融会贯通即可；至于文，多看看那些知名文学家的文章就自然没问题了。至于文与道的关系，吴师道提出："道能贯文，非文能贯道也。使其心果有得于道，所发必出于正，则不待求工于言语文字之间。是惟无作，作则必传。"③只要心对"道"有了充分认识，形之于言语文字必然是贯道之文；文章的好坏取决于心对"道"的体认程度，而不是刻意在言语文字上下工夫。可见，在他看来，有道必有文，反之则不然。相比之下，求道更为重要。因此学者当为义理之学，即读朱子之书，穷《四书》之旨，"道"在心中，作起科举之文才会得心应手。义理之学与科举应试并不冲突。

以上二人皆属宋濂前辈，宋濂与之没有直接交往，只是通过撰写与之相关的文章而了解其人其学。

---

① 《吴师道集》卷十《异端论》，第 208 页。
② 《吴师道集》卷十一《答傅子建书》，第 221 页。
③ 《吴师道集》卷十一《答谢君植书》，第 214 页。

三、虞集

虞集（1272—1348），字伯生，四川仁寿人。14 岁时，从临川大儒吴澄问学。吴澄一见其文，便谓其父："贤郎他日当有文名于当世。"①大德六年（1302），由朝中推荐，授大都路儒学教授。官至奎章阁侍书学士、翰林侍讲学士、通奉大夫。因少时读邵雍书而领悟其妙，遂题其室曰"邵庵"，故人称"邵庵先生"。卒，赐谥文靖。有《道园学古录》五十卷、《道园遗稿》六卷存于四库。

虞集在元代中期的地位，文学上，与揭傒斯、杨载、范梈并称"元诗四大家"；思想上，与柳贯、黄溍、揭傒斯并称"儒林四杰"，可见其影响。刘基早年学于虞集，将其著述收集起来，成《雍虞公文集》，并请欧阳玄作序。欧阳玄序称："至治、天历，公仕显融，文亦优裕，一时宗庙朝廷之典册，公卿大夫之碑板，咸出公手，粹然自成一家之言。"②在为之所作《神道碑》中，全面总结了其学术特点和主要思想，并进行了高度评价。黄溍作《道园遗稿序》，称"国朝一代文章家，莫盛于阁学蜀郡虞公"③。四库提要更是说"集之诗文，为有元一代冠冕"④。

虞集以文章鸣于世，"平生为文万篇，存者十之一二"，著述甚丰。"其为文，自其外而观之，汪洋淡泊，不见涯涘，渺乎其中，深靓简洁。廉刿俱泯，造乎混成。"⑤但并非徒有文辞，欧阳玄认为虞集之立言"无一不本于道"⑥，实现了文道合一。或者说，从虞集开始，扭转了文坛文道分离的现状。他的学问，受吴澄影响甚大。吴澄便以朱子为集诸子之大成，乃"中兴之豪杰"，但他也称赞陆学，认为"学者于焉可以见其全体大用之盛"。吴澄为学，博采诸家，比如对于《易》，"大旨宗乎周、邵，而义理则本诸《程传》。其校定，用东莱吕氏之本，而修正其缺衍谬误"，其作《易纂言》，则"大概因朱子象占之说而

---

① 欧阳玄《元故奎章阁侍书学士、翰林侍讲学士、通奉大夫虞雍公神道碑》，王颋点校《虞集全集》，天津古籍出版社 2007 年版，下册，第 1246 页。
② 欧阳玄《雍虞公文集序》，王颋点校《虞集全集》，下册，第 1244 页。
③ 黄溍《道园遗稿序》，王颋点校《虞集全集》，下册，第 1263 页。
④ 《道园遗稿》四库提要，《景印文渊阁四库全书》，第 1207 册，第 707 页。
⑤ 欧阳玄《元故奎章阁侍书学士、翰林侍讲学士、通奉大夫虞雍公神道碑》，王颋点校《虞集全集》，下册，第 1250 页。
⑥ 欧阳玄《元故奎章阁侍书学士、翰林侍讲学士、通奉大夫虞雍公神道碑》，王颋点校《虞集全集》，下册，第 1245 页。

益广"。他还校定编次了张载和邵雍之书,并推尊邵雍"为孔子以来一人而已"①。这种对学问开放的态度和做法,在虞集那都能找到影子。理学思想上,虞集宗朱子,"朱子之书,学者盖家藏而人诵之矣,其于圣贤之传,为学之要,本末始终,毫分缕析,无复余蕴,使穷乡下邑独学特行之士,苟玩而习之,思而得之,体而践之,及其久也,犹可以入圣贤之域"②。他对《易》《礼》皆有所钻研,"于诸经之说,不专主一家,必博考精思,以求致用之道"③。

宋濂对虞集的文章和文论均赞叹不已:"无幽不启,无芳不荣也","命世之才,一代之英也"④。而虞集的文风和学术态度不仅影响了当时的人,对后世也产生了深远影响。

四、郑玉

宋濂于《叶治中历官记》中提到:"予旧与郑玉待制交,闻谈括苍叶侯之政为详。"⑤郑玉(1298—1358),字子美,徽州歙县人。师从淳安吴暾、夏溥、洪震老。此三人皆是钱时的弟子,钱时则是杨简最得意的学生。所以若算起师生渊源,郑玉乃杨简后学。郑玉"覃思六经,尤邃于《春秋》,绝意仕进"⑥。初至京师,其文章流入奎章阁,揭傒斯、虞集、欧阳玄皆交口称许,虞集断言:"郑子之文,异日必负大名于天下。"⑦至正十四年(1354),朝廷除郑玉为翰林待制、奉议大夫,并遣使者赐以御酒名币,浮海征之。郑玉上表,以疾辞。家居以著书讲学为事,因筑书院于师山,故人称"师山先生"。明兵入徽州,守将欲其出山辅佐新朝,郑玉拒绝:"吾岂事二姓者耶!"自缢而亡。《元史》以之入《忠义传》,嘉其忠义也。有《师山文集》八卷、《遗文》五卷存世。

郑玉虽属杨简后学,但他的学问却宗朱学。他曾自述,从十余岁便对朱子之言、之道"好之既深,为之益力,不惟道理宗焉,而文章亦于是乎取正"。并对当时流行的"文章宗韩柳,道理宗程朱"的文道分离观进行了反驳:"道外无文,外圣贤之道而为文,非吾所谓文;文外无道,外六经之文而求道,非

① 以上见虞集《故翰林学士、资善大夫、知制诰同修国史临川先生吴公行状》,王颋点校《虞集全集》,下册,第860—866页。
② 虞集《南康路白鹿洞书院新田记》,王颋点校《虞集全集》,上册,第670页。
③ 赵汸《邵庵先生虞公行状》,王颋点校《虞集全集》,下册,第1299—1300页。
④ 《宋濂全集》卷八十八《虞文靖公像赞》,第四册,第2108—2109页。
⑤ 《宋濂全集》卷十四《叶治中历官记》,第一册,第255页。
⑥ 《元史》卷八三,第15册,第4432页。
⑦ 郑玉《师山集原序》,《师山文集》,《景印文澜阁四库全书》,杭州出版社2015年版,第1252册,第4页。

吾所谓道。吾于朱子折衷焉。"①道乃圣贤之道,文乃六经之文,六经之文本就是圣贤之道的体现,二者是一体的。在郑玉眼中,朱子之著述文章就是文与道的完美结合。所以终其一生,他都服膺朱子之学。他的师山书院学规就是白鹿洞书院的学规,而他的学生认为他开讲书院乃"复还朱公阙里之风"②。

朱陆鹅湖之会暴露了两派的分歧,至南宋末期,两派后学之相攻竟成水火之势。对此,郑玉进行过总结:

> 二先生相望而起也,以倡明道学为己任。陆氏之称朱氏曰"江东之学",朱氏之称陆氏曰"江西之学"。两家学者各尊所闻,各行所知,今二百余年,卒未能有同之者。以予观之,陆子之质高明,故好简易;朱子之质笃实,故好邃密。盖各因其质之所近而为学,故所入之涂有不同尔。及其至也,三纲五常,仁义道德,岂有不同者哉?况同是尧舜,同非桀纣,同尊周孔,同排释老,同以天理为公,同以人欲为私,大本达道,无有不同者乎?后之学者不求其所以同,惟求其所以异。江东之指江西,则曰"此怪诞之行也";江西之指江东,则曰"此支离之说也",而其异益甚矣。此岂善学圣贤者哉?朱子之说,教人为学之常也;陆子之说,高才独得之妙也。二家之学,亦各不能无弊焉。陆氏之学,其流弊也如释子之谈空说妙,至于卤莽灭裂而不能尽夫致知之功;朱氏之学,其流弊也如俗儒之寻行数墨,至于颓惰委靡而无以收其力行之效。然岂二先生立言垂教之罪哉?盖后之学者之流弊云尔。呜呼!孟子殁千四百年,而后周子生焉。周子之学亲传之于二程夫子,无不同也。及二先生出,而后道学之传始有不同者焉。周程之同,以太极图也;朱陆之异,亦以太极图也。一图异同之间,二先生之学从可知矣。③

郑玉认为,两家后学之所以聚讼不已,在于他们只看到了朱陆之异而未见其同。二者之"异"乃是因朱陆二人之"质"决定,一个笃实,一个高明,并不是学说上的根本分歧。二人同是尧舜,同非桀纣,同尊周孔,同排释老,对天理人欲,对建立根本以达其大道等等看法也都完全一致。二人只是施教不同而已。二者也各有弊端,陆学起点太高,缺乏下学致知的工夫;朱学过

---

① 郑玉《师山文集》"自序",《景印文澜阁四库全书》,第1252册,第6页。
② 徐大年《御酒师山燕诸生致语》,《师山文集》"附录",《景印文澜阁四库全书》,第1252册,第77页。
③ 《师山文集》卷三《送葛子熙之武昌学录序》,《景印文澜阁四库全书》,第1252册,第27—28页。

于细密,恐耽于致知而难以落于践履。他在与友人的信中,又进一步批评了当时党同伐异的学风,并比较了朱陆之学的优劣:

> 近时学者未知本领所在,先立异同。宗朱子则肆毁象山,党陆氏则非议朱子,此等皆是学术风俗之坏,殊非好气象也。某尝谓陆子静高明不及明道,缜密不及晦庵,然其简易光明之说,亦未始为无见之言也。故其徒传之久远,施于政事卓然可观,而无颓堕不振之习。但其教尽是略下功夫而无先后之序,而其所见又不免有"知者过之"之失,故以之自修虽有余,而学之者恐有画虎不成之弊。是学者自当学朱子之学,然亦不必谤象山也。①

相较之下,陆学要求人领悟·所以其教人在读书致知上略少而直接进行日常践履,所以"无先后之序";以之自我修养还可以,但只恐那些悟性不够的人做不到,导致"知者过之,愚者不及"。所以郑玉建议,朱子之学本末有序,缜密笃实,适于学者修习。但是选择一方,并不意味着去诽谤批判另一方。二者不是对立的。那种先入为主、先立异同的做法是不可取的。

今人研究认为郑玉是元代"和会朱陆"的倡导者,本文认为其实不是"和会",而是客观分析二人学说的利弊。从郑玉本人的思想看,他宗的是朱学,无论是理论还是修行,皆以朱学为本。宋濂与郑玉具体交往于何时,暂不可考,但郑玉文道合一的观点、朱陆异同的辨析,直接被宋濂所接受。

五、赵汸

赵汸(1319—1369),字子常,安徽休宁人,号东山先生。初师从于九江黄泽(字楚望),得口授六十四卦大义与学《春秋》之要。之后遍谒诸名公,夏大之、黄溍、虞集,与郑玉也在师友之间。在虞集处,他始闻吴澄之学。故《宋元学案》列之于《草庐学案》,以为草庐再传。筑东山精舍,读书著述其中,故人称"东山先生"。于诸经无所不通,尤精于《春秋》。明初,诏修《元史》,征赵汸入京。书成,辞归,未几卒,年五十一。入《明史·儒林传》。

赵汸与宋濂、王祎交往甚厚。洪武二年(1369),赵汸应征入京时,于严陵遇宋濂。宋濂告诉他王祎也在被诏之列。赵汸感叹:"汸衰病日增,非可出者,纵出,亦无补于事。所幸者,平生故人重得一见于契阔之余,事固有非

---

① 《师山遗文》卷三《与汪真卿书》,《师山文集》,《景印文澜阁四库全书》,第1252册,第112页。

偶然者。"①此时他与宋濂已经好几年没见面,而与王祎则十多年了。

他为宋濂的父亲撰写诔文,称赞宋濂"博物洽闻,足以名一世而不以为多。为文章下轹魏晋,上拟周秦,而视若蜩翼蛇附"②。究其原因,当然是源自其父的言传身教。宋濂《潜溪后集》十卷即将付梓,写信请赵汸序其意。赵汸序中说,自韩愈提倡"文以载道","始考诸经以立言"以来,浙东诸儒,唯吕祖谦"博而知要",黄溍"辞达理明"。宋濂生于吕公之乡,学于黄公之门,"其学以经为师,而尤长于《周礼》。其出入百家,钩深索隐,盖将以自致也,而不但资为文"。他称赞宋濂的文章"才高思敏,舒之敛之,无适不宜,而未尝有意于作为"③。其所撰《春秋》系列书稿完成后,特意撰《春秋纂述大意》寄给宋濂和王祎,请他们提意见。至正二十二年(1362)前后,《春秋属辞》刻版发行,他寄了一部给宋濂,请其校正。宋濂看后,大受启发,欣然作序,认为说《春秋》者数十百家,但只有赵汸此书将史策旧文与圣人笔削完美地结合起来,"义精例密,咸有据依,多发前贤之所未发","世之说《春秋》者,至是亦可以定矣","子常可谓深有功于圣经者矣"④。二人在学问上可谓惺惺相惜,相互爱重。

赵汸的学生詹烜这样评价老师的学问:"新安自朱子后,儒学之盛,四方称之,为东南邹鲁。然其末流,或以辨析之意纂集群言,即为朱子之学。先生独超然有见,于圣贤之授受,不徒在于推究文义之间。故其读书,一切以实理求之,反而验之于己,非有以信其必然不已。""先生之学,以积思为本领,以自悟为归宿,勉夫切己向上之工夫,而至乎穷经复古之成效。"⑤《春秋属辞》便是他二十年精思力索的成果。正是这种积思自悟的问学个性,才使他在很多方面有独到的见解。赵汸游虞集之门,虞集策试他,试题是"江右先贤及朱陆二氏立教所以异同"。赵汸举朱陆的反省之语为证,认为二人思想始异而终同,"使其合并于暮岁,微言精义,必有契焉"。针对当时大家都尊朱诋陆,赵汸为象山辩护:陆学出自孟子,"是故先生非不致知也,其所以致知者,异乎人之致知;非不集义也,其所以集义者,异乎人之集义"⑥。即便朱子,也多次肯定象山的学问。今日之学者,不足以知象山之高明,亦不足以知朱子之广大。虞集阅罢,批点于后曰:"子常生朱子之乡,而又有得于

---

① 赵汸《东山存稿》卷二《送操公琬先生归番阳序》,《景印文澜阁四库全书》,第1256册,第339页。
② 《东山存稿》卷五《宋处士诔文》,《景印文澜阁四库全书》,第1256册,第457页。
③ 《东山存稿》卷三《潜溪后集序》,《景印文澜阁四库全书》,第1256册,第368页。
④ 《宋濂全集》卷三十一《春秋属辞序》,第二册,第684页。
⑤ 詹烜《东山赵先生汸行状》,《东山存稿》"附录",《景印文澜阁四库全书》,第1256册,第508、510页。
⑥ 《东山存稿》卷二《对问江右六君子策》,《景印文澜阁四库全书》,第1256册,第335页。

陆氏之说，……于二家之所以成己而教人者反复究竟，尤为明白。盖素用力斯事者，非缀辑传会之比也。"他慨叹："一时友朋，若子常之通达而起予者，鲜矣。"①朱陆始异终同的结论，发前人之所未发，正是赵汸独立思考的结果，极大启发了后学。阳明作《朱子晚年定论》，其灵感当源于此吧！

六、陶宗仪和孙作

陶宗仪字九成，生卒年待考②，号南村，浙江黄岩人。少试有司，一不中即弃去，以撰述为事。师事张翥（1287—1368，字仲举）、杜本（1276—1350，字伯原，号清碧）、李孝光（1296—1348，字季和），务古学，为诗文，尤用心于书法。洪武四年（1371），诏取天下士。六年（1373），命有司举人才，皆引疾不赴。有人讥讽他矫情，他叹息说："捧檄而喜，所以为亲禄不逮养，适增悲耳。况今贤良辈出，草莽之臣老死太平，幸莫大矣。逾分之荣，其敢觊乎？"③隐居松江之亭林，躬耕自给。常引觞独酌，作诗高歌，独得其乐。著有《说郛》《南村辍耕录》《书史会要》等，皆传世。《明史·文苑》有传。

洪武六年（1373），陶宗仪辞却朝廷征召，归隐三吴，宋濂作《送陶九成辞官归华亭序》，称赞他进退得宜。有人怀疑陶不仕无义，也有人猜测陶之所以不仕，是因为他的两个弟弟都已经出仕做官了，"一家不可以俱仕，恐防进贤之路，故力辞之"。宋濂对此大不以为然："是未知九成者也"，"其所以果于辞荣而谢宠者，亦度其时可以不仕也。避嫌云乎哉？虽然，九成之归也，结庐泗泾之上，日坐皋比，横经而讲肆之。子弟从之者，皆知所以孝弟忠信；出而事君，又皆知能致其身之义。九成有功于国，比于他仕者留心簿书期会而不知教化者，又为何如哉！苟谓之仕亦可也"。他认为陶宗仪居家讲学，教化子弟，其不仕比那些耽于繁琐公文的入仕者，功劳要大得多。所以他连连说："九成行哉！"④优游山林，横经讲肆，教化子弟，正是宋濂入仕前的生活。如今身在朝廷，身不由己，天天以撰文、留心簿书为事，对于陶宗仪的选择，宋濂此序应当是有感而发吧！

宋濂夸赞陶宗仪乃伯仲之才，学问充美。陶宗仪钻研书法，纂成《书史会要》，请宋濂作序。宋濂称赞此书不同于那些《花史》《砚史》等无关事功、

---

① 《东山存稿》卷二《对问江右六君子策》，《景印文澜阁四库全书》，第1256册，第336—337页。
② 陶宗仪的生卒年，学术界一直莫衷一是。陆林《夏庭芝生年考——兼论陶宗仪生年》认为陶生于1312年，陈文林《陶宗仪生年和早年求学新考》也同意这一看法。管彦达《陶宗仪生卒年考》认为陶生于1322年左右，卒于1410年后。昌彼得《陶宗仪生年考》则认为生于1316年。
③ 孙作《沧螺集》卷四《陶先生小传》，《景印文澜阁四库全书》，第1265册，第27页。
④ 《宋濂全集》卷二十五《送陶九成辞官归华亭序》，第二册，第520页。

治教之书，此书"精究六书，直探皇颉史籀之本源，历代字体变化如浮云者，皆可考见。致知格物之学，似不为无助"①。该书正体现了儒家的格物致知，通过探索事物的本源而获得知识这一道理。而对于那些"徇末而忘本"、以自家之书法妄比李斯、王羲之的人来说，读读这本书会让他们清醒、自警。

陶宗仪《南村辍耕录》相当于一部笔记小说，记录了有元一朝许多历史掌故、里丛巷谈、文人趣事和奇闻怪论。其中，收录了一则宋濂所作《磨兜坚箴》："昔李侍郎敦立，尝揭'磨兜坚'三字于座隅。磨兜坚者，古之慎言人也，其善于自防者哉。金华宋濂为著箴曰：'磨兜坚，慎勿言。口为祸门，昔人之云，磨兜坚。人各有心，山高海深，磨兜坚。高不知极，深不知测，磨兜坚。言出诸口，祸随其后，磨兜坚。钟鼓之声，因叩而鸣，磨兜坚。不叩而鸣，必骇众听，磨兜坚。惟口之则，守之以默，是曰玄德，磨兜坚。磨兜坚，慎勿言。'"②宋濂著述甚多，陶宗仪唯收此箴，大概是觉得"慎言"应该成为每个人都要遵守的原则。

为《南村辍耕录》作序的是孙作，陶宗仪的好友。孙作，字大雅，江苏江阴人，号东家子，门人称清尚先生。著有《沧螺集》。宋濂为之作《东家子传》。元季不仕，洪武六年（1373）朝廷议采天下士纂修《大明日历》，宋濂为总裁。礼部尚书推荐孙作，并出其文一编给宋濂。宋濂读之，不觉叹曰："安得与此人比肩一时，以快平生之愿与！"不久孙作入京，二人朝夕相处甚欢。《大明日历》修成后，授孙作翰林编修。孙乞外任，授太平府儒学教授。此后六年，历任国子助教、国子司业等。宋濂记叙道："前后八载，与公对床促席，拥炉夜话，皆未若出入禁闼、同宿翰林日最亲且久也。"③入《明史·文苑传》。

孙作为人器宇凝静，初见如秋霜，久之如冬阳。好著书，穷日夜笔砚不辍。宋濂评价其书，有"不可及者二"："仆尝窥其成书一二，如鲁斋王公、仁山金公、白云许公诸乡先正，义有未竟，理有未白，公一一析决，不啻亲承曾、思之传，洞瞩千古之上。析之则理胜，辟之则辞严，动有据依，皆非臆说。此公之学不可及者一也。他人之文，束于理则辞不畅，肆于辞则理不直。惟公折旋蚁封，不失毫发，上下峻阪，如履康庄。此公之文不可及者二也。"无论是"学"还是"文"，宋濂都认为孙作达到了新高度，"卓然自成一家"。尤其是文集中《图说》《答难性》两篇，"神采俊发，正气满容，濂、洛之外，康成辈有是言与？""人言《东家子》书，其醇正似孟轲，其环玮似庄周，其谨严似《通书》，

① 《宋濂全集》卷二十八《书史会要序》，第二册，第593页。
② 陶宗仪著、李梦生校点《南村辍耕录》卷三十，上海古籍出版社2012年版，第340页。
③ 《宋濂全集》卷二十一《东家子传》，第一册，第409页。

其峭厉似《法言》，而又约以六经之渊奥，周以天下之知虑。博大哉仁义之言！斯其为东家氏之学也，吾于公之文亦云。"①《东家子》一书简直荟萃了诸家之特长，而又会归于儒家。宋濂对这部文集的推崇，在其所作那么多的序中，是不多见的。

七、汪克宽和张以宁

汪克宽（1303—1372），字德辅，一字仲裕②，安徽祁门人，人称环谷先生。因其从祖汪荣曾从饶鲁问学，所以《宋元学案》以之为饶鲁后学。元泰定中，应举乡试，中选。会试时因答策忤直被黜，从此绝意科举，专心于经学。于《春秋》尤用力甚勤，以胡安国为主，博考众说，荟萃成书，名《春秋传附录纂疏》，于《易》《礼》《诗》也皆有著述。洪武初年，被诏进京修《元史》。书成，辞官回乡。洪武五年（1372）卒，年六十九③。《明史·儒林》有传，有《环谷集》《经礼补逸》《春秋胡传附录纂疏》存于世。

汪克宽之学问，宋濂早就倾慕不已。早在元至元元年（1335），宋濂于钱塘参加乡试，就与汪氏有一面之缘。之后再未见面。直到明初修《元史》，宋濂为总裁，汪进京，二人再次会面，于是开始谈经。三十多年未见，宋濂发现汪氏学问"深诣远到，殆非当世之士所可及"，打算执弟子礼请业，而汪氏已辞官东归了。汪克宽研究《诗经》的著作为《诗集传音义会通》，"引古今之书凡百余家，疑者辩之，阙者补之，朱子之欲更定而未及者亦从而正之"。宋濂为之作序，认为在经学衰微，众学者对名物、声字多忽而不讲，高谈性命者不屑为、溺没辞章者不暇为的情况下，该书尤显得意义非凡。他称赞该书"简而不繁，精而不疏，则有大过二人者矣"。不仅如此，他还将汪氏的其他著作，《易传音义考》《春秋传纂疏》《春秋左传分纪》《春秋诸侯提要》《经礼补逸》《周礼类要》《四书音证》《通鉴纲目考异》《六书本义》等书一并推荐出来，认为"皆有益于世"④。从书名可知汪克宽对经学的精研深究，亦可见其学问之广博。

张以宁（1301—1370），字志道，福建古田人。元泰定中，以《春秋》中进士，官至翰林侍读学士、知制诰。当时的在朝宿儒虞集、欧阳玄、揭傒斯、黄

---

① 《宋濂全集》卷二十一《东家子传》，第一册，第410页。
② 《明史》本传作"汪克宽，字德一"，误。
③ 《明史》作"五年冬卒，年六十有九"，则说明汪氏当生于1304年。但宋濂却说"濂少先生七岁"，这意味着汪氏生于1303年。可能是周岁和虚岁的不同。
④ 以上引文见《宋濂全集》卷三十四《诗集传音义会通序》，第二册，第744页。

湑相继作古，张以宁博学强记，擅名于时，人称小张学士。明取元都，张以宁赴京，奏对称旨，复授侍讲学士，特被宠遇。洪武二年（1369），奉旨出使安南（今越南），因处置得当，甚得朱元璋嘉许。回朝途中病故，入《明史·文苑传》，有《翠屏集》《春秋春王正月考》传世。

宋濂与张以宁可谓神交已久。之前二人一直未谋面，但都拜读过对方的文章。张以宁在大都时，就见过宋濂的《潜溪集》，觉得"多其善学近代数大家"①。而张以宁入教成均、任职翰林时，其文章也散落民间，宋濂得而读之，"未尝不敛衽，而以不能识面为慊"②。直到洪武二年（1369）春天二人才"会于建业，各出所为旧稿，相与剧谈至夜分，弗之倦"。张以宁感叹说："吾生平甚不服人，观子之文，殆将心醉也。"③当年秋天他奉使安南，道次长江之西，作《潜溪后集序》寄予宋濂。他称赞宋濂的文章接近韩愈，而韩愈之文则是孟轲之"醇"和司马迁之"雄"的结合，为人称道。宋濂之文，"其言理直而不枝，其叙事赡而不芜，卤疏而极严缜，恣纵而甚精深，简质而自弘丽，敷腴而复顿挫。非有意于为艰，亦奚心于徇易？所向而合，靡事镵削，旁通释老，咸得其髓。"④他将这些都归结为宋濂志静气完、神昌造诣的结果。他希望出使回来后能游金华，徜徉山水间，与宋濂卜邻而居。

可惜张氏的这个愿望再也无法实现了。他病逝于回朝的途中，其子持《翠屏集》请宋濂作序。宋濂盛赞其文章："今观先生之文，非汉、非秦周之书不读，用力之久，超然有所悟入。丰腴而不流于丛冗，雄峭而不失于粗厉，清圆而不涉于浮巧，委蛇而不病于细碎，诚可谓一代之奇作矣。"⑤其人虽亡，其文则如星斗河岳，垂于后世。

八、汪广洋和章溢

汪广洋，字朝宗，江苏高邮人。少师余阙，淹通经史，善篆隶，工诗歌。朱元璋过长江南下，召为元帅府令使，江南行省提控。累进中书右司郎中，尝参赞常遇春军务。洪武元年（1368），召入为中书省参政，官至右丞相。胡惟庸案发，朱元璋迁怒汪广洋不能及时告发，于洪武十二年（1379）贬广南，

① 张以宁《翠屏集》卷三《潜溪集序》，《景印文渊阁四库全书》，第 1261 册，第 677 页。四库全书里作《潜溪集序》，但据内容，应该是为《潜溪后集》作的序。《宋濂全集》附录便将此序放在《潜溪后集》里。
② 《宋濂全集》卷三十三《张侍讲翠屏集序》，第二册，第 716 页。
③ 《宋濂全集》卷三十三《张侍讲翠屏集序》，第二册，第 717 页。
④ 张以宁《翠屏集》卷三《潜溪集序》，《景印文渊阁四库全书》，第 1261 册，第 677 页。
⑤ 《宋濂全集》卷三十三《张侍讲翠屏集序》，第二册，第 717—718 页。

途中赐死。有《凤池吟稿》十卷传世。

宋濂在所作《汪右丞诗集序》(《汪右丞诗集》即今所见《凤池吟稿》)中称:"濂也不敏,受公之知十有一年。"此序作于洪武三年(1370),可见二人相识于1359年。宋濂在此序中,提出了一个著名文学理论:文有山林之文,有台阁之文。山林之文,其气枯槁;台阁之文,其气雄丽。世之人对台阁之文颇有微词,认为言辞华丽阿谀而空洞无物。宋濂认为之所以有山林和台阁之分,"岂惟天之降才尔殊也?亦以所居之地不同,故其发于言辞之或异耳"①。所处环境、地位、阅历等等的不同,自然决定其思想意识如何。汪广洋曾随军东征西伐,戎马多年,其诗自然"震荡超越,如铁骑驰突";及后治定功成,拜相中书,入坐庙堂,其诗自然"典雅尊严,类乔岳雄峙"。"此无他,气与时值,化随心移,亦其势之所宜也。"②所以,汪广洋诗集中有大量台阁体是很正常的。但即便都属台阁之文,与那些只注重形式雄丽的诗文不同,汪诗中体现了弥纶天下、化育万物之道,可以起到美教化、移风俗之效。朝廷制定礼乐,需要如《雅》《颂》那样的诗作。宋濂寄希望于汪广洋:"他日与《鹿鸣》《清庙》诸什并传者,非公之诗而谁哉!"③

刘基、宋濂、叶琛、章溢,同时受召赴京,人称"金华四先生"。章溢(1314—1369),字三益,浙江龙泉人。弱冠时从王毅(字刚叔④,许谦门人)游,尊尚伊洛之学。闻金华为文献之邦,间出游,咨叩其统绪。元末,统领乡兵保捍乡土。入明,官拜御史中丞兼赞善大夫。洪武二年(1369)卒,朱元璋亲自撰文,遣人致祭。

宋濂未与章溢谋面时,便熟闻其名。及二人同赴南京,同馆于清溪,同出入宫廷以备顾问,相交数年,视为知己。章溢曾自撰家谱,请宋濂为序。宋濂感慨于当时谱法大坏,很多家族谱系无传。章溢此举无疑远过于人,且对他人之考证有帮助作用⑤。章溢56岁便遽然去世,令宋濂痛惜不已。"私窃以谓生我者父母,知我之至者唯公而已。不知公何为去予而遽死矣乎?有善孰予相?孰知我瑕疵而攻之乎?"⑥友朋相规,学道互进,不外如是。

章溢文治武功,明初甚有声望。甫一见朱元璋,便曰:"天道无亲,惟德

---

① 《宋濂全集》卷二十三《汪右丞诗集序》,第二册,第459页。
② 《宋濂全集》卷二十三《汪右丞诗集序》,第二册,第460页。
③ 《宋濂全集》卷二十三《汪右丞诗集序》,第二册,第460页。
④ 《明史》作"叔刚",宋濂为章溢所作《神道碑》、《宋元学案补遗》均作"刚叔",《明史》误。
⑤ 见《宋濂全集》卷二十二《章氏家乘序》,第一册,第439—440页。
⑥ 《宋濂全集》卷五十二《大明故资善大夫御史中丞兼太子赞善大夫章公神道碑铭》,第三册,第1218页。

是辅，惟不嗜杀人者能一之耳。"①朱元璋对他极为器重，他对朱也多有建言。章溢"状貌宏伟，器局夷旷。而抚世酬物一本于诚，一循乎礼义"。与学士大夫谈圣贤之道，如味甘饴。尝对人言："古人为学，皆躬行实践。人伦日用之间，无非学也。今人以记诵词章为务，特学之末事耳。"②故于词章之学不屑为务，而谆谆为人言纲常之大端、有关于世教者。宋濂对章溢率部保卫家乡，进而"持节诸部，执法中台"的功业赞叹不已，认为此功业光大祖先，必将名垂后世。

第三节　宋濂生活的时代背景

通过宋濂的生平经历，我们大致可以看出他所生活的元明王朝是一个怎样的时代；通过他的师友交游，可见时人所关注和讨论的学术话题。

一、元明政治生态

宋濂生活于元明两个王朝，从政治文明的角度，这两个朝代均远不如宋朝。从政治氛围的宽松度看，较之元朝，明朝的政治统治从一开始就表现出残酷和严厉。前后两种不同的政治环境直接影响了宋濂的思想。

蒙元灭宋统一全国后，最初四十年未开科举。延祐开科后，录取的人数又少得可怜。其用人主要靠世袭和推荐，于是以文章干进，奔走权贵之门成为一时风尚。宋濂的好友王袆年轻时便曾进京求职，历时三年而无果。宋濂获得翰林院编修的推荐，是他的姻亲兼好友郑涛替他以文干进的结果。但他并未到任，而是归隐仙华山，也没有遭到朝廷的追究，这说明元王朝的政治环境相对比较宽松。宋濂少有大志，以圣贤自期，立志以孔孟为师，以颜曾为友，他的《龙门子凝道记》《萝山杂言》《诸子辨》等学术著作都是在元朝完成的，充满了对时事的关注和思考，也提出了入仕后的政治理念和抱负。他崇尚三代之治，对宋代的君臣际会、共治天下也向往不已。他期待取代腐朽元王朝的新朝会有新气象，有明君圣主出现。

宋濂辅佐朱元璋时，朱尚未统一天下，故而礼贤下士，对名士礼敬有加。但是明王朝定鼎后，朱元璋对读书人的刻薄阴毒便暴露出来。廷杖士大夫，

① 《明史》卷一二八《章溢传》，第 12 册，第 3790 页。
② 以上见《宋濂全集》卷五十二《大明故资善大夫御史中丞兼太子赞善大夫章公神道碑铭》，第三册，第 1225 页。

便是明证。同时设"寰中士夫不为君用科",对拒不应征出仕者"杀身灭家",但对已入仕之士人又毫不尊重。二人的地位相比宋代简直霄壤之别。余英时先生于《明代理学与政治文化发微》中列举大量事例,证明明代政治生态之严酷,朱元璋对儒生、对朱学,只是当作统治工具而已,儒生的地位还不如僧徒。洪武二年(1369),朱元璋下诏取消孔子"天下通祀",直到洪武十五年(1382)才恢复。洪武四年(1371),宋濂上《孔子庙堂议》,建议采取建安熊禾之说,"以伏羲为道统之宗,神农、黄帝、尧、舜、禹、汤、文、武各以次列焉"①,尊道统于政统之上。朱元璋不从,宋濂因此还谪为安远知县。虽然三个月后就召还为礼部主事,但这件事让宋濂意识到与日俱增的政治风险。当年朱元璋军队攻克婺州,郡守欲聘宋濂为五经之师,宋濂仿嵇康《与山巨源绝交书》写下了《答郡守聘五经师书》,罗列了种种理由推辞不就②。而现在他却身不由己,想辞职也已经不可能了。从此宋濂小心翼翼,如履薄冰,70岁终于获得朱元璋允许致仕后,还要每年进京向朱元璋汇报工作。即便如此,还是遭连坐而不得善终。

政治环境的严苛,使入明后的宋濂再也写不出纵横捭阖、恣意汪洋的文章了,他的内圣外王的政治抱负,也只剩下"独善其身"了。眼看着昔日的好友同僚,要么出使异邦而杳无音信(如王祎),要么因牵连获罪而被赐死(如汪广洋),宋濂的心情可想而知。入仕前后宋濂的著述发生了显著变化,政治环境的变换起到了决定性作用。

二、学术上的反思

尽管两宋学派众多,百家争鸣,但历经百年至元代,给大家印象最深刻、或者说影响最大的只有朱学和陆学了。理学发展到朱熹,已经达到了巅峰。他遍注群经,融贯"北宋五子"及诸家思想于一身,创立了一个庞大的思想体系,可谓广大精微,综罗百代,后人若想超越,几乎不可能。所以元代的学者们,主要是反思两宋各派思想之得失,尤其对于朱陆思想,如何取长避短是他们经常思考的问题。

朱熹和陆九渊在世时,便已经意识到自己存在的问题了。朱熹《答项平父》言曰:"大抵自子思以来,教人之法惟以尊德性、道问学两事为用力之要。今子静所说,专是尊德性之事,而熹平日所论却是问学上多了……今当反身

---

① 《宋濂全集》卷七十七《孔子庙堂议》,第四册,第1866页。
② 参见《宋濂全集》卷二《答郡守聘五经师书》,第一册,第60—63页。

用力，去短集长，庶几不堕一边耳。"①陆九渊则于《祭吕伯恭文》中曰："追惟囊昔，粗心浮气，徒致参辰，岂足酬义。"②对时人"不读书"的怀疑，他辩解道："何尝不读书来，只是比他人读得别些子。"③这充分说明二人于德性和问学并非只专重某一方面。二人之争辩，正如袁桷（1266—1327，字伯长，号清容居士，浙江鄞县人）所言，乃"朋友丽泽之益"。据他所见，"当宝庆绍定间，黄公榦在，朱子门人不敢以先人所传为别录。黄既死，夸多务广，有《语录》焉，有《语类》焉，望尘承风，相与刻梓，而二家矛盾大行于南北矣"④。这说明朱熹去世后，得意门生黄榦主持大局，其他弟子们均不敢有门户之争。黄榦死后，朱门欲排陆申朱，各种朱子语录、语类等相继问世，于是朱陆势成水火。黎靖德所编《朱子语类》即成书于朱熹去世后六十年。该书记载朱熹的各种语录，其中不但对陆学，对浙学也抨击甚力。今日有学者通过对比不同版本，认为黎靖德在编纂该书时进行了一番增删取舍，有意"将多元的淳熙年间理学群体，纳入到朱子学道统谱系的视域之中"⑤。这说明《朱子语类》作为了解朱熹思想的重要文献，其真实性也是非常值得怀疑的。

最先会同朱陆者，全祖望根据袁桷的叙述，认为并非始于赵汸，而是淳祐时期鄱阳的汤巾和汤汉⑥。笔者认为，应当是主持鹅湖之会的吕祖谦。吕氏在《与邢邦用》中表达了和会朱陆的思想："讲贯诵绎，乃百代为学通法，学者缘此支离泛滥，自是人病，非是法病；见此而欲尽废之，正是因噎废食。然学者苟徒能言其非，而未能反己就实，悠悠汩汩，无所底止，是又适所以坚彼之自信也。"⑦他认为朱熹主张的"讲贯诵绎"的方法本身是没问题的，若由此而导致支离泛滥乃是人为造成，而不是方法的问题；但讲贯诵绎最终还是要"反己就实"，否则容易流于泛泛，将二者结合起来是最好的。

袁桷除了提到鄱阳汤氏和会朱陆外，还提到了江西龚氏也做过这方面

---

① 朱熹《晦庵先生朱文公文集》卷五十四《答项平父》，朱杰人、严佐之等主编《朱子全书》，上海古籍出版社、安徽教育出版社 2010 年版，第 23 册，第 2541 页。

② 陆九渊著，钟哲点校《陆九渊集》卷二十六《祭吕伯恭文》，中华书局 1980 年版，第 306 页。

③ 《陆九渊集》卷三十五《语录下》，第 446 页。

④ 以上引文见《袁桷集校注》卷二十一《龚氏四书朱陆会同序》，第三册，第 1089 页。

⑤ 汤元宋《语类编纂与"朱吕公案"：以〈朱子语类〉为中心的再考察》，《中国哲学史》2017 年第 1 期，第 80 页。

⑥ 全祖望《奉临川先生帖子一》："袁清容云：'淳祐中番阳汤中氏合朱陆之说，至其犹子端明文清公汉益阐同之，足以补两家之未备。'是会同朱陆之最先者，一也。"（《鲒埼亭集外编》卷四十四，《全祖望集汇校集注》，第 1681 页。）王梓材于《宋元学案·存斋晦静庵学案》中纠正说，"汤中氏系汤巾氏传写之伪"（《宋元学案》卷八十四，第四册，第 2843 页）。

⑦ 《东莱吕太史别集》卷十，《吕祖谦全集》，浙江古籍出版社 2008 年版，第一册，第 500 页。

努力:"广信龚君霆松,始发愤为《朱陆异同》,举要于《四书》,集陆子及其学者所讲授,俾来者有考。"①龚霆松乃元朝人,比赵汸要早,所以全祖望据此认为是又一例证,证明赵汸并非和会朱陆第一人。可惜汤、龚的作品皆不存,无法知道他们是如何论述的。

进入元代后,先于郑玉、赵汸而反思朱陆异同的是吴澄。作为同乡,他不遗余力地为陆学辩护和宣传;作为学者,他力求二家之"同":

> 夫朱子之教人也,必先之读书讲学;陆子之教人也,必使之真知实践。读书讲学者,固以为真知实践之地;真知实践者,亦必自读书讲学而入。二师之为教,一也,而二家庸劣之门人各立标榜,互相诋訾,至于今,学者犹惑。呜呼,甚矣! 道之无传,而人之易惑难晓也。为子之计,当以朱子所训释之《四书》,朝暮昼夜,不懈不辍,玩绎其文,探索其义。文义既通,反求诸我,书之所言,我之所固有,实用其力,明之于心,诚之于身,非但读诵讲说其文辞义理而已。此朱子之所以教,亦陆子之所以教也。然则其要安在? 外貌必庄,中心必一,不如是,不可以读书讲学,又岂能真知实践也哉!②

虽然朱陆教人之先后顺序不同,但从本质上说是一致的,都是"读书讲学"和"真知实践"的结合。后学不明,遂起纷争。他主张先读朱子之训释,文义疏通后再反求诸己,在实践中使"理"化作自身的一部分。当然,读书讲学时就要外貌庄重、内心专一,将修行内化于读书讲学中。相比朱学之盛,陆学的确衰微了。吴澄分析原因,认为主要是陆九渊生前述而不作,又特别重视真知实践,所以导致其学"非可以言传也"③,大概真的要靠悟性了。所以尽管其家乡有很多尊其学的人,也重视实践,但他们徒知"本心"之名,却不知其所以然。

> 临川金溪之士,口有言辄尊陆子,及讯其底里,茫然不知陆子之学为何如。虽当时高弟门人往往多有实行,盖未有一人能得陆子心法者。

---

①　《袁桷集校注》卷二十一《龚氏四书朱陆会同序》,第三册,第 1089 页。
②　吴澄《吴文正集》卷二十七《送陈法范序》,《景印文澜阁四库全书》,第 1232 册,第 285—286 页。
③　《吴文正集》卷四十八《仙城本心楼记》,《景印文澜阁四库全书》,第 1232 册,第 489 页。

以学之孤绝而无传,怪矣哉！①

　　他把陆九渊和二程并列,有人据此认为吴澄宗陆学。然而细绎其学问,他遍注群经,广采先儒之说。据虞集所撰《行状》,"其于《易》,学之五十余年,其大旨宗乎周、邵,而义理则本乎程《传》。其校定,用东莱吕氏之本,而修正其缺衍谬误。"他还校定张载、邵雍之书,"正其讹缺"。他尤其推崇邵雍,"以邵子为孔子以来一人而已,盖其于邵子之学深有所会悟也"②。可见,吴澄之辨朱陆,并不是要采纳哪一方的学说,而是正本清源,告知世人朱陆之学并无不同,门户之争是毫无意义的。至于陆学的地位,他盛赞陆九渊乃"金溪先觉之第一",但是,"续千数百年不传之道者,河南程子也"③。也就是说,传承"道统"的是程朱一系,陆氏只是江西心学的创始人而已。吴澄自己则不特定选择哪一方,而是博采诸家,对邵雍之学情有独钟。

　　和吴澄几乎同时关注到朱陆分歧的,还有永康的胡长孺(1249—1323,字汲仲,号石塘)。据宋濂的老师吴莱(1297—1340,字立夫,私谥渊颖)记叙,胡长孺亦对朱陆做过分辨：

　　　　夫以周程理学之盛,而邵之数学且不能以并传,于是朱子乃以东都文献之余,一传于闽之延平,而又兼讲于楚之岳麓,诚可谓集濂洛诸儒之大成矣。当是时也,二陆复自奋于抚之金溪,欲踵孟子,曾不以循序渐进为阶梯,而特以一超顿悟为究竟。今则至谓朱为支离,陆为简易,必使其直见人心之妙而义理自明,然后为学。自谓为陆,实即禅也。故曰世之学者知禅不知学,知学不知禅,是岂深溺乎异端外学之故,而遂诬其祖,乃举尧舜以来七圣相授,洙泗以降四子所传道,而悉谓之禅耶?

　　朱熹集濂洛诸儒之大成,以循序渐进为阶梯;陆九渊则欲从孟子,直从本心顿悟,然后为学。二人只是进学顺序不同罢了。但后人误以为陆学尚简易,顿悟人心之妙后义理自明,殊不知这不是陆学,而是禅学。吴莱等六人再次拜访胡长孺时,其中有一人叫傅斯正,他的曾祖父曾学于陆九渊,他

①　《吴文正集》卷八十六《故临川逸士于君玉汝甫妻张氏墓志铭》,《景印文渊阁四库全书》,第1232册,第790页。

②　以上引文见虞集《故翰林学士、资善大夫、知制诰同修国史临川先生吴公行状》,王颋点校《虞集全集》,下册,第865—866页。

③　《吴文正集》卷六十一《书器器序后》,《景印文渊阁四库全书》,第1232册,第586页。

本人也喜谈陆学。胡长孺便说："自近年科举行，朱学盛矣，而陆学殆绝。世之学者玩常袭故，寻行摘墨，益见其为学术之弊。意者其幸发金溪之故楗而少濯其心耶？"①他看到了以《四书集注》为标准取士导致学者们"玩常袭故，寻行摘墨"，学风日坏。所以他认为重拾陆学可以一洗昏浊的本心，拯救当时的学术之弊。宋濂在《胡长孺传》中提到，"长孺为人光明宏伟，务为明本心之学，慨然以孟子自许"②。从其师承看，胡氏之学可追溯到叶味道，叶乃朱熹弟子。"初，长孺既于学古获闻伊洛正学，及行四方，益访求其旨，始信涵养用敬为最切，默存静观，超然自得。晚年深慕陆九渊为人'宇宙即吾心'之言谆谆为学者诵之。"③可见，他早年用力于朱学，年深日久，有所自得，故晚岁又颇心仪陆学。在他看来，朱陆之学各有所长，可以互补。

不只学说，金元学者对宋代的学风亦有反思。金朝赵秉文（1159—1232，字周巨，号闲闲老人，河北磁县人）就认为和唐贤相比，宋儒少了忠厚之气："大抵唐贤虽见道未至，而有忠厚之气。至于宋儒，多出新意，务诋斥，忠厚之气衰焉。学圣人之门，岂以优劣为心哉？"④这一反思是有积极意义的。为了标榜自己而攻击对方，或者否定先贤的贡献，这本身就是违反圣人之道的。

以上充分说明，从吕祖谦开始，便意识到朱陆学问上的互补性。朱陆后学门户相争发生后，一直有清醒的学者从各个角度辨析二家之同异，以求去短集长，推进学术的发展。尤其是当陆学被人们误解时，不乏有学者为之剖白辩护。宋濂就生活在这个以反思、总结为主导的学术氛围中，他熟读先儒著作，对吴澄推崇有加，为胡长孺作传，与郑玉、赵汸有往来。以上诸人对朱陆学术的思考，对宋濂具有极大的启发。

三、元明民间社会的自治

蒙元以少数民族入主中原，虽采用儒士建议，以儒家思想作为统治手段之一，但在用人上，地方主政官还是全部由蒙古人或色目人担任，称达鲁花赤。这些人不懂汉语，治理汉地只能靠手下的刀笔吏。所以统治虽然黑暗，但对社会的管控还不算严苛，这就为士绅的地方自治、自我管理留下了一些空间。

① 以上引文见吴莱《渊颖集》卷十一《石塘先生胡氏文抄后序》，《景印文澜阁四库全书》，第 1243 册，第 772、774 页。
② 《宋濂全集》卷二十《胡长孺传》，第一册，第 398 页。
③ 《宋濂全集》卷二十《胡长孺传》，第一册，第 399 页。
④ 赵秉文《中说类解引》，孙德华点校《闲闲老人滏水文集》，科学出版社 2017 年版，第 322 页。

关于民间自治，很多学者都有研究和论述。如日本学者斯波义信就提出："尽管并不完全由宋代开始，但宋代在国（官）与民（私）之间，出现了既不完全属于国也不完全属于民的范畴的新的社会领域，并逐渐渗透到时人的意识当中，此已毋庸置疑。具体而言，其一为市镇的出现，其二为水利规章及其管理团体的成立。此外，以自助、自我规制为宗旨，提倡无私的义庄、义井、社仓以及乡约、乡礼也都包含其内。'乡评'、'公心好义'等，虽然可能还远不能直译为 public minded，但其实质上却已经带有被公众舆论所支撑的色彩。其原因自上可视为科举官僚及其文化的制度化所致，自下则可视为社会自律性增强的后果。"①而支持或主导这个新的社会领域的，形成一个"社会中间阶层"，是沟通国与民的中间桥梁。其实，传统的"士"阶层或乡绅阶层，就属于社会的"中间阶层"。宋代以文人治理天下，范仲淹的"义庄"，吕大防的"乡约"②，吕祖谦、朱熹的"社仓"，民间私人书院的兴起，都意味着宋代民间的自我督导、自我管理能力在逐渐增强。降至元代，文治近乎荒芜，几乎只能靠民间自我组织，实行自救。编修家谱族谱便是其中表现之一。

宗谱一开始便被视为一种维系宗法统治的有效手段。从周朝至唐代，国家专门设立谱局、谱官，修家谱以维系世家大族的利益。宋代以后，官修公谱废绝，私修家谱开始盛行。南宋私谱尤盛。蒙元对中原的征服是野蛮的。成吉思汗曾公开对部下说："男子最大之乐事，在于压服乱众和战胜敌人，将其根绝，夺取其所有的一切，迫使其结发之妻痛哭，骑其骏马，纳其美貌之妻妾以伺寝席。"③其给中原文化造成的破坏是毁灭性的，尤其是江南一带，反抗最激烈，镇压和屠戮也最严重。很多家族的族谱在战乱中散失殆尽。战乱结束后，这些家族迫切希望认祖归宗，收族聚族，私家修谱由此兴盛。元代李存、王礼、虞集、黄溍、揭傒斯、欧阳玄等文集中都有关于谱牒的议论，他们反复强调谱牒的"尊祖、敬宗、收族"的教化功能。到了明代，洪武三十年（1397）太祖朱元璋颁布"圣谕六言"："孝顺父母，尊敬长上，和睦乡里，教训子孙，各安生理，毋作非为。"他之前还大力表彰郑氏义门，敕封"江南第一家"。这说明他非常重视社会治理，将家庭道德、宗族建设作为社会

---

① 斯波义信《南宋时期"社会中间阶层"的出现》，近藤一成主编《宋元史学的基本问题》，中华书局 2010 年版，第 116 页。

② 《宋史》吕大防本传载，吕大防尝为《乡约》曰："凡同约者，德业相劝，过失相规，礼俗相交，患难相恤，有善则书于籍，有过若违约者亦书之，三犯而行罚，不悛者绝之。"（《宋史》卷三四〇，中华书局 1985 年版，第 31 册，第 10844 页。）

③ 《史集》，俄译本第一卷第二册，转引自韩儒林主编《元朝史》，人民出版社 2008 年第 2 版，第 90 页。

教化的主要手段。

宋濂一生包括致仕后，对那些前来求作谱"序"者，一概不拒绝。据初步统计，《宋濂全集》中直接与家谱相关的序、跋、题、碑铭共计有 83 篇①。他不仅从理论上反复强调族谱对于收族聚族睦族的意义，还从实践上拟定并实施过一个具体方案：

> 吾尝损益周制可以化同姓者，凡月之吉，长少咸会于先祠，拜谒毕，齿坐，命一人庭诵古训及邦法，诵已，长且贤者绎其义而讽导之，书会者名于册。再会，使互陈其所为。其行有孝弟忠信者，俾卑且幼者旅拜之，而著于名之下。有悖戾之行者，命遍拜群坐之尊者以愧之。而亦著于其名之下。逾月而能改者，如初；否则，摈不使坐。逾年而不改者，斥勿齿。同姓之人疾相抚，患相拯，贫相赒，死相葬，老弱癃疾者相养，祭酺相召，婚嫁丧灾相助。不能然者，不使与于会。

从中可以看出，他把孝悌忠信作为宗族中最基本的德行，要求同姓之人做到"疾相抚，患相拯，贫相赒，死相葬，老弱癃疾者相养，祭酺相召，婚嫁丧灾相助"。他希望这一举措能得到推广："诚有一人为之，众见其善，必效之。效者愈多，则所化者必愈远，因以美天下之俗不难也。"②通过一家一族的努力，达到移风易俗、天下大治。

美国汉学家包弼德认为，诸如自我督导、宗族建设、族谱编修等制度在南宋时被认为只适用于官僚和士人家族，到了元末明初的知识分子如宋濂等手中，就成了所有家族都适用的制度③。的确，宋濂不仅为世家大族的族谱作序，也鼓励普通人家修谱，他认为家家都应该有谱牒，因为人人都需要知道自身之所从来。从这个角度看，宋濂对修撰族谱的提倡和家族建设的实践确是民间自治的一种表现，具有普遍的社会意义。

本章小结

理学经历了宋代的充分酝酿、争论，学派纷纷，到元代，开始进入反思阶段。虽然没有太多新的思想出现，但人们站在第三者的立场，能够更冷静地看待宋代学术尤其是朱陆之纷争。元明科举以《四书集注》为取士标准，这

---

① 依据黄灵庚编辑校点的《宋濂全集》统计而成。
② 以上引文见《宋濂全集》卷三十《俞氏宗谱序》，第二册，第 651 页。
③ 参见包弼德《斯文：唐宋思想的转型》，江苏人民出版社 2001 年版，第 225 页。

一方面表明朝廷确立了朱学的正统地位，另一方面也暗示朝廷并不希望读书人像宋代那样自由讨论、创作。科举具有导向作用，从此大部分士子们只关心后人传注而无心研读六经原典。从政治环境看，明代的政治生态尤为严酷，士大夫动辄得咎，朝不保夕，其直接的后果便是学术从明代伊始便丧失活力。

宋濂生活于元明两个朝代，亲师取友，多识前言往行。元代学者对朱陆学术的反思，科举考试给文学和理学的发展造成的消极影响，如何弥补朝廷文治的不足，重建社会秩序，这些时代课题均体现在宋濂的思想中。明初严酷的政治环境对宋濂入仕后的文风也产生了重大影响。了解宋濂所生活的时代环境，有助于把握其思想主旨。

第二章　宋濂的学问宗旨与学术渊源

一代学术有一代学术的特点。处于这一时代的思想家，其思想的形成首先由其个人的问学志向、所追求的人格目标、最终形成的学识修养所决定，其次受他所处的家庭社会、政治文化环境、学术思潮等影响。一个真正的思想家必须具有反思批判的精神，才不会盲从；只有对传统经典有深入的研究和体悟，才会明其优劣，断出是非，有所取舍，进而产生新的思想。如果人云亦云，亦步亦趋，学术也就停滞不前了。

本章分析宋濂的学问宗旨和学术渊源。"渊源"即其思想来源，往前追溯，受哪些思想影响。这就注定"师承"是其中的一部分。需要明确的是，学术渊源不等于师承关系。师承关系固然重要，老师对学生，无论是问学方法还是人格修养，都有直接的影响。但思想的形成毕竟不是简单的模仿和复制，而是在前人的基础上有所创新，否则就不会有"北宋五子"，也不可能有学派纷呈的宋明理学了。就如陈俊民先生在辨析关学源流时所言："所谓学术渊源，主要不局限于他有无直接联系的家学和师承，而重要的是取决于他长期对某一学说和方法的中心仰慕和追求，及其在承袭中的独立创造。"[①]即令"程朱"一向并称，但朱熹对二程的思想亦非全盘接受。《宋元学案》基本以师承关系梳理宋元学术史，为今天的研究提供了便利。但黄宗羲、全祖望在编纂学案时，将其主观好恶掺杂其中，因此许多"案语"都是他们个人的评判，今人可以参考，但绝不可作为不可移易的定论。一个人的思想究竟属于哪个学派，他的学问宗旨究竟为何，应当尊重思想家本人自述，更要以其全部著作所体现的思想为依据。阅读原典、爬梳资料是个艰苦的过程，没有捷径可言，却是做学问的必经之路。否则一味因袭成说，只凭一鳞半爪，是看不清庐山真面目的。

早期关于宋濂的学术渊源研究，是根据他的师承关系，直可上溯至黄榦，于是说他传的是朱学；看到他思想中有"六经皆心学"，有关于心的论述，便说他宗的是陆学；发现其思想中既有朱学，又有陆学，便说他和会朱陆。直到最近几年，才有学者根据宋濂的自述和思想的总体特征，认定他传的是

① 　陈俊民《关学源流辨析》，《中国哲学》第九辑，生活・读书・新知三联书店1983年版，第200页。

婺学。孰是孰非，暂且不论。之所以莫衷一是，就是因为对宋濂的思想缺乏全面的了解，只见树木，不见森林。

宋濂的学问，博采众说，兼论佛、道，又有大量的文论、经论、史论，看上去相当博杂。仔细看，却发现其涉猎虽广，却并非泛泛而论，而是对每一个领域都有相当深入的研究，可谓广博而精深；说它杂，是因为涉及领域众多，让人眼花缭乱。但议论有序，原委井然，自成一家之言。宋濂对先秦以降的经史子集、佛典道经，无书不窥，且自有心得。他对两宋时期各家思想均有研判，述其得失。研判的目的，自然是扬长避短。如此一来，对其学问渊源就不能只盯着师承关系，或某一方面进行探究。他的眼光，绝不只限于宋元，而是整个学术史。

综上所述，本章先叙其学问宗旨，再考其学术渊源。

第一节　学问宗旨与原则

一、予学孔子也

宋濂祖上自宋代迁到金华之潜溪后，一直以务农为生，没有从事儒业者。他的父亲宋朝不甘心诗礼之传就此中断，于是鼓励酷爱读书的宋濂"为孝子，为悌弟，为良师儒"，"大抵门不欲其高，惟有德之崇；有子不欲其侈，惟欲其业之修"①。受此庭训，宋濂"尽弃解诂文辞之习，而学为大人之事。以周公、孔子为师，以颜渊、孟轲为友，以《易》《诗》《书》《春秋》为学，以经纶天下之务，以继千载之绝学为志，子贡、宰我而下，盖不论也"②。"大人之事"即是立圣贤之志，行君子之事。直接以周孔为师，颜孟为友，学习六经之道而不是文辞训诂。他的志向是继承孔孟之后不传的千载绝学，因此他的精力都放在六经上。他天天读书著文，有人以"文人"目之，宋濂怫然怒曰："吾文人乎哉？天地之理欲穷之而未尽也，圣贤之道欲凝之而未成也，吾文人乎哉？"他读书，为的是穷天地之理、圣贤之道，文章只是承载道理的工具而已。所以当有人请求向他学文时，他回答说："其孝弟乎？文则吾不知也。"文无须学，学的应该是纲常伦理之道。他不肯干禄，当有人劝他干禄入仕时，他

---

① 《宋濂全集》卷七十一《先府君蓉峰处士阡表》，第三册，第1719页。
② 《龙门子凝道记》卷下《令狐微第十二》，《宋濂全集》卷九十四，第四册，第2238页。

回应道："禄可干耶？仕当为道谋，不为身谋，干之私也。"①充分实践了孔子"君子谋道不谋食"的理念。

宋濂以圣贤自期，以孔子为终极的人格目标。他把儒者分为七种：游侠之儒，如田仲、王猛；文史之儒，如司马迁、班固；旷达之儒，如庄周、列御寇；智数之儒，如张良、陈平；章句之儒，如毛苌、郑玄；事功之儒，如管仲、晏婴；道德之儒，如孔子。"我所愿，则学孔子也。其道则仁义礼智信也，其伦则父子、君臣、夫妇、长幼、朋友也。其事易知且易行也，能行之则身可修也，家可齐也，国可治也，天下可平也。"②在他心目中，孔子的贡献简直可以比肩天地、日月："非天地孰覆载耶？非日月孰照临耶？非孔子孰明五伦耶？使世无孔子，生民之类其灭久矣夫！"③唐人有诗云"天不生仲尼，万古如长夜"，极言孔子的伟大。宋濂此论，则极言孔子所定的纲常伦理作为万世准则，对人类秩序的规范意义非凡。孔子既为圣人，那么孔子之道便是衡量一切的准的。他评论汉唐诸儒，一以孔子之道为标准：

> 郑、孔，名数之学耳，不足与议斯道。董仲舒，纯儒也。王通，明儒也。韩愈，正儒也。若扬雄，则驳儒也。曰："曷谓驳儒？"曰："岂有不驳而事莽者乎？司马公喻为日月，过矣。"曰："三子者，能尽合孔子之道乎？"曰："仲舒颇窥道之本原，韩愈能识道之大用，王通极知治道，尤高爽有见。谓其尽合孔子之道，则皆未也。"④

郑玄、孔颖达从事的是名物训诂之学，不足为论。董仲舒只窥到了道之本原，韩愈识道之大用，王通则极通治道，但三人也只是各得"道"之一偏而非全体，与孔子之道尚有距离。至于扬雄，因其事王莽，未能识道之正、之纯，可谓驳杂。于此可见，在宋濂的心目中，孔子之道乃是体用兼备、道德事功兼具的学问。

二、求为用世之学

宋濂不干禄，并不意味着他不关心时事，不想见用于世。恰恰相反，他是希望能有机会施展抱负、一飞冲天的。他还曾因为世事担忧而生病了，闻

---

① 以上引文见《宋濂全集》卷十六《白牛生传》，第一册，第294页。
② 《宋濂全集》卷七十八《七儒解》，第四册，第1881页。
③ 《龙门子凝道记》卷下《积书微第十》，《宋濂全集》卷九十四，第四册，第2232页。
④ 《龙门子凝道记》卷下《越生微第九》，《宋濂全集》卷九十四，第四册，第2231页。

邱生说他有"出位之思"，乃不智不仁之举，他叹息道："我非人则已，苟亦人尔，何可不忧世哉，何可不忧世哉！"①他当然有一次做官的机会，那就是至正九年（1349）被举荐于朝廷。只是他预感到元王朝气数已尽，所以才拒绝征召，隐居于山中。进入小龙门山之前，他告诫两个儿子："当求为用世之学，理乎内而骛于外，志于仁义而绝乎功利。"②重视道德的自我修养，其目的是将来更好地用世。他一直强调学必为有用之学。他以苏洵二十七岁始读书、终有成就的例子勉励从弟发愤勤学，但他更强调学习的内容：

> 虽然，明允之学志在文辞者也，吾徒何事于斯？必也学为圣贤有用之学，达则为公为卿，使斯道行；不达则为师为友，使斯道明，如此而后庶几也。③

孟子提倡"穷则独善其身，达则兼济天下"，不做官时加强自我修养。宋濂则更进一步，不做官时可以以师友的身份宣传"道"，至少可以使周边的人都了解圣贤之道。他慨叹自己没有一展才华的机会，"道之兴废系诸天，学之进退存诸己。存诸己者，吾不敢不勉也；系诸天者，予安能必之哉？予岂若小丈夫乎？长往山林而不返乎？未有用我者尔。苟用我，我岂不能平治天下乎？"④他高呼："人之生也，必以三代之士自期，必以三代之事自任，庶不负于七尺之躯。若随小夫呻吟于佔毕间，甚陋矣哉！"⑤

那么历史上有没有符合"三代之士"标准的典范人物呢？在宋濂心目中，符合这一期许的只有诸葛亮一人而已："三代而下，有合于先王之道者，孔明一人耳。其师以正动，义也；委身事君，忠也；开诚布公，信也；御众从严，知也。其功之不能成，天也。议者则谓其应变将略非其所长；又谓其出师不攻瑕而攻坚，一出师乃与魏氏角，其亡则宜；又谓其仁义、诈力杂用以取天下，所以失之。是皆以权谋术数待孔明，而孔明明白正大之心，初未尝知之也。若三者之议，真蛇鼠之见哉！"⑥诸葛亮具备义、忠、信、智等美德，辅佐刘备建立蜀政权，道德事功皆备，正是如三代伊尹、周公那样的人物。这也正是宋濂志之所向。

---

① 《龙门子凝道记》卷上《采苓符第一》，《宋濂全集》卷九十二，第四册，第 2180 页。
② 《龙门子凝道记》卷下《令狐微第十二》，《宋濂全集》卷九十四，第 2238 页。
③ 《宋濂全集》卷二十二《送从弟景清还潜溪序》，第一册，第 435 页。
④ 《龙门子凝道记》卷上《终胥符第三》，《宋濂全集》卷九十二，第四册，第 2187 页。
⑤ 《龙门子凝道记》卷下《观渔微第五》，《宋濂全集》卷九十四，第四册，第 2220 页。
⑥ 《龙门子凝道记》卷下《林勋微第十一》，《宋濂全集》卷九十四，第四册，第 2236 页。

三、隐非本心也

宋濂曾两次入小龙门山著书，第一次是为了躲避朝廷征召的纠缠，第二次则是为了躲避战乱。作为一个忧国忧民、积极用世之人，隐居当然是情非得已。至正元年(1341)，元顺帝开始亲政，朝廷展现出一丝新气象。但是宋濂似乎已经没什么政治热情了，他望着小龙门山遐想："我不学安期生，玉舄一量随风行；我不学琴高生，独乘赤鲤追涓彭。""我本一齐氓，落魄同楚伧。读书未识字，何心事纵横。一丘一壑乃吾愿，蛮触肯与浮名争。"[①]安期生、琴高生都是修炼成仙的人物，断绝红尘，不问世事。宋濂当然不想学他们，他所向往的是逍遥于山水间，不去争那些浮名浮利。但是勤学多年，始终无用武之地，心中还是有些意难平："学之积年，而莫有用之者，其命也夫！其命也夫！今之人入山著书，夫岂得已哉！"[②]他安慰自己："功业无成志可纪，古来英杰多如此。"[③]

对于入仕，宋濂有自己的原则。"古之人仕也，欲安斯民也。睹斯民遑遑于涂炭之中……我之才足以有为也，苟弃之而不救，则非人也；然欲救之，非仕不可也。如斯而已矣，岂知所谓荣与名哉？以荣与名而仕，必贱丈夫也。"[④]如果不能拯生民于涂炭，那入仕就没什么意义。为荣耀和名利而仕者，乃贱丈夫之流。他在小龙门山上采苓高歌，歌罢向北而叹。随从之人不解：以先生的道德文章，为何不下山救民于水火？古之君子难道也是这么对天下事袖手旁观的吗？宋濂回答曰："君子之任道也，用则行，舍则藏。……君子未尝不欲救斯民也，又恶进不由礼也，礼丧则道丧矣。吾闻君子守道，终身弗屈者有之矣，未闻枉道以徇人者也。"[⑤]——宋濂向往三代之治，仍然希望存在"君使臣以礼，臣事君以忠"那样的对等关系，仍然希望士君子能具有像先秦那样与君主平起平坐的地位。就如文王亲赴渭水请姜尚，刘备三顾茅庐请孔明，都是礼贤下士的榜样。道统和政统相比，道统始终应该高于政统。君子以道自守，是君子之为君子的底线。同样，师道和帝道相比，师为尊，"古之帝者必有师"，黄帝、炎帝、颛顼、帝喾、尧都有老师，而且还不止一位。"夫五帝，大圣人也，犹或有师者，诚以天下之大，未易君也。后世乃

---

① 《宋濂全集》卷一〇三《辛巳春望小龙门山作》，第四册，第 2425 页。

② 《龙门子凝道记》卷下《令狐微第十二》，《宋濂全集》卷九十四，第四册，第 2238 页。

③ 《宋濂全集》卷一〇五《题宗忠简公诰》，第四册，第 2454 页。

④ 《龙门子凝道记》卷中《悯世枢第五》，《宋濂全集》卷九十三，第四册，第 2193 页。

⑤ 《龙门子凝道记》卷上《采苓符第一》，《宋濂全集》卷九十二，第四册，第 2179 页。

反此,何哉?"①连五帝都拜师尊师,以其广有四海,做到这样并不容易,但他们还是做到了。后世为什么反而做不到呢?这是个值得深究的问题。

宋濂希望能遇到礼贤下士的君主。朱元璋军队攻克婺州后,宋濂被郡守聘为五经师,宋濂在《答郡守聘五经师书》中多次用了"强濂为五经师",一个"强"字多少可看出宋濂的不满,这可不是对待士君子的礼数,至少和宋濂的期待有些距离。待到朱元璋召金华四先生赴南京,见面就说:"我为天下屈四先生!"这应该会让宋濂好受些了吧。

四、"会通"原则

元朝国祚短暂,宋濂的生活贯穿了整个元代中后期,他出生的时候距离南宋灭亡也不过 40 年。前朝的流风遗韵尚存,那些先哲名人也并未走远,宋濂青少年时期,仍有一些人活跃在思想界,如吴澄、吴师道等。元初四十多年废科举,读书人没有出路,很多以教书谋生,业余时间则著述思考,如戴表元。还有些人,不愿为官,甘愿隐居山林,如郑玉、陶宗仪等。宋濂与这些人都有直接或间接的交集,在入仕明王朝之前,他基本都过着读书讲学、著书立说的生活。因为交游广泛,博览群书,有充分的时间深入思考,所以宋濂对当时的学术动态可谓了若指掌,按今天的话说,他掌握和走在了学术发展的最前沿。所以在他的文章中,无论是为诸文集作的"序",还是给友人写的"记",他都能做到有的放矢,有感而发,提出自己的见解。

当时的学术界,对各种问题都歧义纷纷。人们似乎更愿意看到"异",然后各抒己见,而鲜少关注"同"。百家争鸣自然是好的,但一味求"异"也容易导致门户之见过深,影响思想的发展。比如儒家内部的朱陆之争、文道之辨,佛道教内部的教禅、顿渐分立,儒释道三教之间的互相批判等,都是求"离"不求"合",求"异"不求"同"的具体表现。对此,宋濂采取"会通"的原则,主张求同存异,双方互益。

对于文与道的关系,宋濂反对将二者割裂开来,认为文道分离的根本原因就是不懂得"会通"的道理:"文日以多,道日以裂,世变日以下,其故何哉?盖各以私说臆见哗世惑众,而不知会通之归,所以不能参天地而为文。"②道和文的关系就如形与影,"有形斯有影,其可歧而二之乎?"③

在处理三教关系上,所谓会通,不是三教之间的援引借用,而是指三教

---

① 《龙门子凝道记》卷中《阴阳枢第七》,《宋濂全集》卷九十三,第四册,第 2197 页。
② 《宋濂全集》卷三《华川书舍记》,第一册,第 76 页。
③ 《宋濂全集》卷六十五《故新昌杨府君墓铭》,第三册,第 1534 页。

各自内部不同学派或教派的和会融通。就儒学而言,是指取各家学说之长,补彼此之短。尤其是朱陆学说,宋濂提出"六经皆心学"的观点,将陆九渊的本心论与程朱的致知工夫结合起来,通过读经以实现下学上达,既避免了程朱道学"驰骛于外"、沉溺传注导致"割裂文义"的危险,又避免了象山心学不重视读经而专注于打坐的流弊。对于佛教,宋濂则主张禅教一致,顿渐兼收。对于道教,则主张性命双修,不分南北。三教之间是相通的,但这"相通"只体现在教化和治道上。三教典籍在理论上也是相通的,三教可以相资并用,但也只是修行过程中的理论互补,而不是创立新说上的互相援用。

总体而言,宋濂的"会通"原则有两个特点:第一,同质思想内部对不同的观点采取兼容并蓄、相互会通的原则;第二,异质思想之间求同存异,相资并用,但保持各自的独立性。无论是儒家学说,还是佛、道教文章,宋濂都分别用各自的术语范畴,其文字之娴熟已经达到炉火纯青的程度。王祎曾评价他:"至于佛老氏之学尤所研究,用其义趣制为经论,绝类其语言,置诸其书中无辨也。"①其学养之深厚,儒释道界限之分明,于斯可见。

"会通"原则的使用并非宋濂首创,在宋濂之前或同时,已经有学者看到了朱陆思想各自的优劣,并主张相资互补,如郑玉和赵汸。就三教关系而言,佛教采取援儒卫佛的方式,如契嵩作《辅教编》、智圆有《中庸子》,倡导儒佛一致。儒家则援佛入儒,借鉴佛教术语和思维方式阐释儒家义理,如大部分理学家。理学家们也抨击佛教,但是却无法完全摆脱佛教的影响。统治阶层对三教都加以扶持,宋孝宗更是亲作《三教论》,提出"以佛修心,以道养生,以儒治世"的口号。至元代,三教一致的趋势日益显著。新兴的全真教直接提倡三教平等、三教归一。宋濂的朋友虞集、王祎等都主张三教一致。刘谧作《三教平心论》对韩愈、欧阳修、张载、二程、朱熹的排佛言论逐一驳斥,已说明三教并行不悖的理念越来越得到认可。宋濂顺应了这种趋势,他的三教观却异于以上诸人:既不援佛入儒,更不援儒卫佛,而是互相尊重,保持各自的独立性和理论特色,儒释道只是作为教化手段同时并用。这说明,至宋濂,儒家看待佛、道教的心态已经完全成熟,对自家的学说已经完全自信,终于能够平心静气处理三教关系了。

---

① 王祎《王忠文公文集》卷二十一《宋太史传》,颜庆余点校《王祎集》,浙江古籍出版社 2016 年版,下册,第 627 页。

第二节　学术渊源

本节将从儒、释、道三方面考察宋濂思想的渊源。

一、儒学

就其儒学思想而言，宋濂的挚友王祎曾借为其文集作序的机会，系统梳理了婺学的发展和他的学问渊源：

> 宋南渡后，东莱吕氏绍濂洛之统，以斯道自任，其学粹然一出于正。说斋唐氏则务为经世之术，以明帝王为治之要。龙川陈氏又修皇帝王霸之学，而以事功为可为。其学术不同，其见于文章亦各自成其家。而香溪范氏、所性时氏先后又间出，皆博极乎经史，为文温润缜练，复自成一家之言。入国朝以来，则浦阳柳公、乌伤黄公并时而作。柳公之学博而有要，其为文也闳肆而渊厚；黄公之学精而能畅，其于文也典实而周密，遂皆羽翼乎圣学，黼黻乎帝猷。踵二公而作者，为吴正传氏、张子长氏、吴立夫氏。吴氏深于经，张氏长于史，而立夫之学尤超卓，其文皆可谓善于驰骋者焉。然当吕氏、唐氏、陈氏之并起也，新安朱子方集圣贤之大成，为道学之宗师，于三氏之学极有异同。其门人曰勉斋黄氏，实以其道传之北山何氏，而鲁斋王氏、仁山金氏、白云许氏以次相传。自何氏而下皆吾婺人，论者以为朱氏之世适。故近时言理学者，婺为最盛。
>
> ……
>
> 吾友宋君景濂，早受业立夫氏，而私淑于吴氏、张氏，且久游柳、黄二公之门，间又因许氏门人，以究夫道学之旨，其学渊源深而培植厚，故其为文富而不侈，核而不凿，衡纵上下，靡不如意。其所推述，无非以明夫理，而未尝为无补之空言。苟即其文以观其学术，则知其足以继乡邦之诸贤，而自立于不朽者远矣。[①]

王祎认为，南宋时婺学分为三家：吕祖谦的性理之学、唐仲友的经世之学和陈亮的事功之学。同时并出的还有范浚、时少章（字天彝，号所性），也

[①] 《王文忠公文集》卷五《宋景濂文集序》，《王祎集》，上册，第 129—130 页。

自成一家之言。入元后,柳贯、黄溍并出,皆以文章著称于世。继之而后的,是吴师道、张枢和吴莱。三人各有所长:吴师道深于经,张枢精通史学,而吴莱以文学称。与婺学同时的朱熹闽学,由其门人黄榦在金华一传至何基,依次相传而为王柏、金履祥和许谦。世人认为朱子之嫡传在金华。而宋濂早年受业于吴莱,私淑吴师道和张枢,从学柳贯、黄溍最久,还曾一拜于许谦床下,虽未得亲授,却因其门人而得探究道学之旨。所以从其学术渊源看,宋濂生长于理学最盛的婺州,遍访名师,于道学、史学、文学皆有授受和研究,"文章所以载乎学术者也"①,其学术足以继承并远超以上诸贤,可为不朽了。

据此,本文认为,宋濂的儒学思想直承婺学,博采各家,自成体系。更为重要的是,他在比较了各家思想之长短后,重新回归六经,一以六经为矩镬,以之为立论的直接源泉。

（一）本诸六经

宋濂既以学孔子为目标,那么六经自然就是他直接的思想源泉。六经乃经孔子之手删订,研读六经,以六经为据依,才是真正回归孔子。《白牛生传》是宋濂 46 岁时(至正十六年,1356)所作,因经常骑白牛往来溪上,故号白牛生。"生躯干短小,细目而疏髯。性多勤,他无所嗜,惟攻学不息。存诸心,著诸书,六经;与人言,亦六经。或厌其繁,生曰:吾舍此不学也。六经其曜灵乎? 一日无之则如冥冥夜行矣。"②元代于延祐二年(1315)复科举,虽然取士人数非常少,毕竟给了读书人一个晋升的希望。科举考试以《四书集注》为主,一时间全国重新掀起了朱子热,连偏远乡间都能见到该书。宋濂于 26 岁时参加过乡试,说明他年轻时和其他人一样,一度也把《四书集注》当成考试的工具。但很快就放弃了,因为这不符合他对自己的期许。二十多年过去,已经名声远扬并对学问有深入思考的宋濂,已经不满足于读濂洛关闽这些"二手"资料,他要回归原始儒家,回到孔子。他要继承的是孔孟千载不传之绝学,濂洛以降诸学者都对孔孟之学有所发明,但只可当作参考的对象。宋濂阅读他们的著作,就如我们写论文也要阅读大量前人的研究成果一样,起到"他山之石,可以攻玉"的作用。

濂洛之学与四书五经的关系,宋濂曾有一个生动的比喻:

---

① 《王文忠公文集》卷五《宋景濂文集序》,《王祎集》,上册,第 129 页。
② 《宋濂全集》卷十六《白牛生传》,第一册,第 294 页。

六经汝甲胄，四子汝剑镞。濂洛汝金鼓，武夷汝橐鞬。①

四书五经好比武士的甲胄和兵器，是必备之物；而濂洛关闽之学好比战鼓和箭囊弓套，起辅助作用。言下之意，读书当先读四书五经，实在读不懂，不妨看看周程张朱的注解，至少不会步入歧途。但是，濂洛关闽毕竟也是一家之言，不可盲目轻信，真正的治学者还应该回归原典，本诸六经，从六经中自得自悟。

为何度越诸人之书，直通六经？因为六经是圣人心中之理付诸竹简的结果。圣人心中之理便是圣人之道。"人无二心，六经无二理，因心有是理，故经有是言。"四方上下，往古来今，心同理同。六经是圣人心中之理，也是"我"心中之理。要想真正体会圣人之道，应该直接读六经，从经中用心体会，做到"经与心一，不知心之为经，经之为心也"。所以说"六经皆心学也"，就是因为"六经者，所以笔吾心中所具之理故也"②。宋濂不甘心跟在伊洛诸儒之后，只做一个传播者，他想亲自从原典中体悟出圣人之意，做一个悟道者。

宋濂对六经的体悟究竟为何，下一章开始进行论述。正因为他对六经"攻学不怠"，澄思默想，所以在《龙门子凝道记》中才能对诸家学说肆意评点，其标准就是六经，认为他们要么有悖先王之道，要么诬蔑圣人之教。

（二）直承婺学

王祎把婺学分为三家之说，并非自创，而是来自老师黄溍："盖婺之学，陈氏先事功，唐氏尚经制，吕氏尚性理。三家者唯吕氏为得其宗而独传。"③即吕祖谦的金华之学、陈亮的永康之学和唐仲友的经制之学。宋濂所生活的浦江隶属金华，南宋时期曾为理学之中心。吕祖谦于此"主盟斯文"，其所开创的金华之学与湖湘学、闽学鼎立为三。学术风气浓厚，有东南"小邹鲁"之称。朱熹去世后，传朱学最得力者乃黄榦，黄榦在金华的传人相继为何基、王柏、金履祥和许谦，号称"北山四先生"，此外还有徐侨、叶由庚等金华学子，或者直接受教于朱熹，或者倡朱学于东南。朱熹的弟子遍天下，南北尚未统一时，北方的许衡获朱子之著作，立刻在北方教授子弟，朱熹之学遂在北方开花结果。但是，宋濂认为，就全国各地相比，"考亭之传，又唯金华

① 《宋濂全集》卷一〇三《送陈彦正教授之官富州》，第四册，第2435页。
② 以上引文见《宋濂全集》卷七十八《六经论》，第四册，第1877—1878页。
③ 黄溍著，王颋点校《黄溍集》卷十一《送曹顺甫序》，浙江古籍出版社2013年版，第二册，第411页。

之四贤续其世胤之正，如印印泥，不差毫末，此所以辉连景接而芳猷允著也"①。"北山四先生"所学所传才是正宗的朱学。到了宋濂之时，"北山四先生"早已不在人世，其后学有吴莱、柳贯、黄溍等，但他们均以文学著称，于理学无所发明，婺学已经到了"殆绝"的地步。对此，宋濂深为不安："吾乡吕成公实接中原文献之传，公殁始会百年而其学殆绝，濂窃病之。然公之所学，弗畔于孔子之道者也，欲学孔子，当必自公始。此生乎公之乡者所宜深省。"②——"欲学孔子，当必自公始"，可以从吕学入手，有助于理解圣人之道。他决定以振兴婺学为己任——这也是柳贯对他的期待："吾乡文献，浙水东号为极盛。自惭驽劣不足负荷此事，后来继者，所望惟吾友尔。"③

"吕氏尚性理"，同样是研求性理之学，吕祖谦的研究路数与张栻、朱熹等人并不一样。他的主要研究文本是历史文献，力图融通经史，探讨史书中的心性义理发展的轨迹。所以他坚持兼容并蓄、学术独立的原则。他与张栻、朱熹往来交流，在虚心接受对方建议和批评的同时，也能坚持自己的立场，不改学术追求和初衷。比如他究心史学，整理本朝文献，朱熹和张栻都不满，认为太零碎、徒耗精力毫无意义，他不为所动。他热心地调和朱陆，指出双方的不足，态度十分坦诚；他与永嘉诸子如陈傅良、陈亮、叶适等义兼师友，学问上切磋指点，为人处事二箴戒规劝，其平易随和深得众人推戴。正因为有这种宽广的胸怀、包容的学术态度，所以他的理学是以"心"为宇宙最高本体，纳理、气于其中，以致知力行为下学的工夫，心性与事功相结合，其思想体系实际上是对"北宋五子"以降理学诸思想的融会贯通。之后黄榦讲学于金华，吕学又经历了一个与朱子学融汇的过程，从而增加了一层主敬涵养的工夫。宋濂所要振兴的金华之学，其实是包含了吕学和朱学在内的学问，而他的学术态度和对不同思想的处理方式正是秉承了吕东莱的传统。

曰："金华之学何如？"曰："中原文献之传，幸赖此不绝耳。盖粹然一出于正，稽经以该物理，订史以参事情，古之善学者亦如是尔。其所以尊古传而不敢轻于变易，亦有一定之见，未易轻訾也。当是时，得濂洛之正学者鼎立而为三：金华也，广汉也，武夷也。虽其所见时有不同，其道则一而已。盖武夷主于知行并进，广汉则欲严于义利之辨，金华则

① 《宋濂全集》卷七十一《故丹溪先生朱公石表辞》，第三册，第1726页。
② 《宋濂全集》卷八十六《思媺人辞》，第四册，第2035页。
③ 柳贯《与宋景濂书》，《宋濂全集》"附录二"，第五册，第2800页。

欲下学上达。虽教人入道之门或殊，而三者不可废一也。"①

金华之学得中原文献之传，经史结合，粹然纯正，与张栻湖湘学、朱熹闽学鼎立为三，均得濂洛之正传。这三家学问均为"入道"之学，但各有侧重，如果能相互补充，同时具备就好了。

永康之学由陈亮开创，"陈氏先事功"。陈亮生前，其言行、为人就饱受非议，学说也不受重视。宋濂评价其学曰：

> 气豪而学偏者也。使其当今之世，拥百万兵驰骋于天下，堂堂之阵，正正之旗，实有一日之长。是何也？其智数法术，往往可驭群雄而料敌情，而刚烈之气，又足以振撼而翕张之，其能成功宜也。若论先王之道德，一怒而安天下之民，则瞢乎未之见也。②

永康之学豪气刚烈，其于战场可以建功立业；但他不懂得以德安天下的道理，故而学问不正。陈亮一生都无机会施展抱负，到了元代，他所创立的永康学也似乎湮没无闻了。宋濂却于浙东发现了喻偘和喻南强，为之立传，高度评价他们卫护师门之功：

> 当乾道淳熙间，朱熹、吕祖谦、陆九渊、张栻四君子皆谈性命而辟功利，学者各守其师说，截然不可犯。陈亮倔起其傍，独以为不然，且谓："性命之微，子贡不得而闻，吾夫子之所罕言，后生小子与之谈之不置，殆乎多哉！禹无功，何以成六府？《乾》无利，无以具四德，如之何其可废也！"于是推寻孔孟之志、六经之旨、诸子百家分析聚散之故，然后知圣贤经理世故、与三才并立而不废者，皆皇帝王霸之大略。明白简大，坦然易行。人多疑其说而未信，偘独出为诸生倡，布契纲纪，发为词章，扶持而左右之。使亮之门恶声不入于耳，高名出诸老上，皆偘之功也。③

陈亮虽然过多关注王霸功利，但毕竟独树一帜，况且王霸大略也是圣人之学的一部分，与朱吕诸人的性命之学恰可以互补。喻偘积极宣传陈亮学说，喻南强四处奔波为陈亮洗冤，充分体现了古师弟子之义。透过字里行

① 《龙门子凝道记》卷下《段干微第一》，《宋濂全集》卷九十四，第四册，第2212页。
② 《龙门子凝道记》卷下《段干微第一》，《宋濂全集》卷九十四，第四册，第2211—2212页。
③ 《宋濂全集》卷十六《喻偘传》，第一册，第302页。

间,可以看出宋濂对陈亮的学说也多加肯定。他书写的传记和评价被《宋元学案·龙川学案》完全采用。

对于婺学的另一代表人物唐仲友,宋濂深深感到惋惜。唐仲友因与朱熹交恶,遭朱熹弹劾去职,《宋史》不为立传,其为人和学问渐湮没无闻。宋濂特撰《唐仲友补传》一卷,惜今已不见。不过据四库提要,他的好友朱右曾为该传作过题识:"朱右《白云稿》有《题宋濂所作仲友补传》云,在台州发粟赈饥,抑奸拊弱,创浮梁以济艰涉,民赖利焉,则仲友立身自有本末。"①说明宋濂从唐氏在台州的政绩推断其为人是遵循圣贤之道的。宋濂还曾为唐氏的后人作过墓志铭,亦可见他对唐氏的态度:

> 唐为金华著姓。宋南渡后擢进士第者十有七人,其与乡贡舍选及曹试童子科者莫可胜数。而杰然出于其间者,世称说斋先生。先生讳仲友,天分绝人,书经目辄成诵,遂以学行名天下,由绍兴甲戌进士中博学宏词科,召试馆职,累迁著作郎。迭守名藩,更秉使节,终官朝议大夫。②

唐仲友精通经制之学,今有《帝王经世图谱》存世。他与吕祖谦同时,居同郡,吕祖谦在其著作中仅提及一次③。与其他浙东学人,却无任何往来。博学多识却孤行绝世,宋濂为之补传,希望他不被淹没在浩瀚的历史长河中,也有光大宣传家乡学术的意思。

(三)博采众说

宋濂继承了婺学兼容并蓄的原则,对北宋以降各家学术都做了总结,以期博采诸家之长。就北宋诸家而言,他评论王安石新学和苏氏蜀学:

> 段干氏问龙门子曰:"……金陵之学何如?"曰:"穿凿圣经而附会己说,甚者窃佛老之似,以诬吾圣人之教。学颜孟者固如是乎?又其甚者,一假功利以摇动天下,利源一开,鱼烂河决而莫之禁。如此尚可为国耶?予尝谓亡宋天下者,自金陵始也。"曰:"然则无一发可取乎?"曰:

---

① 唐仲友《帝王经世图谱》四库提要。今四库所存《白云稿》五卷中并不见该文。
② 《宋濂全集》卷六十三《唐思诚墓志铭》,第三册,第1476页。
③ 吕祖谦编著《古文关键》,精选"唐宋八大家"之文,并撰《看古文要法》对各家之"文法"逐一评点,最后说:"以上评韩、柳、苏等文字,说斋先生唐仲友亦常以此说诲人。"(《古文关键》,《吕祖谦全集》,第十一册,第2页。)宋濂和《宋元学案》说吕氏对唐不及一言,误。

"确执坚信，淡然不为位势动，是则何可及也？所惜者学之疵耳。"

曰："眉山之学何如？"曰："其文辞气焰有动摇山岳之势，盖其才甚高，识甚明，举一世皆奔走之。恨其一徇纵横捭阖之术，而弗知先王之道。士之轻佻浮诞者恒倚之以为重，礼义廉耻则弃去而弗之恤。使其得君，其祸天下有不在金陵下也。"①

王安石新学失之穿凿附会，以佛老混淆儒学，追求功利祸乱天下；其可取之处则是王安石本人执着确信、淡泊权位的品德。三苏蜀学与先秦纵横家类似，远离先王之道；但其文辞气势夺人，说明才高识明。王安石学说到南宋政权建立时一直是社会的主流思想，直到在杨时等人的极力谏争下，才罢飨孔庙。也正是在杨时等道学家的大力宣传下，伊洛之学才在东南传播开来。朱熹著《伊洛渊源录》，正式确立"北宋五子"的理学开山地位。他所创立的"道统"更是以二程为孔孟绝学的继承人，二程之学则出自周敦颐。对于这个"道统"，宋濂基本是承认的。他毫不讳言濂洛关闽对圣人之学的贡献：

> 自孟子之殁，大道晦冥，世人擿埴而索涂者，千有余载。天生濂洛关闽四夫子，始揭白日于中天，万象森列，无不毕见，其功固伟矣！而集其大成者，唯考亭子朱子而已。
>
> ……
>
> 孔子，天之孝子也。以其扶持天地，植立纲常，为千万世计也。朱子之志实与孔子同，是亦孔子之孝子也。②

也就是说，就北宋所形成的诸学派而言，还是首推濂洛之学。朱熹则是道学的集大成者。朱子植立纲常，将泽及千万世，是圣人的忠实信徒。至于周敦颐的师承，宋濂并不认同其受学于鹤林寿涯的说法，而认为他的学问乃"超然独觉"：

> 是书（按，指《周子通书》）文虽高简，体实渊懋，实可上继孟氏，非余子比也。然莫知其师传之所自，彼妄男子谓"同胡文恭公受学于鹤林寿

---

① 《龙门子凝道记》卷下《段干微第一》，《宋濂全集》卷九十四，第四册，第2211页。
② 《宋濂全集》卷三十《理学纂言序》，第二册，第637、638页。

涯师"者，固为诡诞。而云"传《太极图》于穆修，修传《先天图》于种放，放传于陈抟"者，亦恐知周子未尽也。其殆不阶师授，超然独觉于千古之上者欤！①

《太极图》虽用的是道家的图像，阐述的却是儒家的道理。《周子通书》讲如何修身，如何立志，虽然有佛、道教的痕迹，却讲的是圣贤工夫。所以宋濂断然否认周敦颐的濂学源于佛教或道教，只有这样，才可以说继承的是"孔孟千载不传之绝学"。

南宋初，张九成横浦之学、胡宏湖湘学开始形成。至乾淳时期，学术氛围活跃起来，永嘉依仗地缘优势，发展出了事功之学。江西则有陆九渊，其心学之盛，堪与闽学抗衡。宋濂逐一进行了评论：

> 曰："东嘉之学何如？"曰："东嘉之学，人或不同，大抵尚经制而求合于先王，攻礼乐以振拔乎流俗，二者亦一道也。第其致力，忘大本而泥细微，而见诸行事者，皆缴绕胶固而无磊落俊爽之意，徒以辞章论议驰骋于一时，盖其所失也。其立言纯懿而弗背者，传之千百世可也。"
>
> ……
>
> 曰："金溪之学何如？"曰"学不论心久矣。陆氏兄弟卓然有见于此，亦人豪哉。故其制行如青天白日，不使纤翳可干。梦寐即白昼之为，屋漏即康衢之见，实足以变化人心。故登其门者，类皆紧峭英迈而无漫澜支离之病。惜乎力行功加而致知道阙，或者不无撼也。"
>
> 曰："横浦之学何如？"曰："清节峻标，固足以师表百世，其学则出于宗杲之禅，而借儒家言以文之也。儒与浮屠，其言固有同者，求其用处，盖天渊之不相涉也，其可泥而为一哉？金溪之学，则又源于横浦者也，考其所言，盖有不容掩者矣。"②

各派学说均有利弊：永嘉之学立言纯美，尚经制礼乐以振拔流俗；但它忘大本而泥细微，没什么实效。金溪陆九渊之学注重道德践履，其学说足以变化人心；但于致知上有所欠缺，不无遗憾。横浦先生张九成之学，失之阳儒阴释，但横浦之人品无可挑剔。从心学渊源上说，象山心学源自张九成。

---

① 《宋濂全集》卷七十九《诸子辨》，第四册，第 1915 页。
② 《龙门子凝道记》卷下《段干微第一》，《宋濂全集》卷九十四，第四册，第 2211—2212 页。

宋濂此论，是从二人的思想特征——对"本心"的挺立上来说的，并非真正的师承，因为陆九渊并未师从张九成。

以上诸家立说所依据的文本都是十三经。王安石著《三经新义》，"三经"即《周官》《诗》《尚书》。蜀学对《孟子》《春秋》多有发明。永嘉发明《周礼》《春秋》，陈亮也钻研儒经，并以之登高第。陆九渊之学则从《孟子》而来。张九成遍注群经，留下来的就有《孟子传》《尚书详说》《中庸说》等。至于"东南三贤"，就更不用说了。解读同样的经典，为何言人人殊？到底孰者为是，孰者为非？在宋濂看来，以上诸家都对经典的解读有贡献，但也只是得其一隅，而未能领会全部，未得圣人即孔孟之正宗。如果真要有所取的话，相比之下，"东南三贤"的学问更胜一筹。

不过，宋濂对各家学问均有好尚。他盛赞陆学：

> 昔我临川，学者所宗。仰视陆子，其犹神龙。驾风鞭霆，雨于太空。被其泽者，硕大而充。……直究本心，曒如出日。微言犹存，可以寻绎。①
>
> 金溪之山……笃生大贤，惟我陆子。究明本心，远探圣髓。其道朗融，白日青天。纤尘不惊，万象著悬。②

他认为象山心学究明本心，探到了圣学的精髓。事实上他本人也是心仪心学的。

元代实现了全国统一，南北学术的交流得到迅速发展。宋濂对金元时期北方的儒学进行了广泛了解，作《国朝名臣序颂》，共 22 人，其目的是"使读之者，知列圣之勤劳，诸臣之忠荩"③。这 22 人中，属于理学思想家的主要有窦默、姚枢、许衡、吴澄、董文炳、郝经、程钜夫和刘因。他对许衡、吴澄、刘因再三致意，还特别作有像赞。他称赞刘因之学"癙寐六经"，"发周孔性情，挹其深醇"④；称赞许衡之学"明体适用，公实庶几"⑤；赞吴澄"玩心神明，操觚弗停，舆卫圣经"。许衡和吴澄堪称"北许南吴，先后合符，人文之敷"⑥。这可算作对北方学术的初步梳理和总结。

---

① 《宋濂全集》卷八十六《补临川危安子定加冠祝辞》，第四册，第 2052 页。
② 《宋濂全集》卷四十八《金溪孔子庙学碑》，第二册，第 1083 页。
③ 《宋濂全集》卷一《国朝名臣序颂》，第一册，第 17 页。
④ 《宋濂全集》卷九十《刘静修先生赞》，第四册，第 2135 页。
⑤ 《宋濂全集》卷九十《许鲁斋先生赞》，第四册，第 2135 页。
⑥ 《宋濂全集》卷八十九《吴草庐先生赞》，第四册，第 2130 页。

二、佛学

宋濂的佛学理论修养缘于他对佛经的研读和领悟。酷爱读书的他"自幼至壮,饱阅三藏经文,粗识世雄氏所以见性明心之旨"①,"予也不敏,尽阅三藏,灼见佛言不虚,誓以文辞为佛事"②。从他所作诸多与佛教有关的文章看③,"粗识"明显是他的谦辞。他感慨以往注《心经》者过于芜、鄙、简、杂,所以摒弃考证训诂的模式,而用简洁通俗的语言解释《心经》,以使其广为流传。他对禅宗的传法谱系了若指掌,他能用纯粹的佛教术语写出诸如《报恩说》这样的文章,从这些文字可见他深厚的佛学修养和精湛的理论造诣。"誓以文辞为佛事",在为佛教正名、宣传佛学理论正解上,宋濂功不可没。

说到宋濂与佛教的关系,《宋元学案》曾断言婺中之学历经三变,至宋濂而"渐流于佞佛者流"④。依据这一论断,再根据宋濂文集中与佛教相关的大量文章,绝大部分研究者遂认为宋濂的思想是援佛入儒,或者会通儒佛,总之从佛经、从同时代与之交往的高僧禅师那得到很多启示。倘若仔细考察,就会发现,宋濂很多佛文都是应那些禅师或沙门所请,想从他那得到些许开示。所以不是宋濂从同时代人那学到什么理论,而是他以渊博的佛学知识助力佛教发展。那么宋濂对佛教的感情、处理三教关系的方式到底有无借鉴呢?答案是肯定的。给予宋濂一生影响最大的佛门禅师有三个,即唐代的宗密,五代、宋时期的永明延寿和契嵩。

1. 宗密

宗密(780—841),华严宗五祖,禅宗荷泽系传人,著有《原人论》《圆觉经大疏》《禅源诸诠集都序》等。他提出"会通"的原则,主张融合三教、禅教一致、禅宗内部顿渐融合。他指出,三教虽各有造说,但从教化群生的角度,三者可以相互促进:"然孔、老、释迦,皆是至圣,随时应物,设教殊途,内外相资,共利群庶。"所以他主张三教融合,但以佛教为根本,因为只有佛教能达到推本极源,穷理尽性:"虽皆圣教,而有实有权。二教唯权,佛兼权实。策万行,惩恶劝善,同归于治,则三教皆可遵行;推万法,穷尽理,至于本源,

---

① 《宋濂全集》卷七十三《佛性圆辩禅师净慈顺公逆川瘗塔碑铭》,第三册,第1780页。
② 《宋濂全集》卷五《四明佛陇禅寺兴修记》,第一册,第110页。
③ 据初步统计,宋濂共作与佛教直接相关的"记"25篇,"序"34篇,"题"10篇,"跋"15篇,"铭"4篇,"碑铭、塔铭"49篇,"说"2篇,"文句、引、辞、赞"31篇,"偈"6篇。
④ 黄宗羲、全祖望等编《宋元学案》卷八十二《北山四先生学案》,中华书局1986年版,第四册,第2801页。

则佛教方为决了。"①他所说的"本源",便是本觉真心,即佛性、如来藏。他在判教中,以一乘显性教为本教,偏浅佛教和儒道为末教,他主张"会通本末",即以一乘显性教的"真心"融合其他偏浅佛教和儒道,"弃末归本,反照心源。粗尽细除,灵性显现,无法不达,名法、报身,自然应现无穷,名化身佛"②。

宗密会通三教的思想对后世产生直接影响。董平先生认为,"宗密的三教合一论直接影响了后世佛教融合的发展方向",五代、宋之际的永明延寿所著《宗镜录》,"主要是发挥了宗密的禅教合一思想"。宗密的思想还激发和促进了宋明理学本体论、认识论和"知"论的建立和深化③。宋濂则直接吸收了宗密的"会通"原则,将其贯穿到自己全部的思想中,不仅会通三教,而且会通朱陆,会通"文"与"道"。当然,作为儒家学者,他对三教关系的具体看法,与宗密不同:宗密以佛教为根本,会通三教;宋濂则要求三教在思想上保持各自的独立性,而在政治教化上相资为用。

2.永明延寿

和大部分理学家刻意保持与禅门的距离不同,宋濂从不掩饰自己对佛教的感情。他自认自己的前世便是五代时期的高僧永明延寿:

> 无相居士未出母胎,母梦异僧手写是经,来谓母曰:"吾乃永明延寿,宜假一室以终此卷。"母梦觉已,居士即生。④
>
> 我与导师有宿因,般若光中无去来。今观遗像重作礼,忽悟三世瞭如幻。⑤

延寿(904—975),号智觉禅师,唐末五代法眼宗三祖,净土宗六祖。因长住永明寺,故称永明延寿。鉴于隋唐时期佛教内部宗派林立,禅教分离,遂召集天台、华严、唯识诸宗僧人,广收博览,并互相切磋,彼此质疑,编成《宗镜录》一百卷,调和禅教之间和教内各家之间即各宗派的义理宗旨。又撰《万善同归集》六卷,倡禅净一致之道。他特意作"念佛四料简"阐述禅净关系,为时人及后人津津乐道。

清雍正帝亲自为《宗镜录》作序,揭示书名的内涵:"举一心为宗,照万法如镜。"可谓深切要旨。佛教各派尽管义理不同,但都以"心"为根本,"心生

---

① 以上引文见宗密著,董平译注《原人论全译》,巴蜀书社 2008 年版,第 83—84 页。
② 《原人论全译》,第 138 页。
③ 以上参见董平《原人论述评》,《原人论全译》,第 46—52 页。
④ 《宋濂全集》卷八十八《血书华严经赞》,第四册,第 2098 页。
⑤ 《宋濂全集》卷八十九《永明智觉禅师遗像赞》,第四册,第 2116 页。

则种种法生，心灭则种种法灭"，修行之方法、阶梯各个不同，但都是为了修心。大千世界皆是我心之变现，幻象种种，只有心"空"，才能领悟到法"空"。延寿以一"心"统各宗，实是抓住了各宗的共性，看到了本旨。本书认为，对宋濂影响最大的还是延寿禅净一致的观点。唐代各宗教禅分离，即天台、华严、唯识等宗派重理论教义的学习，称为教宗；禅宗则"不立文字，见性成佛"，重视修行顿悟。教宗重视佛经的研习，但三藏浩瀚，容易陷溺于文字而忽略了打坐修行；禅宗重视修行，且容易蹈于呵骂、棒喝等形式而流入空虚。于是出现了教禅互相讥讽、攻击的现象。延寿极力调和禅宗和净土修行：禅宗一向倡言"唯心净土"，净土就在心中，不必外求；净土宗则强调"西方净土"，净土不在此岸而在彼岸，即追求往生西方净土世界。延寿从理事、权实、二谛等十个方面圆融各种不同教义，认为"唯心净土"与"西方净土"是圆融无碍的，是一致的。他的目的是把"西方净土"理念融入禅宗理论和实践之中，以往生"西方净土"作为禅修的终极目标和最高理想。宋濂在多篇文章中强调教禅一致、顿渐一致、禅净一致等，都是延寿这一思想的体现。

3. 契嵩

契嵩（1007—1072），字仲灵，号潜子，藤州镡津（今广西藤县）人。七岁出家，十九岁开始游方。据说头上常戴观音像而日诵其号十万声，于是世间经书章句便不学而能。庆历间至钱塘，驻于灵隐寺。他有感于当时人尊孔排佛，以欧阳修为最著，遂作《原教》《孝论》等十余篇集成《辅教编》，又恐众人看不懂，于其间注释，称《夹注辅教编》，倡导儒佛一贯。又感慨于禅门衰微，便作《传法正宗记》，"博采《出三藏记》洎诸家记载，释迦为表，三十三祖为传，持法一千三百四人为分家略传，而旁出宗证继焉"①。这两部著作在当时引起强烈反响，宋仁宗阅览后，诏命传法院编次，并赐号"明教"。朝中自丞相以下莫不争相延见并尊重之。

宋濂分别为契嵩的这两部书作序。在《夹注辅教编序》中开篇便说："天生东鲁、西竺二圣人，化导烝民，虽设教不同，其使人趋于善道，则一而已。"一个讲"存心养性"，一个讲"明心见性"，看似不同，"世间之理，其有出心之外者哉？"所以他赞扬契嵩的《辅教编》"可谓摄万理于一心者矣"②。儒家和佛教是一致的，因为他们都主张在"心"外无理，在"心"上下工夫——宋濂认为这是儒佛相通之处。

---

① 《宋濂全集》卷二十七《传法正宗记序》，第二册，第565页。
② 以上引文见《宋濂全集》卷二十七《夹注辅教编序》，第二册，第563页。

引起宋濂共鸣的不只是儒佛一贯的理论，还有契嵩的文道论。时人追捧韩愈、欧阳修之文，竞相效仿，甚至有书生说："文兴则天下治矣。"契嵩毫不客气地指出："欧阳氏之文，言文耳；天下治，在乎人文之兴。人文资言文发挥，而言文藉人文为其根本。仁义礼智信，人文也；章句文字，言文也。文章得本，则其所出自正，犹孟子曰'取其左右逢其源'。欧阳氏之文，大率在仁信礼义之本也。诸子当慕永叔之根本可也，胡屑屑徒模拟词章体势而已矣。"①"夫文者，所以传道也；道不至，虽甚文，奚用？"②章句文字以"道"为根本，无"道"之文乃无用之文——这其实体现的就是"文外无道，道外无文"的理念。文与道的关系问题终整个宋代都一直争论不休，宋元之际的戴表元、吴师道等对此都有议论（见前一章），以孔孟之学为职志、又精通文章作文的宋濂，其观点和契嵩是不谋而合的。当他在为《辅教编》作序时，应该是惺惺相惜的吧！

三、道教思想

宋濂对道家、道教也颇有感情。他曾自述："生幼多疢，常行服气法。"③服气养生，源出道家。因为长年坚持养生，年至 46 岁时尚无白发。至正中，元廷以翰林院国史院编修官征召时，他为了避免麻烦，干脆隐居仙华山做起了道士，自名曰元贞子，号仙华道士。他为自己做道士列出了"大不可者一，决不能者四"共五条理由，其语气完全模仿魏晋时期嵇康《与山巨源绝交书》中的"必不堪者七""甚不可者二"。嵇康乃"竹林七贤"之一，好老、庄，服五行散，完全道家做派。对于世人的不解，其友人戴良特作序赠之："夫君子之出，以行道也；其处，以存道也。"④尧舜周孔得圣人之用，老子得圣人之晦，出则用，处则晦，均是"道"的不同表现，并无差异。宋濂还有龙门子、玄真遁叟等道号。他与很多道士交游，尤其与正一道往来密切，作《汉天师世家叙》，为四十二代天师张正常作像赞和碑铭。

宋濂对于道家、道教学说亦有深入的研究。他认为世人常常将道家和道教混为一谈，其实二者有着本质区别。道家不仅指老庄之言，《伊尹》《太公》《管子》《文子》《列子》均属道家者流。尤其是《老子》一书，因其内容广

---

① 契嵩著，林仲湘、邱小毛校注《镡津文集校注》卷八《文说》，巴蜀书社 2014 年版，第 146 页。
② 《镡津文集校注》卷十九《非韩下第三十》，第 382 页。
③ 《宋濂全集》卷十六《白牛生传》，第一册，第 294 页。
④ 戴良《九灵山房集》卷六《送宋景濂入仙华山为道士序》，李军、施贤明校点《戴良集》，吉林文史出版社 2009 年版，第 58 页。

博,所以道家、神仙家、兵家、法家、黄老学皆祖之。道家讲秉本执要,清静无为,"自其学一变,而神仙方技之说,欲保性命之真,而游求于外,荡意平心,同死生之域,而无怵惕于胸中,则其玄指大异于前矣"①。道教以老子为宗,却抛弃了《老子》五千言之宗旨,"反依仿释氏经教以成书","又多杂以符咒、法箓、丹药、方技之属"②,都非老子所言。

理学家们将道家和道教不分彼我一概排斥,认为其讲空寂虚无,弃绝人伦,无益于世。对此,宋濂辨析道:"老子之学,该博闳阔,而尤深于礼,当世大儒咸北面师之。夫其学之博,必非守一术以违世;其习礼之本,必不弃人伦以忘亲。后世或失之,去老子之道远矣。"③老子曾任周之柱下史,谙熟周代旧典礼经,孔子还向其问礼,所以并不放弃人伦。道家以清静无为为教,汉代用之而天下治,因此并非无用之学。至于道教,其教化功能与儒释并无二致。

可见,宋濂的道教思想,亦源于他对道家、道教经书的广泛深入的研究。他对道家、道教的辨析,具有正本清源的意义。他对天师道法系的梳理,为真大道教创始人刘真人书写的传记,已经成为后世研究宋元道教史必备的史料。他对推动道教的发展,亦功不可没。

本章小结

宋濂幼承家训,以周公、孔子为理想的人格追求,以孔子之学、之道作为为学宗旨和准则。从他的自述可以看出,他继承的正是"北宋五子"所确立的理学精神。周敦颐倡"志伊尹之所志,学颜子之所学",张载高呼"为往圣继绝学,为万世开太平",这些追求和理想曾激励了一代又一代学人。宋濂以这些精神自励,以弘扬孔孟之学为己任,以三代之事为职志,体现了他的胸襟和抱负。学术思想上他采取"会通"的原则,这样便能平心看待、评论各家得失,从而扬长避短,创立一个严谨适用的思想体系。

论其学术渊源,无论是儒学,还是佛、道思想,都首先源自他对经典的领悟,可以算是"自得"之学。儒学方面,面对诸家纷纷、众口呶呶的现象,他首先是回归儒家原典,从六经中直接领会体悟,然后审视各家思想,博采众长。佛教、道教思想,则更是他博览群经且覃思领悟的结果。将宋濂与宋代诸儒相并,认为他们都援佛、道入儒,未免将他的思想简单化了。

---

① 《宋濂全集》卷八《混成道院记》,第一册,第 162 页。
② 以上参见《宋濂全集》卷七十九《诸子辨》,第四册,第 1897—1898 页。
③ 《宋濂全集》卷十二《玄润斋记》,第一册,第 227 页。

第三章　宋濂哲学的本体论

理、气、心、性是宋明理学最核心的哲学范畴,他们在思想体系中的地位及关系,可作为判断该思想体系属于何种学派的依据之一。宋濂虽然博采众长,对各家思想均有吸收,但并不杂乱。他和前人一样,依然要捋顺这些范畴之间的关系。

第一节　心本论

宋濂对理、气、心、性等理学范畴均有论述,其中,心具有本体的地位和意义。

一、心者,万理之原

> 或问龙门子曰:"天下之物孰为大?"曰:"心为大。"……以形论之,其小固若是;其无形者,则未易以一言尽也。……仰观乎天,清明穹窿,日月之运行,阴阳之变化,其广矣大矣。俯察乎地,广博持载,山川之融结,草木之繁芜,亦广矣大矣。而此心直与之参,混合无间,万象森列而莫不备焉。非直与之参也,天地之所以位,由此心也;万物之所以育,由此心也。①
>
> 是则心者,万理之原,大无不包,小无不摄。②

心能包摄一切,不在其有形,而在其无形,无形之用非言语所能道尽。人之所以能与天地并列为"三才",在于人之"心",天地万象森然具列于我心之中,天地万理也原自于心。可见人不是简单地与天地并列,天地各得其所,万物生长发育,都是人"心"作用的结果。所以,天、地、人相比,人实际上高于天和地。人心是万物、万理的本原、本体。

作为本体,必须超越于具体形象之上。心之所以能成为本原、本体,原

---

① 《龙门子凝道记》卷中《天下枢第八》,《宋濂全集》卷九十三,第四册,第2198页。
② 《宋濂全集》卷二十七《夹注辅教编序》,第二册,第563页。

因有三：

第一、人心"至虚至灵"。"至虚"是指心没有任何具体的规定性，"心无体段，无方所，无古今，无起灭"①，"视之无形，听之无声，探之不见其所庐。一或触焉，缤缤乎萃也，炎炎乎爇也，莽莽乎驰弗息也"②。心是永恒的，不生不灭，无形无声，驰骋不息。正因为"至虚"，所以才能容纳一切，变化一切。所谓心之"至灵"是指："天地，一太极也；吾心，亦一太极也。风霆雷雨，皆心中所以具，苟有人焉，不参私伪，用符天道，则其应感之速，捷于桴鼓矣。由是可见，一心之至灵，上下无间，而人特自昧之尔。"③天地即太极，心亦是太极，所以心即是天，心与天是一非二，天人相感即是心之"至灵"的具体表现。神仙方技之士以方术实现天人感应，乃是"小数"，"人心同乎天地，可以宰万物，可以赞化育，而独局于文辞一偏之技，何其陋邪！"④他们没有意识到"心"本身就是天地，宰育万物，天人相感根本不需要什么方术。

第二、心乃"神"之所在。人心之所以"至灵"，是因为精神蕴于其中。"冲漠无朕，而万象森然已具者，非心之谓也。心则神之所舍，无大不苞，无小不涵，虽以天地之高厚，日月之照临，鬼神之幽远，举有不能外者。"⑤天地万物，唯有人是有精神的。人之精神就寓于心中。"心"并非神秘莫测，不可捉摸。天地、日月、鬼神均为心之精神所涵摄。天人之间相隔遥遥，何以相感？宋濂认为："人之身，天之气也；人之性，天之理也；理与气合以成形，吾之身与天何异乎？"⑥茫茫苍天，不过就是理和气所构成；理和气就相当于人性和形体，所以单从形体上说，天人是一致的。但人特殊于天之处，在于人还有"心"，即精神。天人相沟通，就是通过这精神。"人事之与天道，诚相表里，有感必有应，始终循环无穷"⑦，"能以诚感，则天宁有不应之者乎？"⑧

第三、心具众德。即此心乃是包含诸德的实体之心。

> 众万之生，莫不有心，然北克泰天地者，惟人之心焉耳。而众万之心不与焉者，何也？人心之中具有五性以为德，而众万之心不与存焉，

① 《宋濂全集》卷十一《松风阁记》，第一册，第 200 页。
② 《宋濂全集》卷八十四《萝山杂言》，第四册，2020 页。
③ 《宋濂全集》卷二十五《赠云林道士邓君序》，第二册，第 527 页。
④ 《龙门子凝道记》卷中《乐书枢第十》，《宋濂全集》卷九十三，第四册，第 2204 页。
⑤ 《宋濂全集》卷三《贞一道院记》，第一册，第 81 页。
⑥ 《宋濂全集》卷三十《吕氏孝感诗序》，第二册，第 648 页。
⑦ 《宋濂全集》卷七《重荣桂记》，第一册，第 147 页。
⑧ 《宋濂全集》卷三十《吕氏孝感诗序》，第二册，第 649 页。

> 不与存焉则物而已。①

> 曰敬、曰仁、曰诚,皆中心所具,非由外烁我也。②

其他生物也有心,为什么唯有人心能与天地并列? 就因为只有人心备具仁义礼智信五德,这些德性乃人心所本有——此心乃是先验的道德本心。不仅如此,维系社会秩序的三纲五常也天然具于心中:"吾心之中有物混融,离之为五常,揭之为三纲,昭如日月而无所不照,大如天地广厚而周通,推之乎其前而无始,引之乎其后而无终,是为古今之会,事物之宗。"③这些纲常伦理就如天地日月,无始无终,永恒存在。

由上可见,人心无所不包,无所不有,天地万物、社会伦纲都是我心外化的结果。

心作为本体,不能直接化生天地万物。通过什么来实现? 理与气。

二、理气相须

理原自于心,无形无兆,如何认识? 通过气。"理无形兆,气其途辙。气有仪象,理其枢纽。"④充盈于天地之间的是气。天地得以运行,在于阴阳二气氤氲相荡。而我们之所以能抓住气运行的轨迹,在于认识主宰其运行的"理"。理是气之体,气是理之用,"理气相须,而后先难议"⑤。为什么理气难分先后? 因为"气不穷御,理斡其枢。绝如影形,一息不离"⑥。气和理犹如形和影,难以分开。"无极之真,浩浩无垠。在乎物先,行乎物后,而何可歧分?"⑦从本体的角度,理为气之本体,理在气先;从运行的角度,气为理之载体和表现,理在气后,所以不能直接断言理在气先或理在气后。宋濂对理气关系的这一论述明显背离了程朱"理先气后"的思想。

理气不分先后,不等于说二者是平行的关系。相比之下,理主宰气:"二气妙运于堪舆之中,杳乎无际,茫乎无垠,糅之不合,析之不分,固有未易测者。然而物之荣瘁亏盈莫不系焉,而弗爽毫厘,是必有宰制焉者矣。宰制者

---

① 《宋濂全集》卷十五《刘氏存心堂记》,第一册,第283页。
② 《宋濂全集》卷九《观心亭记》,第一册,第171页。
③ 《宋濂全集》卷四十七《存古堂铭》,第二册,第1046页。
④ 《宋濂全集》卷八十三《三问对》,第四册,第2006页。
⑤ 《宋濂全集》卷八十三《三问对》,第四册,第2006页。
⑥ 《宋濂全集》卷八十三《三问对》,第四册,第2007页。
⑦ 《宋濂全集》卷八十三《三问对》,第四册,第2006页。

何？理是也。理之所在，有感斯有应。"①阴阳之气交互作用，本来变化莫测，但与之有关的天地万物的荣枯亏盈都非常有规律，这就是"理"在其中起主宰作用的结果。

万物之产生，就是气化流行的结果。"日月星辰之昭布，山川草木之森列，莫不系焉覆焉，皆一气周流而融通之。"②和其他的理学家一样，宋濂接受了传统"天地合而万物生，阴阳接而变化起"的气生成论，以气作为化生万物的直接元素。

正如上文所言，人与其他生物的根本区别在于人心之中天然具有五德。但因为对道德本心的存养程度不同，人与人之间便有了差异。"具是德而恒存，圣人也；能复之而后存者，贤人也；不知所存而不思有以复之者，众人也；思而有以复之存之而未能者，有志于希贤也。"③圣贤是每一个儒家学者都应追求的理想人格，存养道德本心便是成圣成贤之路。如何存养？研读六经。

> 天地未判，道在天地；天地既分，道在圣贤；圣贤之殁，道在六经。凡存心养性之理，穷神知化之方，天人感应之机，治忽存亡之候，莫不毕书之。④

先要明确存心养性的道理，然后才知道如何存养心性。而圣贤之道全都体现于六经当中。不仅如此，宋濂还认为，天地之理存诸心，我们如何认识这心之理？也是通过六经。由此，他提出了"六经皆心学"的观点。

三、六经皆心学

> 六经皆心学也。心中之理无不具，故六经之言无不该，六经所以笔吾心之理者也。是故说天莫辨乎《易》，由吾心即太极也；说事莫辨乎《书》，由吾心政之府也；说志莫辨乎《诗》，由吾心统性情也；说理莫辨乎《春秋》，由吾心分善恶也；说体莫辨乎《礼》，由吾心有天序也；导民莫过乎《乐》，由吾心备人和也。人无二心，六经无二理，因心有是理，故经有是言。心譬则形，而经譬则影也。无是形则无是影，无是心则无是经，

①《宋濂全集》卷三十三《瑞芝图诗卷序》，第二册，第 724 页。
②《宋濂全集》卷二十三《白云稿序》，第二册，第 471 页。
③《宋濂全集》卷十五《刘氏存心堂记》，第一册，第 283—284 页。
④《宋濂全集》卷二十九《徐教授文集序》，第二册，第 633 页。

其道不亦较然矣乎！然而圣人一心皆理也，众人理虽本具而欲则害之，盖有不得全其正者。故圣人复因其心之所有而以六经教之：其人之温柔敦厚，则有得于《诗》之教焉；疏通知远，则有得于《书》之教焉；广博易良，则有得于《乐》之教焉；洁静精微，则有得于《易》之教焉；恭俭庄敬，则有得于《礼》之教焉；属辞比事，则有得于《春秋》之教焉。然虽有是六者之不同，无非教之以复其本心之正也。呜呼！圣人之道，唯在乎治心。心一正，则众事无不正，犹将百万之卒在于一帅。……大哉心乎！正则治，邪则乱，不可不慎也。①

圣贤虽往，其理尚在。前圣后圣，心同理同。六经乃是心中所具之理笔之而成的典籍，心学就是关于心之理的学问。理具于心中，理就是心，心就是理。因为心即太极，心即天，于是形成论述天道变化的《周易》；心聚一切政事，于是有了谈论政治的《尚书》；心统性情，于是有了抒发性情的《诗经》；心分善恶，于是形成了寓褒贬于其中、具有微言大义的《春秋》；因为心天然具有条理秩序，所以有了维护社会秩序的《礼》；因为心备人和，所以就有了教化百姓的《乐》。六经作为理之载体，所谓"心与理一"也就是"心与经一"。圣人与众人的心之"理"本来是完全一样的，圣人能做到心理合一，众人因有欲望所以丧失本心，心与理歧而为二，而恢复本心的途径就是学习六经。心与经的关系就如形和影一般，有形才有影，有心才会有经。反过来，读经的过程就是求心、修心、正心的过程。六经内容虽各不相同，但其功能都是正心。正如上文所言，心乃万理之原，"能充之则为贤知，反之则愚不肖矣；觉之则为四圣，反之则六凡矣"②。能否做到心理合一，完全在于人能否扩充本心、觉察天理。而只要用心"体验"经典，达到心与经的涵摄融通，就完全能够达到"治心"的目的。

秦汉以来，心学不传，往往驰骛于外，不知六经实本于吾之一心。所以高者涉于虚远而不返，卑者安于浅陋而不辞，上下相习，如出一辙，可胜叹哉！……经既不明，心则不正。心既不正，则乡间安得有善俗，国家安得有善治乎？惟善学者，脱略传注，独抱遗经而体验之，一言一辞，皆使与心相涵。始焉，则戛乎其难入；中焉，则浸渍而渐有所得；终

① 《宋濂全集》卷七十八《六经论》，第四册，第1877—1878页。
② 《宋濂全集》卷二十七《夹注辅教编序》，第二册，第563页。

焉,则经与心一,不知心之为经,经之为心也。何也? 六经者,所以笔吾
心中所具之理故也。周、孔之所以圣,颜、曾之所以贤,初岂能加毫末于
心哉? 不过能尽之而已。

今之人不可谓不学经也,而卒不及古人者,无他,以心与经如冰炭
之不相入也。察其所图,不过割裂文义,以资进取之计,然固不知经之
为何物也。①

明六经方能正本心。所谓"明"是指不受传注影响,直接从经典入手,用心体
会,一言一辞,都有心得,最后达到心与经合一的地步,心与经合一,也就是
心理合一。周公、孔子、颜回、曾参之所以成为圣贤,并不是因为其心中之理
比别人多,而是能尽心体会六经之理,做到了心理合一而已——这样,宋濂
就将心学的"心与理一"转化成"心与经一",从而将其涵养工夫从"戒慎恐
惧,涵养未发"(张九成提出)、"剥落"心欲、"辨志"(陆九渊提出)等只在心上
用功转变成在六经上下功夫了。

将心学与经学结合起来,可谓宋濂心学的特色。朱熹曾批评陆九渊"尽
废讲学而专务践履,却于践履之中要人提撕省察,悟得本心"②,大类禅学。
吕祖谦也认为象山之学病在"看人不看理"③。陆九渊则讥笑朱熹留心传
注,其学过于"支离"。如何既避免象山心学的"力行功加而致知道阙"④,又
避免程朱道学易沉溺传注不能自拔? 宋濂"心与经一"的思想便是对二者的
折衷:一方面,肯定心为天下之大本,应当在心上下工夫;另一方面,修心正
心并不意味着像禅宗那样一味在心上用功,当然,向外格物穷理也无助于本
心的涵养。理原自于心,心之理都体现在六经上,所以只要学习、体验六经,
便可达到修心正心的目的。读经要脱略传注,直接在经典上用心涵泳。这
样,既避免了道学"驰骛于外"、"泛然正如游骑无所归"(程颢语)或者沉溺传
注导致"割裂文义"的危险,又避免了心学"不读书,不穷理,专做打坐工夫"
(陈淳语)的讥诮。

四、"吾心即太极"思想辨析

"太极"一词出于《周易》:"易有太极,是生两仪,两仪生四象,四象生八

---

① 《宋濂全集》卷七十八《六经论》,第四册,第 1878—1879 页。
② 《晦庵先生朱文公文集》卷三十一《答张敬夫》,《朱子全书》,第 21 册,第 1350 页。
③ 《吕太史别集》卷八《与朱侍讲元晦》,《吕祖谦全集》,第一册,第 437 页。
④ 《龙门子凝道记》卷下《段干微第一》,《宋濂全集》卷九十四,第四册,第 2212 页。

卦，八卦定吉凶，吉凶生大业。""太极"是指宇宙的最开始，讲的是宇宙的生成。至宋代，当人们真正开始关心宇宙之本原、本体时，这"太极"究竟是什么，便引起争议。

"心为太极"乃邵雍提出的命题。《观物外篇》："心为太极，又曰道为太极。"①因为他没有系统的论述，也没有上下文的语境，所以"心为太极"究竟何意，不能轻易下结论。后来朱熹提出了"性为太极"，二者究竟有何区别，引起了大家的议论。陈淳（1159—1223，字安卿，人称北溪先生）乃朱熹晚年最得意的弟子，卫护师门不遗余力。他为了让人们不曲解朱子的思想，特著《本溪字义》，对一些重要的理学范畴按照朱子的思想进行诠释。对于邵雍的"心为太极"，他也极力以朱子的天理说进行解释，以便与朱子学保持一致：

> 太极只是以理言也。……人得此理，具于吾心，则心为太极。所以邵子曰"道为太极"，又曰"心为太极"。谓"道为太极"者，言道即太极，无二理也；谓"心为太极"者，只是万理总会于吾心，此心浑沦是一个理耳。只这道理流行，出而应接事物，千条万绪，各得其理之当然，则是又各一太极。就万事总言，其实依旧只是一理，是浑沦一太极也。②

朱熹在论述天理与万物的关系时，举了一个"月印万川"的比喻："本只是一太极，而万物各有禀受，又自各全具一太极耳。如月在天，只一而已；及散在江湖，则随处而见，不可谓月已分也。"他所说的"太极"就是指天理。陈淳从此出发，认为邵雍的"心为太极"并不是直接以"心"作为宇宙的本原，而是因为天理具于我心之中，心即是理，所以"心为太极"实质上就是"理为太极"。"道为太极"，道即是理，也是"理为太极"之意。至于朱子的"性为太极"，因为朱子主张"性即理"，所以"性为太极"其实就是"理为太极"。如此看来，邵雍的"心为太极"与朱熹的"性为太极"并无二致了。但是很明显，这不符合邵雍的本意。

此后，张行成（生卒年不详，字文饶，人称观物先生）从象数学的角度解释"心为太极"："在人则心为太极，太极不动，应万变而常中，乃能如天，故揲蓍必挂一也。"③真德秀也提到过，但是和陈淳的解释一样，没有新意。要真

---

① 邵雍《观物外篇下之中》，郭彧整理《邵雍集》，中华书局 2000 年版，第 152 页。
② 陈淳《北溪字义》卷下，中华书局 1983 年版，第 44—45 页。
③ 张行成《皇极经世观物外篇衍义》卷八，《景印文澜阁四库全书》，第 821 册，第 611 页。

正搞清邵、朱这两个命题的区别，还得借助明末清初陆世仪（1611—1672，字道威，号刚斋，晚号桴亭）的解释：

> 荆豫章问：朱子言性为太极，心为阴阳。邵子则谓心为太极，如何分别？曰：须要看各人立言之意。朱子是分别心与性，性是理，心是气，故曰性为太极，心为阴阳。邵子是将心对阴阳、刚柔、动静说，故曰心为太极，又曰道为太极。朱子言心以气血言；邵子言心以神明言。其诗曰"天向一中分造化，人从心上起经纶"，以人心对天地之中言，故谓之为太极，即《皇极经世图》中所谓一动一静之间也。①

在邵雍的语境下，"心为太极"所言之"心"乃"以神明言"，是从心的精神上来说的。人居天地之中间，人之心就是天地之心；人心之灵明变化，足以应接天地万物，就好比"太极"之动静阴阳的变化。二者有相通之处，故曰"心为太极"。他想借"心"的精神特性进一步解释"太极"作为宇宙本体"感而遂通"的化生功用。如果从邵雍的其他著作如《接壤集》所体现出的倾向看，他主张用"心"体察天地，"身生天地后，心在天地先。天地自我出，自余何足言？"②天地存在的意义有无，都取决于心。"心"在邵雍这，已经具有超越的意义。但他所追求的境界是"无心"，是心灵上的自适。如果将万物看成外在于人心的东西，无疑会使心不自由。所以他并没有将"心"抬高至本体地位的意思。

与朱熹同时的张栻也提出了"太极，性也"的命题，但与朱熹有着本质的不同，却与邵雍有相通之处。张栻继承胡宏的思想，主张"性立天下之大本"，以"性"作为万物之本体。作为本体，"性"也是动态的，"太极所以形性之妙也，性不能不动，太极所以明动静之蕴也"③。"太极动而生阳，静而生阴"，通过太极一动一静的变化来形容"性"的精妙。这本体之"性"体现在人和万物上就是具体的人性、万物之性，所谓"太极动而二气形，二气形而万物化生，人与物俱本乎此者也"④，"太极一而已矣，散为人物而有万殊，就其万殊之中而复有所不齐焉，而皆谓之性"⑤。——张栻之"性"，朱熹之"理"，他

---

① 陆世仪《思辨录辑要》卷二十八，《景印文渊阁四库全书》，第738册，第661页。
② 《击壤集》卷十九《自余吟》，《邵雍集》，第501页。
③ 张栻《新刊南轩先生文集》卷十九《答吴晦叔》，杨世文点校《张栻集》，中华书局2015年版，第四册，第1054页。
④ 《新刊南轩先生文集》卷十一《存斋记》，《张栻集》，第三册，第931页。
⑤ 《孟子说》卷六，《张栻集》，第二册，第541页。

们与万物都是"一本万殊"的关系。人与禽兽草木皆有性，性无乎不在也。所以，"有太极则有物，故性外无物；有物必有则，故物外无性"①。性其实就是指属性，人的属性即仁义礼智等德性，物有其各自的属性，不存在没有任何属性的事物。

宋濂于文中两次谈到"吾心"与"太极"的关系。论及心之至灵时，"天地，一太极也；吾心，亦一太极也"。人能与天地并立为"三才"，必有相通之处，这便是人心。心包含万理，就如天地包容万物，所谓"人心同乎天地"是也。如果说天地是万物之原（太极），那么人心也是万理之始（太极）。在解释为什么"六经皆心学"时，提到"说天莫辨乎《易》，由吾心即太极也"。作为六经之首，《易》对天道人事论述之详细和深邃，远为其他五经所不及。而之所以会有《易》这部书，自然是圣人将心中所体会的天道书写了出来，乃其心之理的外现。其心之能有如许道理，只有在心与天合一、心与天同大的情况下才能实现，正所谓"心有多大，天地就有多大"。所以与其说太极、道、天理是宇宙的本体、本原，不如干脆直接说"心"才是宇宙的根本。可见，宋濂的"心即太极"命题与上述众人相比，具有心本体论的意义。

至于朱陆的无极太极之辩，针对"无极之极，果无极乎？有极之极，果有极乎？"这一问题，宋濂回答道："无乃无形，有则有理。"②"无极"形容的是宇宙本原之无形状，不可直接感觉到，但并不意味着这本原不存在，故而是"有"；"有极"其实就是"有理"，有天理存在。"无极而太极"，就是"无形而有理"，朱子之言是正确的，象山不该在此问题上纠缠，更不应该将"无极"当成老子之言。

五、宋濂心本论的意义

宋濂"六经皆心学"的命题具有双重意义：既是对浙东先贤思想的继承，又冲破了朱子权威，是他"根底六经"问学宗旨的直接体现。

首先，"六经皆心学"是浙东心学思想的继承和发展。两宋之际的张九成率先构建了"心—气—物—心"的哲学逻辑体系，创立了心学③。吕祖谦曾从学于张九成，虽然对诸家之学兼收并蓄，但其心学思想亦占据主体地位。宋濂一直生活于浙东，非常了解张、吕二人的思想。事实上，正是宋濂，第一个明确提出象山心学继承和发展了张九成心学，"金溪之学则又源于横

---

① 《孟子说》卷六，《张栻集》，第二册，第546页。
② 《宋濂全集》卷八十三《三问对》，第四册，第2006页。
③ 参见刘玉敏《心学源流——张九成心学与浙东学派》，人民出版社2013年版。

浦者也,考其所言盖有不容掩者矣"①。张九成心学以"心即天"作为逻辑起点,陆九渊则直接以"心即理"作为立论根基,但二人对心、理、气关系的论述都欠完整明确。对这些范畴具有明确论述的是吕祖谦。

在吕祖谦的思想中,"心"具有最高的本体意义。"心即天也,未尝有心外之天;心即神也,未尝有心外之神,乌可舍此而他求哉!"②心就是天,是最高的范畴。因为是本体,所以心与道一样没有任何具体的规定性,是"无待"的:"道无待,而有待,非道也","举天下之物,我之所独专而无待于外者,其心之于道乎!心外有道,非心也;道外有心,非道也。"③心即是道,道即是心,心与道是一而非二——心具有与道同等的本体意义。相比之下,理是"有待"的,理以事为载体,"有是事,则有是理;无是事,则无是理"④,理事不可分离。对于理与心的关系,他指出:"万物皆备于我,万理皆备于心"⑤,"天理不在人心之外。"⑥理其实就在心中。至于心与气的关系,"心由气而荡,气由心而出",心乃气之主宰,所以圣贤君子应当"以心御气,而不为气所御;以心移气,而不为气所移"⑦。君子要善于养浩然之气,养气就是养心。

因为心为本体,所以要修心治心。其途径,就是阅读经史。因为六经所载,皆是天下之理。"二帝三王之《书》,羲、文、孔子之《易》,《礼》之仪章,《乐》之节奏,《春秋》之褒贬,皆所以形天下之理者也。"⑧《诗》更是完全直出民间匹夫匹妇之胸臆,"冲心而发,举笔而成",天理浑全。万理皆备于心,所以六经就是众人心中之理的体现,读经就是求古人之心,心明则理自然明。

　　《书》者,尧、舜、禹、汤、文、武、皋、夔、稷、契、伊尹、周公之精神心术,尽寓于中。观《书》者不求其心之所在,何以见《书》之精微?欲求古人之心,必先尽吾心读是书之纲领也。⑨

　　《诗》者,人之性情而已。必先得诗人之心,然后玩之易入。

　　看《诗》且须咏讽,此最治心之法。⑩

①　《龙门子凝道记》卷下《段干微第一》,《宋濂全集》卷九十四,第四册,第2212页。
②　《左氏博议》卷五《楚武王心荡》,《吕祖谦全集》,第六册,第107页。
③　《左氏博议》卷十《齐桓公辞郑太子华》,《吕祖谦全集》,第六册,第239—240页。
④　《左氏博议》卷五《祭仲立厉公》,《吕祖谦全集》,第六册,第95页。
⑤　《左氏博议》卷十五《宋得梦己为鸟》,《吕祖谦全集》第六册,第373页。
⑥　《增修东莱书说》卷二十一,《吕祖谦全集》,第三册,第280页。
⑦　《左氏博议》卷五《楚武王心荡》,《吕祖谦全集》,第六册,第107、106页。
⑧　《左氏博议》卷十三《宋公赋诗》,《吕祖谦全集》,第六册,第333—334页
⑨　《增修东莱书说》卷一,《吕祖谦全集》,第三册,第21页。
⑩　《丽泽论说集录》卷三《门人所记诗说拾遗》,《吕祖谦全集》,第二册,第112页。

古之圣人立左右史，左史记言，右史记事，是成史册。于是有人认为史书之褒贬作为外在力量有助于制约君主的行为。对此，吕祖谦指出，"至理无外"，史书所载之事、所记之理均出自圣人之心，"史，心史也；记，心记也。推而至于盘盂之铭、几杖之戒，未有一物居心外者也"①。所以，阅读史书不是为了扩展见闻，而是要"识其前言往行以畜其德"②，也是为了修养身心。

关于六经与心的关系，张九成亦有多处论述：

> 尧、舜、禹、汤、文、武、周、孔之道具在人心，觉则为圣贤，惑则为愚不肖。圣人惧其惑也，乃著之六经，使以义理求；乃铭之九鼎，使以法象求。③

> 盖六经之言皆圣贤之心也。吾自格物先得圣贤之心，则六经皆吾心中物耳。④

> 六经之书焚烧无余，而出于人心者常在，则经非纸上语，乃人心中理耳。⑤

在张九成看来，圣贤之道存在于每个人的心中，每个人的心中其实都有一部六经，心中之理便是六经；而纸质的六经只是求道的工具，是圣人因怕众人迷惑而将圣贤之道著成书，以便这些人通过明六经之义理而得圣贤之心。只是语言、文字的功能毕竟有限，"圣王之道有非文字所能书、言语所能传者，是以未有六经而尧、舜为圣帝，禹、稷、皋、夔为贤臣"⑥。所以单纯读经也不能完全领悟圣贤之道。他不主张直接阅读六经，而是主张先格物，通过格物穷尽天下之理，自然就能悟得圣贤之心。这时再去看六经，就会"超然照见千古圣贤之心"。越过经典而强调靠自身的体悟，无疑削弱甚至取消了六经的地位和作用。这的确与禅宗不立文字、见性成佛有相似之处，所以宋濂评价张九成之学"出于宗杲之禅而借儒家言以文之"⑦，是有一定道理的。

以心学绾经学和史学、经史结合可谓张九成、吕祖谦学说的特点。作为

---

① 《左氏博议》卷十《齐桓公辞郑太子华》，《吕祖谦全集》，第六册，第241页。
② 《丽泽论说集录》卷十《门人所记杂记二》，《吕祖谦全集》，第二册，第259页。
③ 张九成《横浦集》卷十七《海昌童儿塔记》，杨新勋整理《张九成集》，浙江古籍出版社2013年版，第一册，第184—185页。
④ 《孟子传》卷二十八，《张九成集》，第四册，第1058—1059页。
⑤ 《心传录》卷中，《张九成集》，第四册，第1202页。
⑥ 《惟尚禅师塔记》，《张九成集》"补遗"，第四册，第1306页。
⑦ 《龙门子凝道记》卷下《段干微第一》，《宋濂全集》卷九十四，第四册，第2212页。

浙东学人,宋濂的心学思想一脉相承自这二人。他的哲学逻辑结构与张九成心学相似,他的"理原自于心"、"六经皆心学"思想无疑直接受吕祖谦的影响。但他比东莱说得更明确、更具体,把读经、学经当成修心养性的方法,也避免了横浦动摇六经地位的危险。

其次,"六经皆心学"要求回归六经经典,以六经之是非为是非,有助于打破权威,不盲从后人传注。"北山四先生"均服膺朱学,何基的为学宗旨便只是熟读《四书集注》,因为"《集注》义理自足,若添入诸家语,反觉散缓"①;许谦也认为"圣贤之心,具在《四书》,而《四书》之义,备于朱子"②。元代开科伊始,便要求以《四书集注》为取士标准,该书立时被奉为圭臬。一种思想一旦成为标准答案,必然会僵化,沦为教条。宋濂也佩服朱子的为人和思想,在其理论建构中也有所吸收,但也清醒地意识到所有孔孟之后的注疏都只是一家之言,不一定符合圣人之意。圣人之意究竟为何,还需本人亲自研读圣人经典,用心体会。后人的著述,包括"北宋五子"、"东南三贤"的思想,可作为理解六经的辅助,却绝不可以直接取代六经。"六经皆心学"实际上主张否定权威,如果有权威,那就只有孔孟有这个资格。这一命题也正是宋濂问学宗旨和人格追求的直接体现。

第二节　心性论

自孟子以来,人性问题一直是大家津津乐道又聚讼不已的话题。宋濂在前人的基础上,以朱子人性说为主,对人性问题进行了深入思考。

一、性原于天,根于心

《易》有"三才"之说,人之所以与天地并立,乃因人有仁义之德,"立人之道曰仁与义";《中庸》首章"天命之谓性"。若将二者结合起来,就意味着,从本原上说,人性来自天;从本质上说,人性是纯善的,这是人与天地并立的根本所在,"人性云善,受厥天命。人极因以立,天下由定"③。从逻辑上讲,因为天无有不善,所以源自天的人性也是善的;从现实来说,人性表现为仁义礼智信,而这五常天然地具于心中,怵惕恻隐乃五常之发端。所以说"性原

---

① 《节录何王二先生行实寄史局诸公》,《吴师道集》卷二十,第 475 页。
② 《元史》卷一八九《许谦传》,第 14 册、第 4319 页。
③ 《宋濂全集》卷八十三《三问对》,第四册,第 2007 页。

于天,四端具见","性根于心,理无不善"①。

张载曾经提出:"合虚与气,有性之名。""虚"乃太虚,是宇宙最高的实在,由此他把人性分为太虚之性和气质之性。程朱以天理为最高本体,提出"性即理",于是把人性分为天命之性和气质之性。宋濂继承了程朱的人性论,"理气吻合,性名斯显。与道同体,性实易辨"②。即"性"是理和气的统合,当我们将"性"置于与"道"同等意义上理解时,才能真正明白"性"的含义。"道"是一个本原或本体概念,用来规定天、地、人等的起源或本质。"性"就是从万物的本然意义上说的。孟子主张"性善",就是说人性从本质上说是纯善的。至于恶性,是后天"习"的结果。

宋濂主张,只有"性气兼论",把本然之性与后天禀气说结合起来,才能完整地诠释人性。"以性分言,性与天一",故从本然意义上说人性无有不善;因后天之禀气不同,而有通塞明暗。荀子、扬雄分性气为二,故有性恶、性善恶混之说;告子言"生之谓性",则直接是以气为性。王安石主张性无善恶,实是忽略了"形色之理"乃人之天性,否定了"天理"的存在。人之禀气虽各有不同,但因为人人皆有"天命之性",所以一开始相差并不太远。之所以有智愚的不同,是因为后天对本性的存养程度不同。

同样论心性,宋濂坦言,儒释之区别在"性"不在"心":

> 世间之理,其有出心之外者哉? ……是则心者,万理之原,大无不包,小无不摄,能充之则为贤知,反之则愚不肖矣。觉之则为四圣,反之则六凡矣。世之人但见修明礼乐刑政为制治之具,持守戒定慧为入道之要,一处世间,一出世间,有若冰炭、昼夜之相反。殊不知春夏之伸,而万汇为之欣荣;秋冬之屈,而庶物为之藏息,皆出乎一元之气运行。气之外,初不见有他物也。达人大观,洞然八荒,无藩篱之限,无户阈之封,故其吐言持论,不事形迹,而一趋于大同。小夫浅知,肝胆自相胡越者,恶足以与于此哉?③
>
> 佛家论性,与吾儒论性不同。儒之论性以理言,佛之论性以虚灵知觉言。然究其所以虚灵知觉者,何也? 神也。人若能于其神字契勘得破,则知佛所谓法身者,此也;主人翁者,此也;金刚不坏身者,此也;本

---

① 《宋濂全集》卷八十三《三问对》,第四册,第 2008 页。
② 《宋濂全集》卷八十三《三问对》,第四册,第 2008 页。
③ 《宋濂全集》卷二十七《夹注辅教编序》,第二册,第 563 页。

来面目者,此也;父母未生我前是谁,此也。①

儒释之论心,都是从本体立论。佛教以心法起灭天地,"心生则种种法生,心灭则种种法灭",与儒家的心学在立意上并无不同。就如春生夏长,秋收冬藏,虽有不同,却都是元气作用的结果。如果抛开"心"的内容和修养工夫,仅从心与外物的关系而论,儒佛立场是一致的。但是在性论上,儒佛有根本的区别:儒家从义理上剖析人忹,主张"性即理"、气质之性;佛教则从虚灵知觉上言性,所谓虚灵知觉即是衵。通常来说,神与形相对应,精神、灵魂之意。形灭神不灭,轮回流转,生生不息。这里的"神"又相当于佛性,佛性无漏无灭,自足圆满,所谓法身、主人翁、金刚不坏身、本来面目指的就是这佛性。父母未生我前,灵魂于六道轮回,亦是精神也。儒家讲人性,佛教谈佛性,虽然二者都从本然意义上承认其完满无瑕疵,也要求只有通过后天的不断修养、修行才能使其完美彰显,但毕竟前者立足理性现实层面,后者属于信仰理想层面,如此所论之"性",必定是没法比较的。

二、仁说

"仁"在儒家思想中处于核心地立。在孔子,仁尚是一种人格追求;至孟子,则属于人性的一部分;发展到宋代理学,"仁"已经具有本体的意味了。宋濂从各个角度对"仁"的说法进行辨析。仁义礼智信,是为五常;仁居五常之首,故"仁统五常"。"仁无不包,四者其目",仁包诸德,义礼智信可算作"仁"的细目。仁是心之德、爱之理,恻隐是仁的发端。所谓天人合一,其依据便是天和人皆具有仁德,都以"珇"为基础,"天人合一"其实是"天人一理","天人虽异,一理则同"。

程颢曾言"仁者,浑然与物同体",这其实说的是"仁之量弘",即仁的体量宏大。"利泽及人",这讲的是"仁之功著",仁德的功用显著。这二者都不是仁的含义。仁有体有用。从仁之本体上说,"欲净理完,仁体昭著。天理即仁,安有二致?"天理即是仁之本体。从仁之功用上看,"爱乃仁用,必有其体存"②。爱是仁的外在表现。

程门高弟谢良佐曾提出"心有所觉谓之仁",其后张九成进一步发挥,提出"仁即是觉,觉即是心;因心生觉,因觉有仁",以觉训仁、训心,既不符合二

---

① 《宋濂全集》卷八十五《心经文句》,第四册,第 2033 页。
② 《宋濂全集》卷八十三《三问对》,第四册,第 2010 页。

程"训觉训人，皆非也"的观点，更遭到朱熹及其后学的大力批判，认为是以佛教之"觉"训释儒家之"仁"，乃阳儒阴释。对此，宋濂也认为"觉乃知用，觉难名仁。爱乃仁用，必有其体存"①。仁是心之体，爱乃仁之用；仁不能简单地归结为爱，仁是爱之理；觉是从知觉的角度讲仁，也是仁之用，觉和仁不能简单画等号。结合上文佛教以虚灵知觉言性的倾向，若心性合一，以觉训仁训心，的确有堕入佛教的危险。

"仁"如此重要，如何才能具备"仁"呢？宋濂分为三个层次：

其一，存仁。"仁"先天地具于我心中，所以最重要的是要"存"住它，不让它放失了。如何存仁？"心德曰仁，持敬以存之。若心如游骑，何贵学为？"②持敬，就是程朱所提倡的主敬工夫。内心要时刻保持警惕专一，不容有任何松懈，不能时常间断；如果心如野马，即便学习，又有什么用呢？

其二，行仁。具体落实到实践中，在实际的践履中体会什么是仁。该从何处入手？"孝弟之道，行仁本根。内外交进，而仁道可存。"③孝悌乃行仁之根本。《论语·学而》："孝弟也者，其为仁之本与！"对于这句话，向来有歧义。有人认为应该解释成"孝悌，是人之为人的根本"，把"为仁"释为"为人"，谈如何做人的问题。也有人认为"为仁"讲的是如何"行仁"，从孝悌入手，将"仁"落实到日常生活中。理学家们重视道德践履，多采用后者，宋濂在此亦不例外。只有内心持敬以存仁，外在行为上行孝悌，内外结合，仁道才能真正地存留于心中。孝悌只是"行仁"的基础，或者开端。"行仁"的最高境界，是"博施济众"。不过根据《论语》中孔子的评价，能做到博施济众者，"何事于仁，必也圣乎！"这已经是圣人的境界了。

所以第三个层次，即体仁。只有"至圣"才有"体仁"的资格。因为圣人之所以为圣，在于始终保有仁道，不会放失，所以不用"存仁"，也不用"行仁"，只要体会就够了。"至圣体仁，内外兼极。天德流连，斯须不息。""体仁之至，其德与天同。"④圣人无论内心还是外在，都达到了极致，其德与天完全同一。既然人性从本质上是一样的，那么"人皆可以为尧舜"，所以圣人应该是每个人都要追求的人格境界，如果尧、舜、禹距离我们太远，那么像孔子、颜回、曾子、孟子，其言俱在，总可以学习效仿了。要达到"体仁"的层次，应该踏踏实实地以上述圣贤为榜样，从存仁、行仁做起，圣道庶几可

---

① 《宋濂全集》卷八十三《三问对》，第四册，第 2010 页。

② 《宋濂全集》卷八十三《三问对》，第四册，第 2010 页。

③ 《宋濂全集》卷八十三《三问对》，第四册，第 2009 页。

④ 《宋濂全集》卷八十三《三问对》，第四册，第 2010 页、第 2011 页。

期,圣贤庶几可至。

本章小结

宋濂在前人的基础上,以"心"为核心构建了一个完整的哲学本体论体系。他认为,心为宇宙之本体,天下万物之理皆原自于心。理主宰气,气化生万物。心既为一切之本原、本体,所以需要正心、治心。因为心中之理已经笔之于六经,六经所载就是心之理,经即是心,心即是经,所以学习、体会六经之意就是正心的途径。在人性论上,他以程朱思想为主,主张人性本善,性气兼论,并严格将儒家之人性和佛教之佛性区分开来。"仁"作为儒学思想核心范畴,他正本清源,从仁之体、用、量、功等方面进行了梳理,澄清了儒与佛模糊之处。如何具备仁?则有存仁、行仁、体仁三个层次。

第四章　宋濂哲学的工夫论

宋濂的心本体论融合朱陆，避短扬长，体现在修养工夫上，便是二者的综合。宋濂曾自题画像："吾心与天地同大，吾性与圣贤同贵。……奋自今以为始，日载惕而载厉。……用致知为进学之方，藉持敬为涵养之地。续坠绪之茫茫，昭遗经之晰晰。虽任重道远，必笃行而深诣。庶几七尺之躯，不负两间之愧。"①道出了宋濂的工夫所在和决心。朱熹曾将"涵养须用敬，进学则在致知"喻为鸟之双翼、车之两轮，缺一不可。宋濂一方面继承了这一方法，另一方面又提出养心、治心。

第一节　致知为进学之方

作为一个出色的思想家和文学家，宋濂对当时"局乎文艺"、"溺此浮华"的学风极其不满。元王朝恢复科举后，士子们又汲汲于科举程文，视四书五经为登科进阶的工具，且于利害得失斤斤计较，完全没有了传统读书人的气质。宋濂毫不客气地指出："古之学经者将以治身，今之学经者期以荣身；古之学经者期以化民，今之学经者期以詀民；古之学经者期以立德，今之学经者将以丧德。"②当时的读书人完全背离了六经的宗旨，如此读经于国于民都无益处。所以宋濂要求向古代圣贤学习，重新认识学经的意义。

一、以道德为师

学问有多种，宋濂将其分为理财之学，如汉代桑弘羊之徒；听讼之学，如商鞅、韩非；治兵之学，如孙膑、吴起、曹操；文章之学，如柳宗元、刘禹锡之类；训诂之学，如马融、郑玄之流。以上学问，"是皆得一而遗十，或不适于用，或用之而不足以致治，故君子弗贵焉"。而三代圣人之所学，"其本仁义，其具礼乐政教，其说存乎经而学之存乎人。人皆知学之而不能行之者，惑于

---

① 《宋濂全集》卷九十《自题画像赞之二》，第四册，第2138页。
② 《龙门子凝道记》卷下《虞丹微第六》，《宋濂全集》卷九十四，第四册，第2222页。

后世之学故也"①。圣人之学不仅讲仁义道德，而且讲礼乐政教；不仅适用，而且足以致治。而且圣贤离我们并不遥远：

> 古之人以道德为师者，有孔子焉，有孟氏焉。以政业居辅弼者，有
> 伊尹焉，有周公焉。人不为孔、孟、伊、周，其学皆苟焉而已。②

孔孟之学以道德仁义为本，讲德治仁政，并非空谈不实用，只是二人生不逢时，没有机会用世罢了。伊尹、周公乃建功立业、辅弼朝堂之人，但伊尹"以尧舜之道要汤"，周公制礼作乐，牧其言其学又均是道德之学。所以，人应当以孔、孟、伊、周为学习的榜样，否则即便学习，也算不得真正的学问。

"志伊尹之所志，学颜子之所学"，北宋周敦颐在文风日盛、众人汲汲于科举之时喊出了这句口号，伊尹、颜可尚只是贤人，但无疑为读书人指明了另一个方向——读书不应该仅仅为了考试做官，成贤希圣才应该是读书人的人格追求。学为圣贤，从此成为有志之士的目标。宋濂便是这样有志于圣贤的人。他隐居小龙门山中时，因忧虑世道芜秽，所以日日梦想神思千载，与圣人对话。梦想竟然成真。一天晚上，他梦见一伟丈夫，根据其神态和仪容，判定对方一定是圣人。圣人弟子问他既然羡慕圣人，为什么不学成圣？宋濂回答说不是不愿学，"力不足耳"。圣人弟子告诉他："尔若愿学焉，吾当有以告尔也。尔心中有圣人焉，与丈夫无毫发异；尔朝夕以终始之，是亦丈夫而已矣。"宋濂泠然惊醒，告诉门人："圣人在吾身尔，何劳外慕哉！"③——"吾心与天地同大，吾性与圣贤同贵"，心既为天下之根本，那么我之心便与四方上下、往古来今之圣贤心没什么两样。仁义礼智信根于心，所以人性无有不善，我之性便与四方上下、往古来今之圣贤之性没什么区别。人皆可以成尧舜，途之人皆可以为禹，只要认识到人人皆有成圣的可能，那么在"心"上下工夫就可以了。不过因为用功的程度不同，导致人和人之间有了差距：

> 能体此心之量而践之者，圣人之事也，如羲、尧、舜、文、孔子是也。
> 能知此心，欲践之而未至一间者，大贤之事也，如颜渊、孟轲是也。或存
> 或亡，而其功未醇者，学者之事也，董仲舒、王通是也。全失其心，而唯

---

① 《宋濂全集》卷八十一《傅幼学字说》，第四册，第 1964 页。
② 《宋濂全集》卷九《复古堂记》，第一册，第 173 页。
③ 《龙门子凝道记》卷中《悯世枢第五》，《宋濂全集》卷九十三，第四册，第 2191—2192 页。

> 游气所徇者，小人之事也，如盗跖、恶来是也。①

拥有同样的本心，却有圣人、贤人、学者、小人之分。圣人是始终如一保持本心不变的，贤人则偶尔做不到，如颜渊，他能做到"其心三月不违仁"。小人则完全丧失本心，完全受血气支配。学者当学圣贤，哪怕是偶尔失之，也没关系。有人问：自孟子没后千有余年，佛老之言遂充塞宇宙。此无他，圣贤不世出故也。如之何？宋濂答曰："圣贤固不世出，其书还存乎否也？究其书，明其道，虽百佛老不能惑也。不然，自治且不暇，他何恤哉？"②学圣贤当以孔孟为师，其人已不在，但记载其言行的书却保留了下来。学者当研究其书，体悟何为孔孟之道，佛老又怎能迷惑得了呢？

> 然而此心甚大也，未易治也，未易养也。……是故孔子叙《书》，传《礼记》，删《诗》，正《乐》，序《易》"彖""系""象""说卦""文言"，作《春秋》，何莫不为此心也？诸氏百子之异户，出则汗牛马，贮则充栋宇，虽言有纯疵，学有浅深，亦为此心也。③

圣人编订六经，其目的就是为了治心、养心。诸子百家之书，虽不如六经纯粹，但也是为了此心。所以读书是君子修养的必经之路。

二、读经

天下之书汗牛充栋，经史子集令人眼花缭乱。如何看待这些书？学者该读哪些书？

> 鬻熊、太公、老聃、杨朱、墨翟、庄周、列御寇、荀卿、慎到、管晏、申韩之属所著之书，太史公之《史记》，不韦、淮南之《览》《训》，以逮魏晋以降，幽人狷士，愤世戾俗，作为辩论。少者千言，多者数万，此亦天下之古物也。今具存于世，虽足以考既往之得失，稽道术之离合，而所以辅世植教，迪民性而成治功者，不在此也。吾之所贵者，伏羲、文王、周公、孔子之《易》，尧、舜、禹、汤、文、武之《书》，商、周、鲁十二国之《诗》，《春秋》《礼经》大法宏谟，孔孟之所陈，下逮伊洛、关、闽诸子之所申，远承近

---

① 《龙门子凝道记》卷中《天下枢第八》，《宋濂全集》卷九十三，第四册，第2198页。
② 《龙门子凝道记》卷中《先王枢第九》，《宋濂全集》卷九十三，第四册，第2202页。
③ 《龙门子凝道记》卷中《天下枢第八》，《宋濂全集》卷九十三，第四册，第2198页。

取,存之于心,负之以身,施之家则长幼序,施之国则教化行而风俗敦,是则天下之至古而可贵者,孰有过于斯者欤！①

当时人有尊古的习惯,认为书越古越好。宋濂遍举先秦孔孟以外的诸子、秦汉之书,认为这些书虽然可以考证既往之得失,考核各家道术之同异,但都不足以启迪民性,教化百姓,不是世治功成之书。他有感于先秦诸子之书各奋私智,背离先王之道,特意作《诸子辨》,对流行于世的诸子之书,从先秦一直到北宋《周子通书》《子程子》,逐一辨别,别其源流,断其真伪,目的是"解惑",解时人、后生之惑。

古书中值得读的,当然首推记载上古圣王言行、三代帝王纲纪、经孔子亲自编订的六经。

> 经者,天下之常道也。大之统天地之理,通阴阳之故,辨性命之原,序君臣上下内外之等;微之鬼神之情状,气运之终始;显之政教之先后,民物之盛衰,饮食衣服器用之节,冠昏朝享奉先送死之仪;外之鸟兽草木夷狄之名,无不毕载,而其指归,皆不违戾于道而可行于后世,是以谓之经。《易》《书》《春秋》用其全,《诗》与《礼》择其纯而去其伪,未有不合乎道而不可行于世者也。故《易》《书》《诗》《春秋》《礼》皆曰经。五经之外,《论语》为圣人之言,《孟子》以大贤明圣人之道,谓之经亦宜。其他诸子所著,正不胜谲,醇不迫疵,乌足以为经哉！②

"经"之为经,在于其无论是外在彰显的形式内容,还是内在蕴含之"道",都不仅适用于当时,而且可传、可行之于后世。按此标准,五经、《论语》《孟子》可称之为"经",其他诸子之书都算不上。此外,宋代伊洛、关、闽诸儒所著之书,乃"圣人之正传",也是有利于齐家、治国、平天下的至古而可贵的经典。读书可以治心,重点是读能称之为"经"以及完全继承孔孟之道的宋儒之书。许谦也曾告学者曰:"学以圣人为准的,然必得圣人之心,而后可学圣人之事。圣贤之心,具在《四书》;而《四书》之义,备于朱子。"③他认为只要读透朱子之书,尤其是领会了《四书》之义,就能领略圣贤之心,就可以为圣贤之事。朱子《四书》是成圣成贤的阶梯。宋濂没有这么绝对,他还

---

① 《宋濂全集》卷四十七《存古堂铭》,第二册,第1046页。
② 《宋濂全集》卷十二《经畬堂记》,第一册,第225—226页。
③ 《元史》卷七十六,第14册,第4318—4319页。

是坚持以读五经、《论》《孟》为主，宋代以降的道学著作作为辅助。

读经，不仅是增长知识，更是为了明了天理，摒除欲望。"人之欲，犹夫疾也；圣贤之书，犹夫药也。以药治疾，则疾瘳而体安；以圣贤之书去欲，则欲去而理明，自然之势也。"①连道理都不懂，又怎会知道欲望合理与否，如何去欲呢？读经，也不是寻章摘句，不是学其华美文辞，也不是在考据训诂上作文章，而是用心体会圣贤之心。学经，就是学习如何为圣贤，学习何为圣贤之道，圣贤如何临政处世。

> 夫五经、孔孟之言，唐虞三代治天下之成效存焉，其君尧、舜、禹、汤、文、武，其臣皋、夔、益、契、伊、傅、周公，其具道德、仁义、礼乐、封建、井田，小用之则小治，大施之则大治，岂止浮辞而已乎？……吾所谓学经者，上可以为圣，次可以为贤，以临大政则断，以处富贵则固，以行贫贱则乐，以居患难则安，穷足以为来世法，达足以为生民准，岂特学其文章而已乎！②

读了圣贤之书，就会安贫乐道，无论贵贱穷达，都能安之若素，不必患得患失。经书是用来修身的，不应只是为了科举考试。宋濂慨叹今人也学经，但终不如古人，"无他，以心与经如冰炭之不相入也。察其所图，不过割裂文义，以资进取之计，然固不知经之为何物也"③。除了六经、孔孟之书，其他书籍尤其是史书也应该参考阅读。宋濂提出了一个读书次第：

> 盖自童丱之始习四经之文，画以岁月，期于默记，又推之于迁、固、范晔诸书，岂直览之，其默记亦如经。基本既正，而后遍观历代之史，察其得失，稽其异同，会其纲纪，知识益且至矣。而又参于秦汉以来之子书，古今撰定之集录，探幽索微，使无遁情。于是道德性命之奥，以至天文、地理、礼乐、兵刑、封建、郊祀、职官、选举、学校、财用、贡赋、户口、征役之属，无所不诣其极。④

一开始先读《诗》《书》《易》《春秋》并默记，再读《史记》《汉书》《后汉书》并默

---

① 《宋濂全集》卷八十《评浦阳人物》，第四册，第 1941 页。
② 《宋濂全集》卷十二《经畲堂记》，第一册，第 226 页。
③ 《宋濂全集》卷七十八《六经论》，第四册，第 1878—1879 页。
④ 《宋濂全集》卷五十三《大明故中顺大夫礼部侍郎曾公神道碑铭》，第三册，第 1247—1248 页。

记，根基既正，然后遍读历代史书，再参考秦汉以降诸子书、集录，都要细读深究，这样基本上就能做到无所不通、无所不晓了。但所有这些，都是以四书五经作为根本的。

有人提出，《乐》书不幸久亡，《礼》经亦出汉儒修补，礼坏乐崩，何时才能得见三代之治？宋濂回答说："天尊地卑，万物散殊，礼之序也；阴阳诉合，万物化生，乐之和也。天地之礼乐未尝亡也，则人心礼乐，千古一日，曷得而亡之哉？呜呼，礼以饬躬，躬斯治矣，仪章度数云乎哉！乐以治心，心斯和矣，声音迟疾云乎哉！"①礼乐原于自然，存于人心，岂止是仪章度数、声音迟疾这些表面形式？礼的作用是整饬身体，揖让动旋符合礼数；乐的功能是整治人心，使此心平和安静。效果达到了，又何必在意经书存不存在呢！

所以，读书固然重要，但学圣贤立德造行更重要。有人为书籍散亡太多感到悲伤，宋濂安慰他说，古人如秦、夔、稷、契、颜渊、闵子骞、子游、子夏所读所习，肯定没后世那么多书，但他们却成了圣贤，"后世百倍于古，而立德造行反或不如，岂非心散乎博闻，技贪乎广蓄，而弗能一乎？"可见，书不在多而在精，"但得六籍存，亦足矣"②。

三、敢于怀疑，独立思考

宋濂虽然推尊濂洛关闽之学，将他们的著作与六经并论，以之为圣学之"正传"。但并不意味着他完全接受其中的观点，他读书，一切皆以孔子为准的，所以有自己的心得。比如朱熹认为《大学》"致知在格物"一章，下文没有与之对应的"传"，于是自己补充了一段，贯彻了他的天理思想。这一举动引起后人的争议。"北山四先生"之一王柏在《大学沿革论》中就对朱子的补传提出了质疑。他最开始对朱子的补传本无异议，但是他的朋友黄岩车若水（字清臣，号玉峰山民，著有《脚气集》）写信告之："致知格物"传并没有被原作者遗忘，也没有缺失，"知止而后有定"章和"子曰听讼"章，就是"格物致知"之传。王柏接信后反复阅读体会《大学》全文，最后接受了车若水的看法。他为这一观点的成立列出了十条理由。最后得出结论：《大学》并无缺传，只是错简而已。

宋濂完全接受了王柏的这一结论，他指出：

---

① 《龙门子凝道记》卷中《乐书枢第十》，《宋濂全集》卷九十三，第四册，第 2203—2204 页。
② 《龙门子凝道记》卷下《积书微第十》，《宋濂全集》卷九十四，第四册，第 2232 页。

　　《大学》之要，在于三纲八目。孔氏既著于经，曾子之门人又以所闻而为之传，纲与目之名无有所谓本末者，何必传以释之？自"知止而后有定"至"此谓知之至也"，及"听讼吾犹人也"二条实释"致知格物"之传，盖未尝阙也。①

　　后来，其弟子方孝孺也认为："旧说以听讼释本末，律以前后之例为不类。合为一章而观之，与孟子、尧、舜之'知不遍物'之言正相发明，其为致知格物之传，何惑焉？"②

　　孔门四科：德行、言语、政事、文学。以"文学"著称的有子游、子夏，《论语》中多处记载子夏和孔子论诗，孔子表扬子夏能"告诸往而知来者"。据说《乐记》出自子夏之手，郑玄还认为《毛诗序》乃是子夏所作。不论真假，都说明子夏文才出众，精通《诗》《乐》。后人遂以为《论语》中的"文学"与后世的词章之学一样，追求形式上的完美。宋濂否定了这一说法：

　　　　游、夏之文学，非今世之词章也，《诗》《书》《礼》《乐》之事也。若专谓子游作《檀弓》、子夏作《乐记》为文学者，其待游、夏也浅矣。③

　　《诗》《书》《礼》《乐》既然是经书，自然是有天下常道、天地之理、性命之原在其中。孔子教学生以六艺，自然是教之"道"，而不是"文"。《乐记》所论也不是纯音乐，而是从乐声中体会国家之治乱兴衰，《檀弓》也不是专记礼仪礼节，而是从中体现尊卑上下之次序。因此把子游、子夏之"文学"与后世之诗词歌赋相等同，是一种浅薄的看法。

　　"体用"一词，据张岱年先生考证，自魏晋时玄学家们才颇言之。王弼注《老子》："虽贵以无为用，不能舍无以为体也。"唐代崔憬《周易探玄》解释体用："凡天地万物，皆有形质，就形质之中，有体有用。体者即形质也，用者即形质上之妙用也。"张先生认为王、崔所讲的体用，"实乃言一物（天或地或万物中之一物）之体用，非言全宇宙之体用"④。"体用"一词连用，出现于二程《程氏易传序》："至微者理也，至著者象也。体用一源，显微无间。"用"体用"

---

① 《龙门子凝道记》卷下《大学微第八》，《宋濂全集》卷九十四，第四册，第 2227 页。
② 方孝孺著，徐光大点校《方孝孺集》卷十八《题大学篆书正文后》，浙江古籍出版社 2013 年版，中册，第 670—671 页。
③ 《龙门子凝道记》卷中《先王枢第九》，《宋濂全集》卷九十三，第四册，第 2202 页。
④ 以上引文见张岱年《中国哲学大纲》，江苏教育出版社 2005 年版，第 38 页。

来表达理和象之间的关系。之后这一范畴便得到频繁地使用,用它来分析性情、人心道心、理欲等关系。后世研究者遂认为"体用"出自中国传统典籍。其实,宋濂早就指出过:

> 体用之言,非六经之言也,浮屠氏之言也,借用之耳。究其所以异同,则犹薰莸不可共器而藏也。○

以宋濂三阅大藏、对佛经的熟悉程度,以他博览全书、经史子集无所不通的知识广度,这句断言是没问题的。且也被后世学者所证实。清代李颙就说:"'体用'二字相连并称,不但六经之所未有,即十三经注疏亦未有也。"②至于中国哲学借用过来之后,"体用"内涵发生的变化,当今学者如张晓剑、陈坚等均著文讨论辨析过③,本文不再赘述。不过指出"体用"出自佛经的,宋濂当属第一人。

有人质疑《周官》并非周公全书,其中有《考工记》《礼记》,是杂出于汉儒之手,非经孔子之手所传的周公之书。宋濂对此辨析曰:

> 《周官》非周公之全书乎?其果出于刘歆缀补之乎?非惟官制不与《周书》合,至若莽草薰器用之蛊,蜃灰洒墙壁之毒,牡鞠灰烟去蛙黾之聒,牡橭午贯象牙杀水虫之神,弓岁月日辰之号以覆夭鸟之巢之类,皆建官主之。此后世陋儒有所不道,曾谓周公为之乎?虽然,大纲大法森然不紊者,则似非周公不能作也。④

简言之,《周官》并非全部出自周公之手,其中的大纲大法乃周公所定,其荒诞不经之处乃后世缀补。

有人问宋濂:"姜嫄履大人迹而生稷,简狄吞玄鸟卵而生契,其事有诸?"姜嫄生稷、简狄生契分别出自《诗经·大雅·生民》和《诗经·商颂·玄鸟》。姜嫄乃炎帝之后,《生民》说她"履帝武敏歆"而生后稷。无论是朱熹还是吕祖谦,都遵从郑玄的解释,认为姜嫄是踩着大神巨大足迹的拇指之后,感孕

---

① 《龙门子凝道记》卷中《先王枢第九》,《宋濂全集》卷九十三,第四册,第 2202 页。

② 李颙《答顾宁人先生》,《二曲集》,中华书局 1996 年版,第 150 页。

③ 如陈坚就认为,"中国哲学中的'体用'论是'体—用'二元结构,而中国佛教中的'体用'论则是'体—相—用'三元结构。"(《不是"体用",而是"体相用"——中国佛教中的"体用"论再思》,《佛学研究》2006 年第 1 期,第 319—334 页。)

④ 《龙门子凝道记》卷下《越生微第九》,《宋濂全集》卷九十四,第四册,第 2230 页。

而生。简狄乃高辛氏之妃，《玄鸟》说"天命玄鸟，降而生商"，《史记》据此认为春天简狄行浴时，有玄鸟生一卵，简狄取而吞下，便怀孕而生下了契。朱熹、杨简都认同此说，但吕祖谦采用了《毛诗》的解释。对这两种说法，宋濂都予以否定，"是非君子之言也，因郑氏笺《诗》而误也"。他取《毛诗》解释：

> 毛公之说则至矣。其释《生民》诗"履帝武敏歆"之言，则曰"从于高辛帝而见于天也"。其释《玄鸟》诗"天命玄鸟，降而生商"之言，则曰"春分玄鸟降，简狄配高辛帝，祈于郊禖而生契。故本其为天所命，以玄鸟至而生焉"，未尝云履迹吞卵之事也。毛公说《诗》，言虽简易，而其实精腴，未易忽也。奈之何学者弗之察也。学者弗之察，而唯后说之为胜，三百篇之旨多隐晦而不章矣。奚独此哉？①

朱熹作《诗集传》，对《毛诗》多不取；吕祖谦《吕氏家塾读诗记》则力主毛、郑，认为"《毛诗》与经传合，最得其真"，但是他在姜嫄生稷一事上还是没有遵从《毛诗》。宋濂在此极力推荐《毛诗》，认为其言虽简练，内容却相当精炼丰富。但却被后人忽视，导致《诗》三百篇的旨意得不到彰显。可见宋濂不盲从权威，独立思考判断的能力。

宋濂提倡以致知为进学之方，《大学》"致知在格物"，无论是程颐还是朱熹都对"格物"非常在意，不仅反复解释"格物"之意是"穷理"，还教弟子们如何去格物。宋濂则极少强调格物，因为他不以天理作为最高的存在，理就在心中，只要治心就够了。这是他和程朱最大的区别。但是在心上用功，并不意味着像禅宗那样，天天打坐静心。如何致知以进学？就是用心去观察天地之变化，将书本知识与之相对照，辨其真假。就如朱熹对宇宙的起源、天体的运行也有论述一样，宋濂同样对天文地理有深入的研究，这也体现了他的"格物"精神。他对黄河的沿革、方技之术、月食、庙堂之制等均有深入的研究。比如有人问他为何月有盈亏，他回答说："月圆如珠，其体本无光，借日为光。背日之半常暗，向日之半常明。其常明者正如望夕，初无亏盈，但月之去日，度数有远近，人之观月，地势有正偏，故若有亏盈尔。"②这和今天的解释一模一样。由此考证那些天文星历之书，就会发现有很多谬误："考《灵曜》所谓'月当日则光盈，进日则明尽'者，妄矣，二十八宿及七曜，皆循天

---

① 《龙门子凝道记》卷下《虞丹微第九》，《宋濂全集》卷九十四，第四册，第2223页。
② 《宋濂全集》卷八十三《楚客对》，第四册，第1999—2000页。

而左行。曰右旋者,算历之巧术也。浑天家所谓'日月五星,逆天而行,并包乎地'者,亦缪矣。"①可见,宋濂并非迷信古人、死读书本的腐儒,而是学以致用、敢于怀疑、独立思考的真正学者。

第二节　持敬为涵养之地

一、养心七术

经书教会我们何为圣贤,但要把圣贤的举止言行真正落实到自己身上,光读书是远远不够的,还需要切身力行。人总是有欲望的,生死利害,贵贱穷达,时时困扰着每个人的身心。因此就需要时时警戒,涵养本心。宋濂提出养心有"七术":

> 惧其炎而上也,则抑之;恐其降而洿也,则扬之;察其远而忘也,则存之;度其陋而小也,则廓之;虑其躁而扰也,则安之;审其滞而沈也,则通之;视其危而易摇也,则镇之。是谓七术,纳乎中而式乎轨者也。纳乎中而式乎轨,舍敬何以存之?②

心存至理,心具万善,本来就正而不邪,但是受内外种种因素影响,有走向自大、自卑、骛远、卑陋、焦躁、沉滞、脆弱等极端的危险,所以需要时刻保持戒惧谨慎的心态。所谓"养心"其实就是随时保持清醒,使本心始终处于"未发之中"的状态,稍微有点偏差,过度或不及,就将其拉回正轨。要做到这一点,必须得持敬。

主敬的思想由程颐提出。"主一之谓敬","无适之谓一"。主敬就是主一,就是使心保持专一,不被外界所困扰。"守正莫过于一,一故弗贰,弗贰则明。明则神,神则无不通,天下之能事毕矣。是故圣人之学贵一。"③如何才能专一? 首先得让心"静"下来。

> 古圣贤之成勋业、著道德于不朽者,未有不由于静者也。盖静则

---

① 《龙门子凝道记》卷中《天下枢第八》,《宋濂全集》卷九十三,第四册,第 2200 页。
② 《龙门子凝道记》卷中《天下枢第八》,《宋濂全集》卷九十三,第四册,第 2199 页。
③ 《宋濂全集》卷八十四《萝山杂言》,第四册,算 2021 页。

敬,敬则诚,诚则明,明则可以周庶物而穷万事矣。①

宋濂非常推崇诸葛孔明,认为以之比管仲、乐毅,简直太委屈他了。以孔明之本心和事功,可以和伊尹、姜子牙相伯仲。孔明在《诫子书》中提出"静以修身","非宁静无以致远","学须静也",成为千古名言。心静则专一,专一则真诚,真诚就会明白天下的道理,如此便可周及万事万物了。宋濂致仕回到青萝山后,专辟一室,名之曰"静轩",大概经过了近二十年的朝堂纷扰,他真的想让自己的心完全静下来,专心纂述。

修养身心乃是为己之学,全靠自身的自觉。为此,他还提出"六惩""六行""六则""六治":

> 以刑驱人者残,以势凌人者怨,以利诱人者争,以言欺人者悖,以知御人者愚,以巧胜人者拙。此六惩也。葆醇屏累,所以全身;积诚著行,所以感物;内外无愧,所以事神;敬身树德,所以训子;上下邕穆,所以肥家;威严庄重,所以却侮。此六行也。恶莫大于离心,美莫大于畏独,凶莫大于自贤,吉莫大于集善,乐莫大于顺天,忧莫大于悖德。此六则也。明在自虚,强在自卑,危在自安,败在自盈,敬在自持,贼在自骄,此六治也。②

按传统儒家,真正的学者其首要的目标应是修养德行,学为人处事之道,其次是读书。读书的目的就是领略其中的道理。因此,凡驱人、凌人、诱人、欺人、御人、胜人的行为,皆应当禁止。我们应当做的,是如何问心无愧,保持本真,敬身立德,至诚行己,从而在家能够上下和睦,对外则威严庄重,免招侮辱。为此应遵行六个原则:存心、慎独、集善、自谦、顺天、守德。总体而言,就是治心。使本心始终处于自虚、自卑、自持的状态,而防止自安、自盈、自骄的心理。"慎六惩,尊六行,式六则,守六治,学者之事过半矣。"③

以"敬"涵养本心,防止那些物质欲望、功名利禄等干扰本心,那么对待富贵贫贱就应该保持一种达观的态度。有友人见宋濂面有忧色,以为他是为穿着破旧、饮食不好、居室简陋而担忧,便当面询问。宋濂回答曰:

---

① 《宋濂全集》卷十三《静学斋记》,第一册,第232页。
② 《龙门子凝道记》卷下《士有微第七》,《宋濂全集》卷九十四,第四册,第2225—2226页。
③ 《龙门子凝道记》卷下《士有微第七》,《宋濂全集》卷九十四,第四册,第2226页。

君子所忧者有六，服食居室不与焉。夫事天不诚，内外未一，是当忧也；莅官行法，或失中制，是当忧也；事亲从兄，未致其极，是当忧也；九族不睦，朋友不信，是当忧也；身有未修，名有未显，是当忧也；家国未治，天下未平，是当忧也。若夫深宇邃筵，所安不过容膝；绣裳锦衣，所服不过蔽身；食前方丈，所食不过充腹。虽美恶有异，一尔，君子何忧哉？①

宋濂所忧，乃是家国天下，纲常伦理，事天行法，至于衣食居室，根本不在考虑之列。孔子弟子颜回"一箪食，一瓢饮，居陋巷，人不堪其忧，回也不改其乐"，孔子赞扬他"贤哉，回也！"颜渊终成大贤，配享孔庙。"颜子所好何学"，"颜子所乐何事"，则成为宋初儒家学者们津津乐道的话题，颜回也成为一代又一代希望成圣成贤的学子仁心中的楷模。宋濂的行为正是颜回的再现。宋濂有一件粗陋的皮衣（"卉裘"）穿了十五年都没换，绽裂了就纫缀之。他的一个朋友实在看不下去了，要送他一件狐皮的白裘。宋濂不要，理由是作用都一样，保暖而已，为什么要换？朋友说不单是为了保暖，圣人之制裳衣，"虽其制不同，所以慎威仪、尊瞻视、协用人文者一也"。宋濂穿着这个破袍子有点矫世沽名了。宋濂再次拒绝："濂闻之先生长者，非心所安，一发不可受诸人，服膺此言三十年余而弗敢坠也。然则今何功，乃敢享子侈赐乎？与其服狐裘而愧，不若被卉裘而安也。敢固辞。"朋友慨叹："子可谓守道者也。朋友之馈且不受，况非义者乎？"②取还是不取，完全取自本心安还是不安，宋濂的修养于斯可见。

宋濂一度非常贫穷。有一年冬天他生病了，不能受风，于是用一个席子当门帘。一天只吃一顿饭，睡着草垫，取暖全靠阳光。但他毫不介怀，还作诗以梅花自励："所幸不受金，清洁以自持。更纫纸成帱，一白暾弗缁。亦有草为裀，其软欲比丝。无事澄心坐，并日始一炊。旧布百鹑结，借温仰冬曦。但忧身不治，何心恤寒饥。昨夜梅花发，灿灿冰玉姿。对之发孤吟，超然忘世机。"③时穷节乃见，过得如此清苦，仍不忘清洁自持，时刻担忧"身不治"，对物质生活没有任何要求。其比颜回，毫不逊色。

---

① 《龙门子凝道记》卷下《令狐微第十二》，《宋濂全集》卷九十四，第四册，第2236页。
② 以上见《龙门子凝道记》卷中《悯世枢第五》，《宋濂全集》卷九十三，第四册，第2192页。
③ 《宋濂全集》卷一〇三《余病不可风张席以当房阖欣然成咏殆忘其贫》，第四册，第2434页。

二、死生有定命

生死是每个人都要面临的问题。重生轻死，趋利避害是人的本能。孔子虽然更看重现世，避谈死亡问题（"未知生，焉知死"），但当二者发生冲突的时候，孔子则提倡"杀身成仁"，孟子讲"舍生取义"，这世上有比生命更重要的东西。这正如司马迁说的："人固有一死，或重于泰山，或轻于鸿毛。"

宋濂淡泊物质生活，对生死问题，他也同样安之若素。他认为，人们之所以纠结于生死，是看不透生死的本质，不明白人生于天地、死又归于天地的道理。他讲了个寓言：卫国有个叫齐丘生的人，年五十得一子，爱如珍宝，吃饭睡觉时如果孩子不在身边，便吃不饱睡不安。后来孩子还是溺水而亡，齐丘生看着孩子的画像，哭声甚哀。其友人之兄听说后，过来安慰他：

> 太虚之间，气有屈信，生生死死一耳，尔何容力哉？古之达人，委之顺之，由之全之，不逆命，不沮化，不祈内福，不辟外祸，不知天之为人，人之为天也。且尔之死生，亦纵浪大化中，未知津涯，尚何暇恤尔之子哉？①

宋濂赞同道家达观的态度，认为人与天地万物一样都是气化流行的产物，气有屈伸，则人有死生，是自然而然的道理。庄子妻死，庄子鼓盆而歌；他本人将死，告诉弟子不要用棺椁，以天地为铺盖，上为乌鸢食，下为蝼蚁食，完全顺应自然，把自己当成天地的一部分。宇宙的大化流行无有涯际，我们每个人都不知道自己死后归于何处。既然不知道，又何必斤斤计较呢！

在宋濂看来，生死对于一个人来说是有"定命"在其中的，人可能时时刻刻面临死亡。关键是能否做到像古人那样杀身成仁、舍生取义。

> 古之君子城陷被执，虽刀锯在前，鼎镬在后，毅然而弗慑者，欲杀身以成仁也。呜呼，人生斯世，终归一死耳。寿死，死忠，何不可哉？呜呼，今之君子胡为不能然也？今之君子见身而不见仁，古之君子见仁而不见身，此所以有异也。死生固大矣，然亦有定命存乎其间。纵得生矣，淫疠之为灾，不能死人乎？嗜欲之不慎，弗能死人乎？何独于死忠

---

① 《宋濂全集》卷八十四《寓言》，第四册，第 2025 页。

靳之也？呜呼，今之君子何为不能然也？[①]

人生在世，难免一死。发生瘟疫，可以死人；嗜欲过度，也能死人。但是为什么今人不能像古人那样为尽忠而死？他认为古人求仁而忘身，今人正好相反。其实人的寿命是有定数的，既然终究会死，尽忠而死总强过死于嗜欲或瘟疫，何必吝惜！

有人问宋濂到底有没有神仙这回事。他很认真地回答：有。然后用道教内丹学解释如何才能长生："人身有至中焉，洞然而虚，窈然而深，是谓玄牝之门。玄牝之门，真息之根也，凝神之室也。虚以待之，久则气聚。气聚则精合，精合则神凝，神凝则可久视而长世矣。"这听起来似乎并不复杂，但他旋即劝对方说："虽然，无以尔为也。死生者，如昼夜之必然也。生顺死安，天理也。逆天理而苟生，吾不为也。"[②]生死是自然而然的事，活着，顺其自然；死了，安然离去。为什么要违逆自然规律而苟且活着呢？

宋濂晚年因遭连坐而被流放到四川，行至夔州，于一寺庙书写《观化帖》后，绝食而亡。《观化帖》曰：

君子观化，小人怛化。中心既怛，何以能观？我心情识尽空，等于太虚。不见空空，不见不空。大小乘法门，不过如此。人自不信，可怜可笑。示怿示恪。[③]

君子和小人相比，君子坦然看待死亡，小人害怕死亡。内心如果惊惧，怎么能坦然面对呢？此时的宋濂，已经"情识尽空"，看破一切，完全放下，他选择自行了断，而不是苟延残喘，正是他"生顺死安"思想的最后实践。

本章小结

宋濂一生手不释卷，志圣人之道，以孔孟为师，以颜、曾为友，以六经为准的，优游涵养，淡泊名利，看透生死。以天下为己任，一旦时机来临，便毅然出山，学以致用。他的好友王祎曾为之作像赞，曰："外和而神融，内充而面晬。衣冠虽晋人之风，气象实宋儒之懿。夫其知言以穷天下之理，养气以任天下之事。隐则如虎豹之在山，出则类凤麟之瑞世。后乎千载而有存，中

① 《龙门子凝道记》卷中《河图枢第十一》，《宋濂全集》卷九十三，第四册，第2207页。
② 以上见《龙门子凝道记》卷中《乐书枢第十》，《宋濂全集》卷九十三，第四册，第2204页。
③ 王崇炳《金华征献略》，《宋濂全集》"附录二"，第五册，第2588页。

乎两间而无媲。此盖君子之所难，然吾谓斯人之必至。"①另一好友戴良则认为以宋濂之德才兼备，"其殆有若无，实若虚，以类乎颜氏之遗风者乎！"②本书认为，以宋濂之学识和修养，虽未至圣人境界，但比之大贤颜回，并不过分。戴良的评价，十分中肯。

---

① 王祎《翰林学士承旨潜溪先生像赞》，《宋濂全集》"附录二"，第五册，第 2538 页。
② 戴良《翰林学士承旨潜溪先生像赞》，《宋濂全集》"附录二"，第五册，第 2538 页。

第五章　宋濂的历史观

受浙东重史传统的影响,宋濂的历史意识非常强烈。未做史官时,他就注意搜集周围有突出德行事迹的人,为之立传。入明后,他担任《元史》编纂总裁,确定修史原则和体例,秉史笔,据史实,废《道学》而立《儒林》,体现了他独到的史识和非凡的魄力。

宋濂的历史哲学是其心学思想在历史领域的贯彻。修心正心是为了成圣成贤,说到底就是做一个道德高尚的人。他以道德作为评价历史事件、选择人物立传的基本依据,所以,究其历史哲学,应是道德史观。

第一节　国可灭,史不可灭

《周易》:"形而上者谓之道,形而下者谓之器。"道器之间,宋濂主张"器载乎道,道寓乎器",无形之道以器为载体,有形之器中蕴含着道,道器是一而非二。心为天下之大本,属于形而上之道;历史则是由古往今来一个个事件构成的发展过程,属于形而下之器。历史活动是由无数人参与其中的,历史事件的记录又经过人主观意志的筛选,即便是实录,录的也都是帝王将相、杰出人物的言行事迹。因此,史书也就成了这些历史人物的心术蕴于其中的记录者。既然六经皆是心学,那么历史,实际上就是心史。

一、史职·史法·史识

1.史职

到底什么是历史? 史官的职责究竟是什么?"'史'以从'又'持'中'为义,盖记事者也。黄帝时始立史官,而仓颉、沮诵实居其职。……夏启而上,左史记言,右史记事,周则大史、小史、内史、外史、御史分掌其事,其任至重也。大则国家礼乐、刑政、治忽、善恶,固无所不当记;小则一事一物,该古今而资问学者,亦不可不明辨,如此而名之曰'史',庶几可也。"①史以记事,之

---

① 《宋濂全集》卷二十八《书史会要序》,第二册,第593页。

后兼记言行。大到国家制度、治乱兴衰,小到一事一物有助于学问者,都应该记录。史官的职责,则是"善恶毕书,以为世法戒。"①史书的功能便是彰善瘅恶,诱导民心。那么什么是善?"所谓善者何?尽孝以事亲,竭忠以事君,德义以褆身,信爱以睦邻,仁惠以及民。"②可见,凡是符合道德伦理规范的,均可称作善。其善言善行,均应该被记录下来,载入史册。

元代实行种族统治,以蒙古、色目人为主要统治阶层,各级地方长官("达鲁花赤")基本都由蒙古、色目人担任。这些人虽长期居住汉地,却不肯汉化。只有极少数人能接受中原文明和文化。正如梁启超先生所言:"蒙古人始终不肯同化于中国人,又不愿利用中国人以统治中国,故元代政治之好坏,中国人几乎不能负责任。因此其控驭之术,不甚巧妙,其统治力不能持久。"③他们对地方的文化统治非常松懈,基本属放任状态。因此地方志的编纂几乎没有——方志是一州一县历史的记录,地方风土人情、人物事迹多赖其得以保存、流传。宋濂有感于元末史官失职,不能及时记录这些人物事迹,于是他主动承担起史官的职责,为那些具有善事善行的人立传,希望"使秉直笔者,他日有采焉"④。

2. 史法

宋濂提倡"直笔":"史氏之法,不溢美,不隐恶,必务求其人之似焉。一毫不类,亦他人矣。奈何世道不古,扬之则升青霄,抑之则入黄垆。问其氏名,则是矣;其行事,则非也。"⑤"不溢美,不隐恶",刻画人物务求真实。但是后人在为人作传、作记、作家传墓铭时,要么溢美太甚,要么抑之太过,使传主面目全非。入明前,宋濂自撰《浦阳人物记》二卷,记叙家乡29人。在《凡例》中,他声称所载人物事迹,皆有所本:"《杨璇传》,照《后汉书》修;《钱遹》《梅执礼》《郑绮》《王万传》,照《宋史》修;其余诸传,或采洪遵《郡志》,或考朱子槐《县经》,或按朱绂《东轩日钞》、毛洪《笔录》、蒋思《先达遗事纪》、谢翱《浦汭先民传》,更各参之行状、墓碑、谱图、记序诸文。事迹皆有所据,一字不敢妄为登载。其旧传或有舛谬者,则无如之何,姑俟博闻者正之。"⑥然而浦阳自唐天宝末年置县以来,"凡历七代,更五百余年,而生齿之繁,至一

---

① 《宋濂全集》卷七十九《诸子辨》,第四册,第1913页。
② 《宋濂全集》卷六《生生堂记》,第一册,第127页。
③ 梁启超《梁启超史学论著四种》,岳麓书社1985年版,第220页。
④ 《宋濂全集》卷十九《危孝子传》,第一册,第369页。
⑤ 《宋濂全集》卷二十八《赠传神陈德颜序》,第二册,第586页。
⑥ 《宋濂全集》卷九十五《浦阳人物记卷上》"凡例",第四册,第2239页。

十二万有奇"①。期间不乏豪杰名士,到底该记录哪些人的事迹?宋濂列了五个标准:"忠义、孝友,人之大节,故以为先。而政事次之,文学又次之,贞节又次之。大概所书各取其长,或应入而不入者,亦颇示微意焉。"②他的标准就是道德,能起到移风易俗、教化人心作用的人物。

国史因为体例、篇幅等所限,不可能记载本朝所有的忠义孝友之人。所登载的,也记叙简略。宋濂尝自述:"予昔总修《元史》,每求刚正之士在下位而不伸者载焉。盖以谓虽不能拔之于当时,聊使其暴白于后世,庶几死者无憾而生者不愧。"③他力求野无遗漏,备载史册。但其实无法实现。于是他自己随时记录,闻有善言善行者便为之立传。在入明前,他就已经这样做了。婺州乃浙东大郡,"自昔人物多出其中,载诸史册者既或谬误,而不载者又将湮没无闻。"④于是宋濂打算分道学、忠义、孝友、政事、文学、卓行、隐逸、贞节八类作《先民传》,以示来学。因为生病,未果。病稍痊愈,便为刘涥等九名婺州人立传,并附赞语。此外,散见于宋濂文集中,被新版《宋濂全集》集中编撰的宋濂所写个人传记丞有 64 人。这些人不再限是婺州人,而或是宋濂的交游好友,或是从好友处转述者。这些传记的书写,既有入明前写的,也有入明后担任史官时所作。只要听说其人其事可书,宋濂便乐此不疲。他的这些传记,有一些后来被直接采纳,写入《元史》,那些没有收入的也因为宋濂的记载,而为今天研究地方文化提供了珍贵的史料。

宋濂所记录的都是"善"人,那些奸恶之徒并不在此范围。有人质疑其"劝善惩恶"的效果,"劝善"倒是有了,"惩恶"又从何说起呢?对此宋濂回应道:

> "然则子所书,皆善也,劝矣,如惩何?"
> "善恶备书,史也;舍恶录善,志也。善者劝,恶者惩矣,曷为而不可也?"
> "斯志也,其言或不能尽征者何?"
> "所见异辞,所闻异辞,所传闻异辞,信其信,疑其疑,可也。"⑤

① 《宋濂全集》卷九十五《浦阳人物记卷上》"孝友篇",第四册,第 2245 页。
② 《宋濂全集》卷九十五《浦阳人物记卷上》"凡例",第四册,第 2239 页。
③ 《宋濂全集》卷五十八《元故文林郎同知重庆路泸州事罗君墓志铭》,第三册,第 1366 页。
④ 《宋濂全集》卷十六《杂传九首有序》,第一册,第 296 页。
⑤ 《宋濂全集》卷八十三《续志林小引》,第四册,第 1997 页。

"善恶备书",乃是国史之职。个人所记,可以舍恶录善。善恶是相对的,记录善的同时,其实就是对恶的鄙弃。至于能否起到劝善惩恶的效果,取决于读史之人。

3. 史识

唐代史学家刘知几著《史通》,认为史学家须兼备史才、史学、史识三长,史识尤为重要。史识即作史者的历史见解。作为一代国史的总裁,宋濂的见解无疑超乎众人之上。

从《纂修元史凡例》就可看出,《元史》各部分的修撰不拘一格,《本纪》准两汉史,《志》准《宋史》,《表》准辽、金史,《列传》则参酌历代史。最后强调,历代史书于各部分之末均有论赞之辞,"今修《元史》,不作论赞,但据事直书,具文见意,使其善恶自见"①,这种不掺杂史官个人的主观评价而让读者自己判断的做法,正体现了《春秋》笔法,褒贬自在其中。

《宋史》为表彰程朱学术,特设《道学传》,将"北宋五子"、朱熹、张栻及部分后学列入其中,而吕祖谦、陆九渊等其他人皆入《儒林传》。又为文章之士列《文苑传》。这种分法引起了后人极大争议和不满。宋濂总裁《元史》,撤掉《道学传》,以道学闻名者基本单独列传;将《儒林传》和《文苑传》合并为《儒学传》,理由就是他的文道合一思想:

> 儒之为学一也。《六经》者斯道之所在,而文则所以载夫道者也。故经非文则无以发明其旨趣,而文不本于六艺,又乌足谓之文哉! 由是而言,经艺文章,不可分而为二也明矣。元兴百年,上自朝廷内外名宦之臣,下及山林布衣之士,以通经能文显著当世者,彬彬焉众矣。今皆不复为之分别,而采取其尤卓然成名、可以辅教传后者,合而录之,为《儒学传》。②

这一原则无疑更加科学合理。且不说《宋史·道学传》所表彰的范围过于狭隘,单是其依据就有违史实,南宋"庆元党禁"打击"伪道学",吕祖谦、陆九渊、叶适等人都是赫赫在列的。反过来看,这些人在当时无疑都属于道学中人,是被朱熹视为"吾党"的。而《宋史》的做法大大误导了后人,乃至于今天学者的研究。宋濂的做法得到了后世认可,清人修撰的《明史》也不再设

---

① 《元史》"纂修元史凡例",第 15 册,第 4676 页。
② 《元史》卷一八九《儒学一》,第 14 册,第 4313 页。

《道学传》。

历代史学家中，司马迁、班固的地位无疑是最高的：不仅创造了新的修史体例，而且蔚为一代信史、良史。但宋濂对《史记》《汉书》中的部分安排颇有微词，认为其"无识"、"无别"：

> 吕氏僭窃，几移汉鼎，实启后世女主专制之祸。史家虽曰据事直书，宜作《惠帝纪》而附见吕后之事，今乃反之。司马迁其无识之人耶？《古今人表》所次，管、晏、左丘明列之第二，游、夏及曾点父子列之第三。数子之高下，道德功利之浅深，甚不难知也，今乃反之。班固其亦无别之人耶？①
>
> 作史者不为楚义帝立本纪而以项羽当之，其失为不知统。不书吕氏灭秦、牛氏易晋，而复以嬴、司马言之，其失为不知义。作史者亦难乎哉！②

在宋濂看来，历史是后人的一面镜子，鉴往知来，其导向作用不可小觑。作史者当然要据事直书，但心中一定要有君臣大义、义利之分等基本原则，即史识。这样才能安排好前后统绪。汉惠帝虽然软弱无能，但毕竟是刘邦的合法继承人，是正统；吕雉以外戚专权，是僭位。司马迁于《高祖本纪》之后不为惠帝立本纪，反而立《吕太后本纪》，宋濂认为这是"无识"的表现。同样，项羽尊楚怀王为义帝，后又杀之，从君臣的角度是以臣弑君，《史记》却为之立本纪，这些都会开启后人僭窃、弑君之心。班固《古今人表》只以生卒先后而不考虑道德功利，可见其没什么辨别能力。这也说明要成为一个真正有史识的人是多么难！但是宋濂并未因此而否定司马迁的贡献，和整部《史记》相比，以上错误只是小问题。有人责难《史记》谬误太多，难以一二数。宋濂为司马辩护："是固然矣。使司马迁不生，上下数千载事，可为世之法戒者，未必能若是之备也。子舍其大而病其小，何哉？世远，载籍失传，恶能必其无谬也？"③司马迁之功在于为后人完整呈现了数千载的史事，其失在于缺乏史识。其贡献是不可抹杀的。

作史需要广征考证，尽可能搜集到更多的资料。但是，载籍失传，各种条件限制，终究不可能面面俱到。所以对于史书的记载，读者当持谨慎的态

---

① 《龙门子凝道记》卷中《乐书枢第十》，《宋濂全集》卷九十三，第四册，第 2205 页。
② 《龙门子凝道记》卷下《积书微第十》，《宋濂全集》卷九十四，第四册，第 2233 页。
③ 《龙门子凝道记》卷下《司马微第三》，《宋濂全集》卷九十四，第四册，第 2216 页。

度,所谓"尽信书,不如无书"。宋濂在郑氏义门教书多年,非常关注郑氏族谱。他一开始读到《唐书·世系表》,说郑白麟之后不传,他相信了。后来看到司空图《荥阳记》的记载,又看到郑鬯生的《遂安谱》,发现都接着郑白麟往后续了谱,并一直续到《宋史·孝义传》所记载的郑德璋。① 传承次第,灼灼可信。于是他感叹:"史氏之言,多有不可取信者。……考征不广,而欲以一人之见闻,定百载之是非,难矣!"②

二、历史的分类

宋濂没有明言历史类别,不过根据他的表述,我们可以看出他把历史分成四类:国史、家史、闾史、一人之史。

国史,即一朝一代之历史,由朝廷组织统一编纂。家史即家谱、族谱、谱牒、家乘,是一家一姓之历史,宋代以后由宗族自己编写。闾史,闾巷之间各种人物事迹的记录。宋濂的《浦阳人物记》就属于闾史,其实相当于地方志中的名人、名宦篇。

> 古者国有国史,下至闾巷之间亦有闾史,皆据官守勿失,纪善恶以示劝戒。③

> 若夫闾巷布衣之家,虽其所为不足以惊世动俗,有能修孝友之道者,朝廷必下诏以旌之,史官必求其实以书之。脱或史官失书,贤士大夫又必从而谨志之,则其事往往反足以传于后世,岂非天经地义不可磨灭,有非区区功名富贵者所可同也哉?④

宋濂尤为重视一家之史——家谱的修订。他从哲学的角度论证家谱的重要意义。

> 夫太极生阴阳,阴阳生五行,五行生万物,至赜而不可纪,至动而不可挠,循环无穷,万古一天道。一本之道固如是哉! 惟人得五行之秀,继天道而生,千枝万叶,莫不由于一本而分。然五本感通,莫不有善恶之异也。苟不立宗谱以会其族,其不至于忘本而淆末者几希。故君子

---

① 宋濂称《宋史·孝友传》,误,当为《孝义传》。
② 《宋濂全集》卷四十一《题义门郑氏续谱图二》,第二册,第915页。
③ 《宋濂全集》卷二十三《送国子正苏君还金华山中序》,第二册,第465页。
④ 《宋濂全集》卷九十五《浦阳人物记卷上》"孝友篇",第四册,第2245页。

上事祖祢,以尊其所尊;下治子孙,以亲其所亲;旁治缌麻,以广其仁。又推此心以及于族,谱以明之,法以正之,然后人皆知敦其义而美其俗。所谓各亲其亲,各长其长而天下平,实宗谱有补于世教也大哉!①

按"太极—阴阳—五行—万物"规律运行的天道亘古不变,天道的根本是"一",散而为万物。人道乃天道的延伸,人之本根亦只有一个。之后开枝散叶,善恶有分。为了铭记自己的本根,知道自己从何处而来,宗谱便应运而生。宗谱所记,体现了上下尊卑、人之大伦,相当于家法,从而是整个家族孝亲悌长,助推社会教化。从天人关系的角度,人之有谱好比天之有历:

　　天以一元之气运乎四时而寒暑罔有忒者,数之定也。人以一脉之宗系乎九族而尊卑不紊者,分之定也。然天有一定之数,苟无历以明之,寒暑之度,其有不紊者乎? 苟无谱以次之,尊卑之序,其有不紊者乎? 是知定天之数在历,定人之数在谱矣。谱之所系,其大矣哉!②

天有四时寒暑一定之数,人有九族尊卑固定的名分。人类通过历法明确四时运转,而宗谱便是确定尊卑秩序、名讳昭穆的"纲领"。有了宗谱,后世子孙观之,便如看洪河,千流万脉,同乎一源;如观大树,千枝万叶,同乎一木。如此孝悌之心油然而生,人人各亲其亲,各长其长,"人伦之分将与天运之蒂并存而不朽"。家庭和睦,自然国治天下平。

至于家史和国史的关系,北宋时期就有谱序直接将家谱比拟正史:"家之有谱,亦犹国之有史也。然史则立法简严,苟非功勋之显著,爵秩之崇高,则略而不录。谱则纪事详明,而祖宗一言之善,一行之美,必谨书之而不遗,此谱所以佐史之不及。"③家谱可以弥补正史记录的不足。同时期程祁传述的《溪源程氏势公支谱》认为国史与家谱体用相同,并无二致:"史以纪一代之终始,谱以叙一姓之源流,其体一也。始终备而是非存焉,源流具而亲疏别焉,其用同也。"④宋濂进一步补充:

---

① 《宋濂全集》卷三十四《陈氏续修宗谱序》,第二册,第 746—747 页。
② 《宋濂全集》卷三十四《莲溪虞氏宗谱序》,第二册,第 746 页。
③ 《渝坑方氏白云堂家谱》(1930 年)刊载,转引自王鹤鸣《中国家谱通论》,上海古籍出版社 2011 年版,第 162 页。
④ (宋)程祁传述,(明)程项续、程时化校正《溪源程氏势公支谱》,影印嘉靖刻本。

夫家国一致也，实相表里焉。国史所以记其山川人物、土俗民风、循良美恶，无史则不可考。家乘所以载其氏族名讳、少长行列、仕宦隐显、葬娶生卒，无谱则不可知。重矣哉！谱之不可以不作也。①

夫家之有谱，犹国之有史。史以纪盛衰，谱以明昭穆，二者相因，不可缺也。②

夫国有史则统明，家有谱则宗正。古之家谱必掌于史官者，以其事有同而所关非细故耳。③

予以家之有谱，即国之有史。史不修则无以昭一国人文之典，谱不修则无以系一家统绪之休。是故史修以征宪也，谱修以叙伦也。④

家国一致，互为表里；国史征宪，家谱叙伦；二者相因，正相补充。家谱关乎人伦正宗，与国之正统密切相关。从周开始，无论是国史还是族谱的修撰，都由史官担任，二者并无本质的区别。就家国关系而言，无论是周时期的封建宗法制，还是秦汉以后的中央集权制，家始终是国的一部分。家和国都是通过伦理纲常来维系，君臣关系是父子关系的进一步延伸。国与家的命运总是休戚相关，尤其是世家大族，从其沉浮兴败可以一窥一国的存亡兴衰。家史记录一个家族的源流统绪，用以明昭穆，叙人伦；国史记录一国之典章制度、风土人情，用以记录兴衰、惩劝风宪。家史实际上是国史的缩影，具有国史的意义。

从政治伦理功能的角度，族谱具有明亲疏、纪行实、正彝伦、厚风俗，弘扬孝道、敦俗教化的作用。宋濂撰写了大量谱序，不断强调修谱具有收族聚族的功能，目的就是呼吁有能力的家族及时修谱。有人质疑他："子职非史也，其蹴而僭之乎？"宋濂回应："史官失职久矣！国乎史，曷若家乎史？国私而家公也。使天下之人，家得史之，人庶乎知法戒也，奚僭为？"⑤国史记录毕竟有限，家史则可详细记录这一家的兴衰，家家有史，就相当于家家有法，其作用和社会功能何可估量！

清代章学诚将历史分为天下之史、一国之史、一家之史、一人之史。天下之史即一朝一代的历史，一国之史则指州郡等地方志，相当于宋濂说的间

① 《宋濂全集》卷三十五《重修傅氏宗谱序》，第二册，第764—765页。
② 《宋濂全集》卷三十五《王氏宗谱序》，第二册，第775页。
③ 《宋濂全集》卷三十三《凤山金氏宗谱序》，第二册，第735页。
④ 《宋濂全集》卷三十四《色里陈氏谱序》，第二册，第749页。
⑤ 《宋濂全集》卷八十三《续志林小引》，第四册，第1997页。

史。一家之史即族谱家乘。此分类与宋濂的分法并无不同。

三、修史的重要性

不仅宋濂重视谱牒的修撰，比他早的学者如李存、王礼、虞集、黄溍、揭傒斯、欧阳玄等人的文集中都有为个人家族撰写的谱序，这充分说明这些士大夫们是极力提倡私家修谱的。究其原因，"是元朝政权荒于文治、士大夫在异族统治下强化血缘和地缘关系的反映"①。这其实体现的是一种民间自治意识。具有强烈历史意识且密切关注时事的宋濂，对此自然看得非常清楚。他汲汲于为个人立传，呼吁修订谱牒，就是这种民间自治的具体表现。

对于那些有道之士、有才德却又隐居出世不为人所知者，如果他们的事迹不被记录下来，那么所谓"传道"，就是句空话。

> 所谓传道，世世传说古之事也。史传之得名，殆法于此，岂细故之云哉？夫事不可传而传之者，非也；可传而不传者，亦非也，要在精察之而已矣。②

哪些人该记，哪些事值得传，完全在于作史之人的精察能力。为普通而有道德的人立传，可起到激励引导民俗风尚的作用。

> 予尝从史官之后，遇人有善者必谨书之，将以诱民衷而树世防也。③
> 贞昉之名宜登国史，以风厉四方。予，旧史官也，特为立传。④
> 古者名世诸臣，史官必为序其世系表以传，所以敦本始、昭功伐也。⑤

他还曾作《东阳十孝子赞》："十孝子者，皆东阳人，其事载于郡乘为详。予读书之暇，因探其'昊天罔极'之思而为是赞，以风世之为人子者。"⑥

---

① 常建华《宋以后宗族的形成及地域比较》，人民出版社 2013 年版，第 88 页。
② 《宋濂全集》卷十八《刘真人传》，第一册，第 344—345 页。
③ 《宋濂全集》卷十八《周贤母传》，第一册，第 347 页。
④ 《宋濂全集》卷十九《危孝子传》，第一册，第 369 页。
⑤ 《宋濂全集》卷二十八《汉天师世家叙》，第二册，第 597 页。
⑥ 《宋濂全集》卷八十九《东阳十孝子赞》，第四册，第 2131 页。

对于国家而言,历史对于后世的鉴戒作用不言而喻。"传有之,国可灭,史不可灭。然既亡其国矣,而独谓史为不可废者,其故何哉?盖前王治忽之微,兴衰之由,得失之孝,皆可为后王之法戒,史其可灭乎?"①正因为修国史的重大意义,所以有很多本来隐居山林、不愿为官者,朝廷征召修史,立刻出山,如赵汸和陶宗仪,史书修毕,立刻辞官还山。"国可灭,史不可灭"已成为有识之士心目中的信条。

元廷要修宋辽金三史,诏揭傒斯(1274—1344)参与为总裁官。"丞相问:'修史以何为本?'曰:'用人为本。有学问文章而不知史事者,不可与;有学问文章知史事而心术不正者,不可与。用人之道,又当以心术为本也。'"揭傒斯还对同僚说:"欲求作史之法,须求作史之意。古人作史,虽小善必录,小恶必记。不然,何以示惩劝!"②"以心术为本",就是后来章学诚提出的"史德"。修史者须有史德,才能秉笔直书,不歪曲史实。史才、史学、史识、史德,史学家应具有的这"四长",宋濂其庶几乎!

第二节　道德史观

罗光先生将中国的历史哲学大体分为三种:道德史观、天命史观和王夫之的理势观。"以仁义道德评判历史事迹,乃是道德史观"③,如《春秋》,其历史原则"在于以伦理道德去正名,以正名而评判史事和人物的善恶"④。《易经》则属于天道史观,天道即天命,虽可视为自然,但他们所代表的却是造物者的旨意,所以称天意。若以此为标准,宋濂的历史哲学属于道德史观,因为在他的哲学中,道德具有决定性的意义。

一、国之兴衰在君德

读史可以知兴替。综观历史上朝代兴衰,莫不取决于君主贤德与否。宋徽宗登基之初,也曾励精图治,"叙复正人,宏开言路,意臻时雍之治,以复祖宗之旧",朝廷有了新气象。但是不久就改弦更张,委任奸回,任用宦官,树党人碑,陷害忠良。崇信道教,大兴土木,奢侈纵欲,上下荒淫。终于文衰武弛,内忧外患。金兵甫至,便土崩瓦解,束手无策,遂国破家亡,徽宗本人

---

① 《宋濂全集》卷二十三《送吕仲善使北平采史序》,第二册,第 457 页。
② 《元史》卷一八一,第 14 册,第 4186 页。
③ 罗光《中外历史哲学之比较研究》,台湾"中央文物供应社"1982 年版,第 4 页。
④ 罗光《中外历史哲学之比较研究》,第 11 页。

也被后世视为昏君。总结北宋灭亡的原因，其根本就在于宋徽宗穷奢极欲，所用非人。"呜呼！成汤务德，帝命式于九围；纣为不道，身死周人之手。其所感应，捷于桴鼓。闻以一人治天下，未闻以天下奉一人。奈何穷奢极侈，而毒痛四海，百万生灵，彼实何辜！其身亡国破为万世笑，非不幸也，宜也。《传》曰：'惟命不于常，道善则得之，不善则失之。'可不畏哉！可不畏哉！"①"天道无亲，惟德是授"，"皇天无亲，惟德是辅"，这都是自周代开始就总结出来的历史经验，但人君拥有了至高无上的权力，被欲望支配时，总是忘记了祖宗的教训，历史一再重蹈覆辙，令人慨叹。

《孟子·离娄下》："君子之泽，五世而斩。"言君子之大德，惠及后世，也不过五世而已。但是隋朝经文帝开创，二世炀帝即亡，二世而斩。何哉？宋濂分析道，隋文帝取代北周而即帝位后，也是"修明庶政，绥抚远夷，经营四海，至日昃不遑暇食"，勤政就业，内外兼治。最后凭武力一统天下。从此天下承平，"人物阜繁，号为极治"。杨广继位，沉湎声色，宫室侈靡，频繁南游，与民争利。又擅启兵端，东征高句丽，国库为之空虚。最后身死江都，隋朝灭亡。究其原因，隋炀帝的昏庸无德自然难辞其咎，但追其根本，宋濂认为早在隋文帝时便埋下了祸根。

> 君子论祸败之几，不起于炀帝之日，而基于高祖之时，何也？盖天下大物也，可以德持，不可以力竞。使高祖以德结人心，虽炀帝昏荒之甚，其败亡未必若斯之速也。夏有太康，殷有雍己、河亶甲，周有幽、厉，而宗祀不绝者，以禹、汤、文、武之德未斩也。是故采章文物不足为之盛，金城汤池不足为之固，长枪六剑不足为之利，士马精强不足为之勇，玉帛充轫不足为之富，其足以赖而长存永治者，非德何以哉？惜高祖不可语"此徒以力竞"也。悲夫！②

宋濂秉承传统儒家德治思想，认为隋文帝以武力统一天下后，德治做得不够，不能以德修己，固结人心；也没有教育子孙要以德服人，以德治天下。为什么文帝不懂得这个道理？因为无人进谏，或者他本人根本就听不进去。这固然有道理。但宋濂似乎忽略了一个问题。可以马上得天下，却不可以马上治天下，有人劝谏了刘邦，使其领悟，任用儒生，休养生息，遂有后来的

---

① 《宋濂全集》卷八十三《读宋徽宗本纪》，第四册，第 1986 页。
② 《宋濂全集》卷七十八《隋室兴亡论》，第四册，第 1877 页。

文景之治。也正因为有了好几代的深厚积累,雄才大略的汉武帝随意折腾,汉家也没有因此灭亡。但隋朝不一样。隋文帝在位不过 25 年,再怎么德治,其积累也是有限的,哪能经得起杨广那么挥霍?! 如果真要怪罪杨坚,就只能怪他教子无方,不能像后来的唐太宗那样谆谆教导太子,用水舟之喻,让他明白百姓的力量。

宋濂辅佐朱元璋之后,利用一切机会向这位帝王灌输修德养德的重要性。朱元璋曾亲率群臣于蒋山兴国寺大兴法会,宋濂作记诵之。该记在描述了法会的盛况之后,称赞太祖稽古定制、备极祭祀的行为是"仁之至者",盛赞太祖之"好生之仁"与天地之德同大,非言语可赞。"惟佛道弘,誓拔群滞。惟皇体佛,仁德斯被。"[1]体佛只是手段,仁德泽被天下才应是帝王的目的。宋濂借此记不是赞扬朱元璋佞佛的行为,而是借机以仁义诱导,希望他能通过"体佛"的行为扩充自己的仁德,以仁义治天下。

二、世家者,世其德焉

司马迁《史记》首列"世家",以记载"王侯贵戚及其家族兴衰",但并无王侯地位的孔子、出身底层的陈涉,也被放在了"世家"之列。到底什么是"世家"? 刘知几认为是"开国承家,世代相续"[2]。但是世家能够世代相续的原因是什么? 刘并未解答。宋濂指出,"古所谓世家者,非必世积宝贵之谓也,能世其德焉耳"[3],"士之存善心履善行者,厥后必昌"[4],"世代绵延,莫不有德焉"[5]。《周易》所谓"积善之家必有余庆",积善行德才是世家大族得以延续不绝的原因所在。对于修谱的家族,应当意识到若要保持家族兴盛不衰,最重要的不是做官,而是修身养德,以诗礼传家,"是故善世其家者,不在乎传珪袭组,而在乎保气泽、绍风猷而已"[6]。如何保持和延续祖先的光辉德泽,才是一个家族应当考虑的关键因素。这里的"道德"包括孝友、礼乐、善行等多个方面。宋濂在谱序中对那些传承不绝、繁衍昌盛的家族丝毫不吝惜赞美之辞,并不厌其烦地寄予厚望和嘱托:

---

① 《宋濂全集》卷五《蒋山广荐佛会记》,第一册,第 118 页。
② 刘知几《史通》卷二,上海古籍出版社 2008 年版。
③ 《宋濂全集》卷三十五《送永康孔教谕士安往曲阜谒庙序》,第二册,第 784 页。
④ 《宋濂全集》卷三十三《书浦阳朱氏族谱序》,第二册,第 729 页。
⑤ 《宋濂全集》卷四十一《题张如心初修谱叙后》,第二册,第 911 页。
⑥ 《宋濂全集》卷三十三《莲塘张氏宗谱序》,第二册,第 730 页。

为善者必有后，宣之家素以善行闻，其后将益蕃。①

夫方氏自汉迄今，世入禄仁，至于尚坊乃以文学致身，蔚然有声于时，而方氏益显。自其祖宗积善累庆所致耶！自兹以往，德善相袭，累而积之，虽传至于千百世可也。②

阅是谱者，必知所勉力于学而兴于善，何患不若古之世家者哉。……此固前人纂修之志，而亦来裔之所当勉者也。③

今观浦阳西朱氏谱，其族尤盛。诗书簪缨，世济其美，盖先世之遗泽也。今其裔孙原序重订家乘，而求余序其首焉。其即善心之存，善行之履，直言孝义之风，复见于今日矣。濂将卜其世愈远而愈光大矣。④

虽然，为张氏之后裔者亦当勉励自强，思继先人簪缨之懿可也。嗟夫！国家之兴替固有天运，而支庶之蕃盛亦可见本宗忠厚之泽有自来也。⑤

乔梓华美，前辉后映。自非积善有余庆者，其能臻于斯乎！⑥

君子垂世之法则，不论族之蕃微，而在德泽之深浅；不论积之肥瘠，而在规模之广隘。今吴氏以清白传家，以忠厚立本，已足为永远之计。复修谱牒以序其昭穆，为之礼节以联其氏族，教之诗书以振其遗响，固昌炽之道也。⑦

作为思想家，宋濂希望通过他的"序"唤起人们对修订家谱的重视，同时告诫修谱之人"道德传家"的道理。宋濂之所以寄希望于那些大家族，就在于这些家族历史久远，传承有道，重视族谱的修订。有了族谱，整个家族就会尊卑有秩，长幼有序，亲疏有别，有无相通，患难相恤，吉凶相庆吊，善恶相劝戒，"又岂途人相视而欣戚有不动乎其中者哉？"⑧他们良好的家风可以影响一乡一郡，如果家家如此，则国治天下平矣。

三、命付于天，道责于己

宋濂相信天人相感，捷于桴鼓。从元气论出发，"人之生也，与天地之气

① 《宋濂全集》卷二十二《张氏谱图序》，第一册，第 451—452 页。
② 《宋濂全集》卷二十九《方氏宗谱序》，第二册，第 614 页。
③ 《宋濂全集》卷三十三《莲塘张氏宗谱序》，第二册，第 730 页。
④ 《宋濂全集》卷三十三《书浦阳朱氏族谱序》，第二册，第 729 页。
⑤ 《宋濂全集》卷三十三《张氏继修宗谱序》，第二册，第 726 页。
⑥ 《宋濂全集》卷三十三《浦阳季氏重修宗谱序》，第二册，第 726 页。
⑦ 《宋濂全集》卷三十五《吴氏宗谱序》，第二册，第 784 页。
⑧ 《宋濂全集》卷三十五《浦阳西阜周氏谱序》，第二册，第 780 页。

相为流通"①。天地之正气氤氲相荡，行乎太虚，物和人皆禀受此气，在物"则为解廌，为屈轶"，在人"则为刚烈之士"②。"人事与天道，诚相表里。有感必有应，始终循环无穷。"③但无论天地如何变幻，其动其静莫非我"心"之外在表现。所以人立于天地之间，虽然无法掌控天地之规律，但可以掌控自己，通过修身养德以应天。

> 人之赋气，有薄厚、长短，而贵富、贱贫、寿夭六者随之，吾不能必也，亦非日者之所能测也。蹈道而修德，服仁而惇义，此吾之所当为也，不待占者之言而后知之也。予身修矣，倘贫贱如原宪，短命如颜渊，虽晋楚之富，赵孟之贵，彭铿之寿，有不能及者矣。命则付之于天，道则责成于己，吾之所知者，如斯而已矣。……吾知尽夫人道而已尔。④
>
> 幸不幸，天也，天则非人之所知矣。⑤

人禀赋天地之气各不相同，所以富贵、贫贱、寿夭无法预料。那么，人应该怎么做才能无愧于本心？用道德仁义修养自己。道德仁义充塞于身心，即便像原宪那样贫穷，像颜回那样短命，也在所不惜。相反，如果"委命而废人"，那么白天抢夺金银，深陷图圄时说"我命当如此"；慵懒度日而不读书上进，至老死而无闻，说"我命当如此"；刚愎自用，操刀杀人，最后悬梁自缢，说"我命当如此"，这样的人活着，其意义在哪里呢？春秋时期郑国大夫子产就说过："天道远，人道迩，非所及也。"孔子也"罕言命"，都说明空谈天道、天命没什么实际意义，把自己完全托付给天命也不明智。孟子提倡"尽心知性知天，存心养性事天"，说明只要努力尽人事，自然会领悟到天命。"天命之谓性，率性之谓道"，只要在自身上下工夫，自然就是顺天命了。

禄命一直是人们津津乐道的话题。孔子号称"五十知天命"，相信天命在我，所以屡遭困厄而依旧乐观。董仲舒《春秋繁露》的目的是"屈民以伸君，屈君以伸天"，将"天"置于至高无上的地位，要求人应天命而修人事。至宋代，胡安国序《春秋说》则曰："君子以义断命而不委之于命，以理合天而不委之天。"张九成对此深表赞同，评价说："此说又有造化，不止于能安分守而

---

① 《宋濂全集》卷二十七《赠惠民局提领仁斋张君序》，第二册，第 561 页。
② 以上见《宋濂全集》卷二十七《送部使者张君之官山西宪府序》，第二册，第 560 页。
③ 《宋濂全集》卷七《重荣桂记》，第一册，第 147 页。
④ 《宋濂全集》卷七十八《禄命辨》，第四册，第 1887 页。
⑤ 《宋濂全集》卷八十《评浦阳人物》，第四册，第 1945 页。

已。"①所谓"不止于能安分守"即是指人不再只是安分守己，而是可以充分发挥主体能动性"以义断命"、"以理合天"。他在此基础上进一步举例说：

> 死生一事，人之定分，不可易者。君子虽知其死之不可免，然求所以善其久生而不至于速死者，元所不至。大抵君子不委之以命，而以理断命。②

死生乃天命，不可改变，但君子却无须被动等待天命的决断，而可以通过种种方法延长自己的寿命。同理，贵贱穷达也"皆有定分"，但人可以通过学习改变命运，不必固守贫贱。"以理断命"并不是要否定天的权威性，而只是要表明人在天面前已不再是被动的适应者，而是能动的思考者。宋濂对于禄命缄口不言，而只说"蹈道而修德，服仁而惇义"，正是出于理性的思考，是"以理断命"的表现。

第三节　古无经史之异

关于经史关系，南宋末王应麟（1223—1296）曾考证说："文中子言圣人述史三焉，《书》《诗》《春秋》三者，同出于一。陆鲁望谓六籍之中，有经有史，《礼》《诗》《易》为经，《书》《春秋》实史耳。"舜、皋陶之《庚歌》《五子之歌》皆载于《尚书》，说明《诗》与《书》同出于一，"文中子之言当矣"③。也就是说，从隋唐时期的王通开始，就注意到六经中有三部经同出一原，并属于史书了。唐末陆龟蒙（？—881）也说过六经中《尚书》和《春秋》实际上是史书。北宋刘恕（1032—1078）则认为最开始经史是不分的，"历代国史，其流出于《春秋》。刘歆叙《七略》，王俭撰《七志》，'史记'以下皆附《春秋》。荀勖分四部，史记、旧事入丙部；阮孝绪《七录》'记传'录记史传，由是经与史分。"④直到三国两晋时期的荀勖（？—289）将图书分成甲、乙、丙、丁四部，相当于今天的经、子、史、集，经史才分家。以上思想无疑都对宋濂产生了深刻的影响。

浙东素有重视历史的传统。吕祖谦得"中原文献之传"，经史结合是他的学术特色。在他眼里，《诗》《尚书》不仅是经书，也是史书，《左传》就更是

---

① 《心传录》卷上，《张九成集》，第四册，第1157页。
② 《心传录》卷上，《张九成集》，第四册，第1151页。
③ 王应麟撰，孙通海点校《困学纪闻》卷八，辽宁教育出版社1998年版，第189页。
④ 《困学纪闻》卷十二，第261页。

史书。张栻曾写信请教吕祖谦，读史该从何处入手，吕回信说："观史先自《书》始，然后次及《左氏》《通鉴》，欲其体统源流相承接耳。"①明言《尚书》乃是史书，而且是历史之源头，《左传》《资治通鉴》都是接着《尚书》往后记载的。《诗》也是史书，因为它所体现的各国风情，本身就是一种历史。"看《诗》即是史，史乃是实事。如《诗》甚是有精神，抑扬高下，吟咏讽道，当时事情可想而知。"②《诗》采自民间，所记录的都是事实，属于实录，这一点和史书的性质一致，所以《诗》也是历史。因此读《诗》时，"不要思量过多，须识得当时意"③。所谓"当时意"是指当时诗人的性情、所思所想和气象。

> 《诗》三百篇，大要近人情而已。
>
> 诗者，人之性情而已，必先得诗人之心，然后玩之易入。
>
> 大抵人看《诗》，不比诸经，须是讽咏诗人之言，观其气象。④

正因为把《诗经》当成历史，所以吕祖谦同意《毛传》《郑笺》"以史解诗"的做法，本《诗序》说诗。《左传》虽然列入"十三经"，但吕祖谦始终以之为史书，与《史记》《汉书》等相提并论。

> 学者观史各有详略，如《左传》《史记》《前汉》三书皆当精熟细看，反覆考究，直不可一字草草。
>
> 一部《左传》都不曾载一件闲事，盖此书是有用底书。学者看得《左传》熟时，以下诸史条例，亦不过如此。⑤

把经书当历史看，并不是贬低经的地位；看史书，也不是只看其历史事件。吕祖谦的目的是要挖掘书中所蕴含的圣人的"精神心术"。这"精神心术"亘古而不变，具有永恒的经世意义——正因如此，经与史才没有严格的界限，也成为经史结合的基础。所谓经史结合，指的就是把圣人之书既当经书看，又当史书看，研究事中之理，理中之事。

> 《书》者，尧、舜、禹、汤、文、武、皋、夔、稷、契、伊尹、周公之精神心术

---

① 《东莱吕太史文集》卷七《与张荆州》，《吕祖谦全集》，第一册，第395页。

② 《东莱吕太史外集》卷五，《吕祖谦全集》，第一册，第729页。

③ 《东莱吕太史外集》卷五，《吕祖谦全集》，第一册，第721页。

④ 《丽泽论说集录》卷三，《吕祖谦全集》，第二册，第112页、112页、114页。

⑤ 《左氏传续说纲领》，《吕祖谦全集》，第七册，第1页。

尽寓其中，观《书》者不求其心之所在，何以见书之精微？欲求古人之心，必先尽吾心读是书之纲领也。①

这无疑就是宋濂总结的"六经皆心学"思想。读《尚书》，即是用心体会古圣人之心，吕祖谦这种"亦经亦史"的思想深深影响了宋濂。

> 或问龙门子曰："金华之学，惟史最优，其于经则不密察矣，何居？"龙门子曰："何为经？"曰："《易》《诗》《书》《春秋》是也。"曰："何谓史？"曰："迁、固以来所著是也。"曰："子但知后世之史，而不知圣人之史也。《易》《诗》固经矣，若《书》若《春秋》，庸非虞、夏、商、周之史乎？古之人曷尝有经史之异哉！凡理足以讟民，事足以弼化，皆取之以为训耳，未可以歧而二之。谓优于史而不密察于经，曲学之士固亦有之，而非所以议金华也。"②

有人质疑吕祖谦的学问史学最好，经学则差些。宋濂反驳他，但知后世之史，不知"圣人之史"。所谓圣人之史，其实是经和史融合在一起，经中含史，史里有经。通常认为，经是阐述义理的，而史是用来记事的。但是，像《易》《诗》《书》《春秋》，哪个不是既有经世义理，又有历史叙事？圣人作经时，理事兼采，并没有截然分开。后世不察，才分理、事为二。看经则专究其义理，看史则只关注史事，这是不会卖书的表现，更谈不上经史结合。正如叶适所言："专于经则理虚而无证，专于史则事碍而不通。"③义理需要史事来佐证，史事需要义理来贯通。"道"须于历史的变化沿革中探求总结。吕祖谦在《左传》上用力甚勤，并非耽于史事，而是挖掘其中蕴含的义理。宋濂之辩，正是体会到了吕氏的深意。

宋濂"古无经史之异"的思想也体现在他对《春秋》的评价上。

> 《春秋》，古史记也，夏商周者有焉。至吾孔子则因鲁国之史修之，遂为万代不刊之经。其名虽同，其实则异也。盖在鲁史，则有史官一定之法；在圣经，则有孔子笔削之旨。自鲁史云亡，学者不复得见，以验圣

---

① 《增修东莱书说》卷一，《吕祖谦全集》，第三册，第21页。
② 《龙门子凝道记》卷下《大学微第八》，《宋濂全集》卷九十四，第四册，第2227—2228页。
③ 叶适《水心文集》卷十二《徐德操春秋解序》，刘公纯、王孝鱼、李哲夫点校《叶适集》，中华书局2010年第二版，上册，第221页。

经之所书，往往混为一途，莫能致辨。所幸《左氏传》尚明鲁史遗法，《公羊》《穀梁》二家多举书不书以见义，圣经笔削粗若可寻。然其所蔽者，左氏则以史法为经文之书法，公、穀虽详于经义而亦不知有史例之当言，是以两失焉尔。①

宋濂对《春秋》的演变作了梳理。《春秋》本是史书之名，夏商周各国的史书都叫《春秋》。至孔子对鲁国之史进行笔削之后，《春秋》具有了微言大义，遂成为经。虽然都叫《春秋》，其本质已经发生了变化。鲁国之史书佚失了，后人便用孔子之《春秋》当之，二者便混为一谈。二者究竟有何区别？九江黄泽（字楚望，赵汸的老师）曾言："有鲁史之《春秋》，则自伯禽至于顷公是已；有孔子之《春秋》，则起隐公元年至于哀公十四年是已。"②为什么孔子刊定的《春秋》要从鲁隐公元年开始？公羊、穀梁对其中的深意挖掘得已经很多了。《春秋》三《传》，各有得失。归结为一点，就是处理不好史法和经义的关系。之后杜预为《左传》作注，于史例推之甚详。陈傅良以公、穀之书法考证《左传》笔削大义，"最为有征"。但杜预和陈傅良也都没有避免三《传》的弊端。能将史例和经义完美结合的，当属赵汸的《春秋属辞》。赵汸悟到"《春秋》之法，在乎属辞比事而已"，所以这本书集杜、陈之所长而弃其所短，"何者为史策旧文，何者是圣人之笔削，悉有所附丽。凡暗昧难通、历数百年而弗决者，亦皆迎刃而解矣"③。

孔子之《春秋》，毕竟是以鲁史为底本刊定而成，所以其所述之事是历史；但孔子寓褒贬于其中，史事便不再只是单纯的记事，而是蕴涵了义理。后世看《春秋》，应当经史结合，既通史又明理，这才是读书之道。宋濂盛赞赵汸的《春秋属辞》发前人之所未发，终于把《春秋》讲明白了，"世之说《春秋》者，至是亦可以定矣！"④

周少川先生《中国史学思想通史》（元代卷）认为："真正把经看作史，并提出'古无经史之分'命题进行分析的，始于元代郝经和刘因。"⑤刘因说："学史亦有次第。古无经史之分，《诗》《书》《春秋》皆史也。因圣人删订笔削，立大经大典，即为经也。"⑥郝经曰："古无经史之分，孔子定六经，而经之

---

① 《宋濂全集》卷三十一《春秋属辞序》，第二册，第683页。
② 《宋濂全集》卷三十一《春秋属辞序》，第二册，第683页。
③ 《宋濂全集》卷三十一《春秋属辞序》，第二册，第684页。
④ 《宋濂全集》卷三十一《春秋属辞序》，第二册，第684页。
⑤ 周少川《中国史学思想通史》（元代卷），黄山书社2002年版，第74页。
⑥ 刘因《静修集》卷二十八《叙学》，《景印文澜阁四库全书》，第1233册，第587页。

名始立,未始有史之分也,六经自有史耳。"①"六经具述王道,而《诗》《书》《春秋》皆本乎史。……圣人皆因其国史之旧而加修之,为之删定笔削,创法立制,而王道尽矣。"②笔者认为,"真正把经看做史"并加以研究的,应始于吕祖谦;而明确提出"古无经史之分"命题的,应是刘因和郝经。这些思想都对宋濂的经史观产生了深刻影响。

本章小结

具有强烈历史使命感和责任感的宋濂,布衣之时便留心记录和整理乡贤的传记,遇一善一行便记录下来,以备史官和将来史馆采用。他以是否遵从伦常道德为准则,将之贯穿于他的历史观中,形成道德历史哲学。他要求人君以德修身治国,个体家庭以德传家,个人以德立世。善恶褒贬一以道德为主。他继承吕祖谦经史结合的研究方法,受北方郝经和刘因"古无经史之分"的影响,提出"经史不异"的观点,因此他在看史书(如《史记》《汉书》)时,往往能挖掘出其深藏的义理,以理断其是非;读经书时,则能发现其蕴涵的史事,以事证其理义。

---

① 《郝经集编年校笺》卷十九《经史》,上册,第520页。
② 《郝经集编年校笺》卷二十八《一王雅序》,下册,第720页。

第六章　宋濂的经世哲学

道德史观运用于政治领域，便是以德治国。宋濂一直"以三代之士自期"，"以三代之事自任"，学宗孔孟，待时而动。隐居龙门山时，他对时局和如何治世进行了充分的思考。他主张三教皆有利于治世、教化，因此在他的治国思想中，便吸收了道家无为无不为的理念。又从古今历史中汲取经验教训，对为君、为臣提出了一系列要求。入仕后，他更是有针对性地提出了一系列对策。所有这些都构成了他的经世哲学，对明初政治产生了重要影响。

一、学为圣贤有用之学

宋濂曾借学生之口道出自己的政治抱负："天下有道，出辅明君，以兴一王之治，使三代礼乐复见当今，先生志也。"当学生见他面有忧色，劝他盘旋丘壑山水时，他有些失意：

> 我岂遂忘斯世哉？天下之溺，犹禹之溺；天下之饥，犹稷之饥，我所愿，学禹、稷者也，我岂遂忘斯世哉？虽然，予闻之，道之兴废系诸天，学之进退存诸己。存诸己者，吾不敢不勉也；系诸天者，予安能必之哉？予岂若小丈夫乎？长往山林而不返乎？未有用我者尔，苟用我，我岂不能平治天下乎！①

他早年刻苦攻读，26 岁时初入科场却落第，之后科场居然又停了。元王朝的统治越来越令人失望，宋濂的抱负始终没有机会施展。至元年间朝廷诏他入翰林，这倒是一次机会，不过以宋濂对时局的敏锐观察，拒绝了。两次隐居仙华山为道士，只是掩人耳目，并非真正归隐。他自信自己的才学足以经世，盼着明君圣主的召见。当吴军攻克婺州，朱元璋于南京召见"金华四先生"时，他感到平治天下的机会终于来了。

宋濂曾感慨古今学风之变："治古之时，非惟道德纯一而政教修明，至于

___

① 以上引文见《龙门子凝道记》卷上《终胥符第三》，《宋濂全集》卷九十二，第四册，第 2186—2187 页。

文学之彦,亦精赡宏博,足以为经济之用。……自贡举法行,学者知以摘经拟题为志,其所最切者,唯《四书》一经之笺是钻是窥,余则漫不知省。与之交谈,两目瞠然视,舌本强不能对。呜呼,一物不知,儒者所耻,孰谓如是之学其能有以济世哉!"①实行科举之前,即便是文学之士,因为从小接受六经教育,然后又博通诸史书,所以于朝堂之上能旁引曲证,足以经世济用。但是科举法推行之后,学者们只知道应试,只钻研一部《四书集注》,除了考试谈不上任何识见,这样的人怎么能指望他经世致用呢?当然,对于专意于文辞者,宋濂也甚为不满,"吾徒何事于斯?必也学为圣贤有用之学,达则为公为卿,使斯道行;不达则为师为友,使斯道明"②。显然,这比孟子的"穷则独善其身,达则兼济天下"要更积极有为些——"穷则独善其身"还只是自我修养,管好自己就行了,而宋濂则认为"穷"时应该担负传道的使命,让更多的人了解圣贤之道,这其实也是一种济世。济世不应该只有做官的时候才去做。

那么究竟什么是"有用之学"呢?具体来说,就是"可以治兵,可以抚民,可以兴礼乐,可以移风易俗,无所往而不当"③。就如南宋虞允文以书生领兵而击退金军侵犯,朱熹专心于道学,任地方官时也有建社仓之举。林光朝提点广东刑狱,亲召郡兵平定岭南之乱。至于创办书院讲学,废除淫祠而移风易俗,这些都是利国利民的有用之学。宋濂把儒者分七种:游侠之儒、文史之儒、旷达之儒、智数之儒、章句之儒、事功之儒、道德之儒。他的志向是成为孔子那样的"道德之儒",而"事功之儒"就如管仲、晏婴,"谋事则向方略,驭师则审劳佚,使民则谨蓄积,治国则严政令,服众则信刑赏,务使泽布当时,烈垂后世"④。做不成"道德之儒",成为"事功之儒"也是利国利天下的。

二、法天与重民

有越生问宋濂:天地之功与圣人孰优?宋濂回答说:天地是不言之圣人,圣人乃能言之天地。圣人之功即天地之功也,有何优可言?越生说:不是这个意思。天地之功在于生长万物,圣人之功却是成就万物。因为有了圣人的创作,我们才告别茹毛饮血、穴居野处等原始生活,而有了稼穑、宫

① 《宋濂全集》卷五十三《大明故中顺大夫礼部侍郎曾公神道碑铭》,第三册,第1247—1248页。
② 《宋濂全集》卷二十二《送从弟景清还潜溪序》,第一册,第435页。
③ 《宋濂全集》卷二十八《赠林经历赴武昌都卫任序》,第二册,第584页。
④ 《宋濂全集》卷七十八《七儒解》,第四册,第1880页。

室、尊卑、刑罚等人类文明。"是岂圣人之功不优于天地乎?"宋濂反问道："子谓圣人在天地外耶,内耶? 苟内焉,亦天地之所生尔,天地不能言,故使代其言以行其教。圣人未尝以为功,子乃固谓优于天地,无乃不可乎?"①圣人亦是天地内一份子,其最大的功劳就是代天立言设教,圣人之功即是天地之功的体现,二者是完全一致的,不分优劣。言下之意,人立于天地之间,与天地并,君主则是人中之极。天地自有其运行法则,只要人君善于取法,天下即可平治矣。那么天地之法是什么呢?

> 天有五贯,地有五颖。五贯行乎上,五颖载乎地,则天地昭矣。人君法之,则天下平矣。何谓法之? 其明则日照月临也,其喜则祥飙卿云也,其怒则迅雷惊霆也,其生则甘雨零露也,其杀则毒霜虐霰也。是法五颖者也。其静则泰山乔岳也,其涌则巨浸大川也,其序则井邑方州也,其限则内夏外夷也,其养则飞潜动植也。是法五颖者也。天有至醇,地有至熙,君有至则。天失其醇,则万物丧精;地失其熙,则万物弗釐;君失其则,则四极不立。统而言之,大化酝乎神,大序昭乎天,大机合乎中。其发甚微,宇宙之广,莫之或违。其端甚直,弥纶上下,罔有差忒。……古之善治天下者,得此而万事毕矣。②

"五贯""五颖"只是表明天地也是有喜怒生杀这些情绪情感的。通过天地间的自然现象,可判断出天地的态度,作为人君不可不察,进而以之为法则。天上有瑞云祥风,表明老天高兴;雷霆震惊,则老天发怒;生长万物则甘雨零露,肃杀万物则霜雪肆虐。看地上泰山安稳,则一片宁静,其涌动则巨浪湮没山川。州邑整齐表明大地的秩序,内夏外夷则是大地的界限,从鸢飞鱼跃可见大地之滋养。天地之至醇至和,应该成为人君治国的"至则"。天地失其醇和,万物都没有精神;人君失其至则,则四境难安。总之,从宇宙天地中可以体会到神妙、秩序与中和之道。

根据《周易》,天地人并列为"三才",天道、地道、人道其实是一体的。人类从天地中悟出了天尊地卑的等级秩序,悟出了天之"仁"、地之"义"的美好品德,因时之宜,因地之利,制礼作乐,无不是法天地而行的结果。所谓天人合一,天人一体,"其实是说天(宇宙)与人(人间)的所有合理性在根本上建

---

① 以上引文见《龙门子凝道记》卷下《越生微第九》,《宋濂全集》卷九十四,第四册,第 2230 页。
② 《龙门子凝道记》卷下《大学微第八》,《宋濂全集》卷九十四,第四册,第 2228 页。

立在同一个基本的依据上"①。人取法天地而创造人间秩序,这是先秦儒家和道家共同的理念。从这个意义上说,天人是相通的。人君法天地之"五贯""五颍",就是要求人君体会天地之大德、宇宙之秩序,人间的一切皆来自天地。人君对天地当存有敬畏之心。

至于君民关系,先秦已初现民本意识。《尚书》"民惟邦本,本固邦宁",孟子更是提出"民为贵,社稷次之,君为轻"的贵民思想。卫灵公向蘧伯玉询问治国之要,一连列举了封四疆、修邻好、简百僚、杜女谒、斥奸回、弃淫侈,都被蘧伯玉否定,最后问:"怀保小民,夙夜匪懈,畏之如天,敬之如神,绥之若子,何如?"曰:"斯其至矣! 有民斯有国,有国斯有君。民者,君之天也。君之则君,舍之则独夫耳。可不畏哉!"蘧伯玉的回答正是先秦民本意识的体现,这种意识已经具有现代政治文明的价值理念。但是,宋濂并不认同:"蘧伯玉之言,其有激哉! 君者主民,民之从君,犹水朝宗,振古然也。而曰'民为君之天',何耶? 虽然,天之生民,使君主之,不使虐之,虐之非君也。是则君为民立,民亦重矣哉。"②在他的眼里,君永远处于绝对权威和最高的地位,民生来就是被管理和服从的对象。君之上是茫茫苍天,而不是民;当然君如果虐待民,就失去合法性了。所以,不是"民为君天",而是"立君为民";民也很重要,但绝没有达到"君之天"的地步。

天、君、民三者的关系,可以用一句话来概括:"所敬者何? 天也。所畏者何? 民也。"③如此,可以以"天"制约君,使其不敢肆无忌惮;让他看到民众的重要性,以便推行德政,实现国治天下平。

三、德治与重农

以德治国,是儒家的传统治国思想。德治,是要求统治阶层具备良好的品德,"敬事而信,节用而爱人,使民以时",身要正,心要诚等等。历代贤臣在劝谏君主时都会强调君德的重要性,毕竟在君主专制、权力集中于一人的情况下,君主一念之微即可影响百万苍生。宋濂一遵儒家传统,主张德治:"盖天下大物也,可以德持,不可以力竞。……其足以赖而长存永治者,非德何以哉?"④

宋濂在任时不断借各种机会提醒朱元璋行仁政,致仕后在《谢恩表》中

---

① 葛兆光《中国思想史导论》,复旦大学出版社 2018 年第二版,第 38 页。
② 以上引文见《宋濂全集》卷九十七《燕书》,第四册,第 2289—2290 页。
③ 《宋濂全集》卷二十六《送魏知府起潜复任东昌序》,第二册,第 536 页。
④ 《宋濂全集》卷七十八《隋室兴亡论》,第四册,第 1876 页。

仍然念兹在兹。

> 古圣人有言曰："为君难。"其所谓难者何也？盖以四海之广，生民
> 之众，受寄于一人，敬则治，怠则否；勤则治，荒则否；亲君子则治，近小
> 人则否，其机甚微，其发至于不可遏，不可不谨也。所以二帝三王相传
> 心法，曰德曰仁，曰敬曰诚，无非用功于此也。治忽之间，由心之存不存
> 何如耳。①

他劝朱元璋学习二帝三王，心存德、仁、敬、勤这些为政理念，亲君子远
小人。实行德治，表现在具体措施上就是首先要有重民意识。士农工商，农
居其二，农民是农业社会所依赖的最重要根基，但是农民又是最苦的。宋濂
呼吁："国以民为本，而民之至苦，莫甚于农。有国有家者宜思悯之、安
之。"②这种认识是难能可贵的。

孔子有"先富后教"的思想，宋濂概括为"养与教"：

> 古之为治者，其法虽详，然不越乎养与教而已。养失其道则民贫，
> 教失其道则民暴。贫则流而为盗，暴则去而为邪，二者皆乱之始也。
> ……自秦以降，无教者亡，有教者存。得其道者盛以延，失其道者衰以
> 促，千载一轨也。③

"养"即是让老百姓富起来。具体做法是实行均田制和轻税赋。历朝历
代在初期一般都会重新丈量土地，实行均田。但到了末期，都会面临土地兼
并的问题，土地兼并严重，农民就会造反，改朝换代，循环不已。对此，该如
何破解？宋濂提出："天下无不耕之田，使耕者得以有其业，而不许质鬻焉，
则其田均矣。"④他认为只要禁止土地的质押和买卖，就会遏制兼并之风。
百姓手中有了土地，才会安居乐业。同时还要轻租赋。看到元末因为赋税
沉重而民生凋敝，宋濂疾呼："在人上者其有以拯之乎！拯之莫若轻其租赋
乎！"汉代国祚前后四百多年，为何如此长久？就是因为高祖时实行十五税
一，文帝时更为三十税一，之后虽然经过汉武兴兵、王莽改制、盐铁榷酤等一

---

① 《宋濂全集》卷二《致政谢恩笺》，第一册，第 52 页。
② 《宋濂全集》卷三十八《恭题豳风图后》，第二册，第 842 页。
③ 《宋濂全集》卷十三《长洲练氏义塾记》，第一册，第 237 页。
④ 《龙门子凝道记》卷下《林勋微第十一》，《宋濂全集》卷九十四，第四册，第 2234 页。

系列变故，但是终整个汉世，田租始终是三十税一，"宜其享祚克永乎！"①汉世能实行，为什么今世不能？元王朝自然不会理会宋濂的呼吁，朱元璋在进兵过程中，所到之处就实行减免租税，定鼎后屡次下诏免税，正是"养民"的体现。

"教民"，以礼乐诗书教化百姓，就是兴办教育。关键是教什么？自然是天地之大经大法。

> 天地之间，有大经决不可废者，犹如阛庐以为居，稻粱以为食，缯布以为服，一日无之，则人事尽失，难以为治。……大经者何？三纲之谓也。②

儒家之三纲五常犹如日用必需之衣食住房，不可或缺。维系三纲之"礼"，具有"禁邪止慝，导人以善"的功能。以礼教人，可以使百姓"立化于俎豆间"③。为此，宋濂对元朝的孔庙之祀礼非常不满。蒙元不是根据古制，而是杂采唐代不同时期的制度，把孔庙弄得乱七八糟。尤其是陪祀，德行或思想与孔子相悖的人如荀子、扬雄、王弼、贾逵、杜预、马融等都厕身其中。其他诸贤则人伦失序，颜回、曾参、孔伋配享堂上，他们的父亲颜路、曾点、孔鲤却列祀于走廊；张载乃二程的表叔，却坐在二程的下首，"颠倒彝伦，莫此为甚"。还有其他诸如圣人的坐向、释奠释菜礼等，都完全不合古礼。"不以古之礼祀孔子，是亵祀也。亵祀不敬，不敬则无福。"④孔庙乃是天子立学、教化天下的地方，不应如此混乱不堪。所以他上《孔子庙堂议》，要求以古礼祀孔子，按照建安熊禾的建议，尊"道统"，以天子立学之法昭示天下，庶乎教化可行。

四、"五矩"与"五彝"

能否实现德治取决于君明臣贤，所以君臣的一言一行都至关重要。"为君者当谨五矩，为臣者当行五彝，则天下治矣。"⑤

（一）君主之"五矩"

何谓"五矩"？即省愆、受言、尊士、去骄、推仁这五种行为准则。宋濂以

---

① 以上引文见《龙门子凝道记》卷下《大学微第八》，《宋濂全集》卷九十四，第四册，第2228页。
② 《宋濂全集》卷七《贞节堂记》，第一册，第149页。
③ 《宋濂全集》卷十三《平阳林氏祠堂记》，第一册，第235页。
④ 以上引文见《宋濂全集》卷七十七《孔子庙堂议》，第四册，第1864—1865页。
⑤ 《龙门子凝道记》卷上《五矩符第一》，《宋濂全集》卷九十二，第四册，第2181页。

具体事例一一解释。

"省愆"即君主要时常反省自身是否有过失。就如商汤在位时，大旱七年，于是他派人持三足鼎祷告于山川："政不节邪？民失职邪？苞苴行邪？谗夫昌邪？宫室营邪？女谒盛邪？何不雨之极也？"[1]言未毕而天大雨。天人相感如影随形，如响应声。天地不能言，故使圣人代天立言行教。"天之爱人君者，不其至哉！天，无言者也。人君行事有失，天则出灾异以谴告之。"就如父子之间，子有过，父若爱子，就会告诫教训甚至动手打他；父若弃子，连一句批评的话都不会说。老天若是抛弃人君，就会祥瑞遍天下，让他根本认识不到自己的过错。所以，如果天下灾异迭兴，人君就该警惧修德，则治如汉之盛世；如果祥瑞数见，人君骄傲自满而纵欲，天下就会乱如五代之时。"祥瑞之兴，国之夭；灾变之臻，国之福，信哉！"[2]有灾异未必是坏事，有祥瑞未必是好事，全在人君是否善于自我反省耳。

"受言"即君主应当善于纳谏。战国时期师经鼓琴，魏文侯起舞赋曰："使我言而无见违。"师经听了举琴去撞文侯，没有撞中，但把文侯的冠旒撞散了。文侯问左右，罪当烹。师经曰："昔尧舜之为君也，唯恐言而人不违；桀纣之为君也，唯恐言而人违之。臣撞桀纣，非撞吾君也。"文侯立即说："释之。是寡人之过也。悬琴于城门，以为寡人符；不补旒，以为寡人戒。"这就是勇于纳谏。君主要听得进异己之声，要允许臣民提反对意见。如果凡事无人反对，那君主就应该警惕了。

"尊士"指的是君主要礼贤下士，不以出身而以才华选贤任能。伊尹乃有莘氏随嫁的陪臣，商汤使之位列三公，天下大治。管仲年轻时生活困顿，做过微贱的商人，还站错立场辅佐公子纠，与公子小白争位而被俘。但小白（即齐桓公）却重用他，尊为"仲父"，齐国终成霸主。其他诸如百里奚、宁戚、司马喜、范雎、姜太公等无不是经历坎坷，后遭遇明主而建功于世。可见君主慧眼识人、尊贤任士多么重要！

"去骄"即君主要有谦卑的心怀，摒除骄慢的心态，越是在强大兴盛的时候，越要谨慎清醒。周公就是典型之一。成王封周公，周公辞不受，遂封其子伯禽于鲁地。伯禽将行，周公告诫他：

> 去矣！子其无以鲁国骄士矣。我，文王之子也，武王之弟也，今王

---

① 《龙门子凝道记》卷上《五矩符第一》，《宋濂全集》卷九十二，第四册，第2181页。

② 以上引文见《龙门子凝道记》卷中《尉迟枢第十二》，《宋濂全集》卷九十三，第四册，第2209页。

之叔父也,又相天子,吾于天下亦不轻矣。然尝一沐而三握发,一食而三吐哺,犹恐失天下之士。吾闻之曰:"德行广大,而守以恭者荣;土地博裕,而守以俭者安;禄位尊盛,而守以卑者贵;人众兵强,而守以畏者胜;聪明睿知,而守以愚者益;博闻多记,而守以浅者广。"此六守者,皆谦德也。夫贵为天子,富有四海,不谦者失天下、亡其身,桀纣是也。可不慎欤!故《易》有一道,大足以守天下,中足以守国家,小足以守其身,谦之谓也。其戒之哉![1]

无论贵为天子,还是位极人臣,都应细细体会《谦》卦之深意,"去骄"是"尊士"的前提。只有放下身段,虚怀若谷,才能真正尊士得人。但是说起来容易,周公提到的"六守"对君主来说,其实很难做到。尤其是君临天下,志得意满,周围又都唯唯诺诺时,君主的内心极易膨胀,忘乎所以。他们把天下当成一己之物,任意挥霍,最终国力日衰而败亡。这样的例子不胜枚举,宋濂在不同场合对此都有不同程度的表述:

闻以一人治天下,未闻以天下奉一人。奈何穷奢极侈,而毒痡四海,百万生灵,彼实何辜!其身亡国破为万世笑,非不幸也,宜也。[2]
君势隆则谄谀日至,谄谀日至,则危亡之道也。[3]
国家欲长治而不乱者,其思戒盈满乎?[4]

可见,君主要真正守住"谦"德,需要时时警醒,不使骄慢之心滋长。

"推仁"即以一己之仁德推及他人,推及天下。昔日楚惠王吃凉的腌菜时,吃到了一个水蛭,腹痛不能进食了。令尹问他病由,他如实告之,并且说怕追究下去,那些腌菜的做饭的按盐法皆当处死,心有不忍;如果不追究,又恐法令不行威严不立。他怕人看见那个水蛭,于是就吞了下去。令尹闻之,避席而贺:"臣闻天道无亲,惟德是辅。君有仁德,天之所奉也。病不为伤。"当晚惠王的病就好了。

(二)人臣之"五彝"

"五彝"是指为臣者应当遵循的五个常理,即进贤、任事、守俭、善谏、知退。

---

[1] 《龙门子凝道记》卷上《五矩符第一》,《宋濂全集》卷九十二,第四册,第 2182 页。
[2] 《宋濂全集》卷八十三《读宋徽宗本纪》,第四册,第 1986 页。
[3] 《宋濂全集》卷八十四《寓言》,第四册,第 2024 页。
[4] 《龙门子凝道记》卷中《河图枢第十一》,《宋濂全集》卷九十三,第四册,第 2206 页。

　　"进贤"是指要善于向朝廷推荐贤才。子贡曾问孔子"今之人臣孰为贤"，孔子回答说现在有谁我不知道，但过去是有的，"齐有鲍叔，郑有子皮，贤者也"。子贡有点奇怪，难道齐国没有管仲、郑国没有子产吗？他们更贤啊！孔子反问："汝闻进贤为贤耶，用力为贤耶？"子贡回答："进贤为贤。"孔子说，只听说过鲍叔牙推荐过管仲，子皮推荐过子产，却没听说管仲、子产推荐过谁。可见，为臣不仅自己要有贤能，还要不嫉贤妒能，善于向君主推荐天下士。尤其是在高位者，举贤乃其职责，不举贤便是失职。

　　"任事"是指知人善任。春秋时晋国内乱，赵鞅率兵从晋阳讨邯郸，走到中途停下来，说家臣董安于落后面了。赶车的人着急，说不能以一人而耽误三军。赵鞅只好慢慢走，走了百步又停下，这时董安于赶上来了。赵鞅连说了三件事：秦晋交叉的那条路口，忘记派人堵上了；忘记携带官家宝璧（类似于后世的传国玉玺）了，忘记向行人烛过辞行并礼聘他了。董安于回答说这些事他都去办了，这就是他落在后面的原因。从中可见，赵鞅是个善于自省且善于用人的人。

　　"守俭"，是指过着简朴的生活，不奢靡，不积富。春秋时晏婴相齐国，有一天正要吃饭，齐君的使者来了，晏子便把自己的饭分了一部分给使者，他自己没吃饱。使者回告齐君，齐君很自责：没想到他过得这么穷，这是我的过失啊！于是派人赏赐千家之邑给晏子。晏婴辞谢，说自己过得并不穷，"婴闻之，厚取之君而厚施之人，代君为君也，忠臣不为也；厚取于君而藏之，是筐箧存也，仁人不为也；厚取于君而无所施之，身死而财迁，智者不为也。婴也闻，为人臣进不阿上以为忠，退不克下以为廉。八升之布，一豆之食，足矣！"[①]吃穿够用就行了，厚取厚施、厚取而藏、厚取无所施，均非忠臣、仁人智者所当为。

　　"善谏"指人臣不仅要敢于进言，还要善于进谏。直谏需要勇气，但讽谏更容易让人接受。师旷是春秋时著名的乐师，一天晋平公与之闲坐，平公怜惜地说：你生来就目盲，真可惜你眼前一片漆黑，什么都看不见。师旷对曰："天下有五墨墨，而臣不得与一焉。"有哪"五墨墨"呢？

　　　　群臣行贿以求名誉，百姓侵冤无所告诉，而君不悟，此一墨墨也。忠臣不用，用臣不忠，下才处高，不肖临贤，而君不悟，此二墨墨也。奸臣欺诈，空虚府库，以其小才，覆塞其恶，贤人逐，奸邪贵，而君不悟，此

---

① 《龙门子凝道记》卷上《五矩符第一》，《宋濂全集》卷九十二，第四册，第2183页。

三墨墨也。国贫民罢，上下不和，而好财用兵，嗜欲无厌，谄谀之人容容在傍，而君不悟，此四墨墨也。至道不明，法令不行，吏虐不止，百姓不安，而君不悟，此五墨墨也。国有五墨墨而不危者，未之有也。臣之墨墨，小墨墨耳，何害乎国家哉？①

师旷借平公的话题，告诉对方，眼盲只是个人的事，君主心盲，意识不到国家存在的问题，才是真正的"墨墨"，关涉国家安危。如何进谏是一门学问，并非所有的君主都胸宽似海，有雅量接受一切批评。即便明如唐太宗，也有被魏征激怒的时候。"盖闻正色在廷，固资于謇谔；婉容而谏，尤贵于优柔。"②正色立朝固然可贵，但委婉进谏才体现大智慧。师旷就是善谏之人，既不令君主难堪，又能让对方认识到问题。

宋濂便是善于进谏者。据《明史》，朱元璋尝问以帝王之学，宋濂举《大学衍义》。于是朱元璋命人书之于宫殿东西的墙壁上。不久，他御西殿，诸大臣皆在，他指着《大学衍义》中司马迁论黄老事，命宋濂讲析。宋濂讲完后说："汉武溺方技谬悠之学，改文景恭俭之风，民力既敝，然后严刑督之。人主诚以礼义治心，则邪说不入；以学校治民，则祸乱不兴，刑罚非所先也。"问三代历数及封疆广狭，宋濂备陈之，然后说："三代治天下以仁义，故多历年所。"又问"三代以上，所读何书"，宋濂对曰："上古载籍未立，人不专讲诵。君人者兼治教之责，率以躬行，则众自化。"尝奉制咏鹰，宋濂七步成诗，有"自古戒禽荒"之句，朱元璋忻然曰："卿可谓善陈矣。"③随事进谏，足见宋濂之政治智慧。

"知退"是指为臣者应当审时度势，进退得宜，既不辱身降志，也明白功成身退的道理。据说孔子弟子子张听说鲁哀公好士，便不远千里赶来进见。谁知哀公"七日不礼"，子张很失望，以叶公好龙喻哀公，"君非好士也，好夫似士而非士者也。"④毅然而去。在宋濂心目中，他一直想保留士君子的一份尊严。自古伴君如伴虎，士君子没必要为一个残暴的政权和君主牺牲自己，审时度势、见机行事非常重要：

言暴虐于汤武之世，必见诛；谈仁义于桀纣之朝，必见黜。何也？

---

① 《龙门子凝道记》卷上《五矩符第一》，《宋濂全集》卷九十二，第四册，第2184页。
② 《宋濂全集》卷八十四《演连珠》，第四册·第2016页。
③ 《明史》卷一二八，第12册，第3786页。
④ 《龙门子凝道记》卷上《五矩符第一》，《宋濂全集》第九十二，第四册，第2184页。

时不同也。……夫不察时而冒进谓之瞽，施之不当其可谓之愚，不度德量力而强行谓之固，枉己从人谓之贼，沦溺僵回而弗止谓之淹。①

如果君主做不到礼贤下士，臣子也不必耽恋功名，屈身降志。一旦功成名就，为臣者应懂得明哲保身，敛藏身退。"鸟尽弓藏""兔死狗烹"的故事，历史上并不少见。

> 四时之序，成功者去，天之道也。功成名遂身退，明哲之事也。持禄固位，知进而不知退，危亡之道也。……大名之下难以久居，若恋执宠荣而沉溺不返，不有人祸，必有天殃。②
> 功高者身危，位隆者名丧，此众人之所嗜，而君子之所慎也。③

君臣各自遵守"五矩""五彝"，则天下治，否则天下乱。为什么？

> 夫怨不省，则心德有亏矣；言不受，则人情壅闭矣；士不尊，则大业弗立矣；骄不去，则贤者远避矣；仁不推，则贵贱罔附矣；贤不进，则国家空虚矣；事不任，则官旷职旷矣；俭弗守，则穷欲极奢矣；谏不善，则扞格难入矣；退不知，则幸进失己矣。④

《论语·八佾》："君使臣以礼，臣事君以忠。"忠君对于臣子来说是天经地义的事，这大概是宋濂没有将其列入"五彝"中的原因。不过他对忠君有单独的论述。他坚持"忠臣不事二主"的原则，"事二君者，虽功如汾阳，才如屈平，吾知其决非良臣。呜呼！使此义昭如白日，人臣安肯怀贰心，而国家安有丧亡之祸哉？"⑤所以他非常赞赏汉代苏武、元朝郝经的气节，他们都是被羁留于敌国十几年而绝不投降，最后被送还者，"臣节甚重，万死实轻"，堪称相望之双璧⑥。"事二姓者决非良臣"，这乍听起来太过绝情。所以有人提出质疑，像伊尹曾"五就汤，五就桀"，微子启是商纣的庶兄，抱祭器投奔周朝而被封于宋，该如何解释？宋濂解释说，如果是君王主动招揽而被动应

---

① 《宋濂全集》卷十六《太白丈人传》，第一册，第292—293页。
② 《宋濂全集》卷二《补范少伯辞越王书》，第一册，第56页。
③ 《宋濂全集》卷八十三《志释寄胡征君》，第四册，第1987页。
④ 《龙门子凝道记》卷上《五矩符第一》，《宋濂全集》卷九十二，第四册，第2184页。
⑤ 《宋濂全集》卷八十八《滕奉使赞》，第四册，第2089页。
⑥ 《宋濂全集》卷一《国朝名臣序颂》，第一册，第23页。

召，就不属于"事二姓"之列，他反对的是主动投靠。伊尹最开始是由汤推荐给纣的，发现纣不足以辅佐，才帮助商汤吊民伐罪。微子投奔周朝是为了存宗祀，不是为了事奉周朝。后来虽被封于宋，与周朝的关系也是主宾而非君臣关系。周王朝也不敢以臣待之。那么孔子呢？先在鲁国做官，后来周游列国寻求入仕机会，该怎么解释？宋濂回答说："当是时，天下所共主者周天子也，孔子辙环诸国者，欲兴周道于东方耳。是故孔子之仕也，尊周也。周道尊，则王室盛矣，奚为而不可也？"①宋濂的回答多少有些勉强，"良禽择木而栖，良臣择主而事"，连儒家也赞同汤武革命，吊民伐罪。为什么他这么绝对？他担心小人会肆无忌惮，后世乱臣贼子会接踵而至。让人臣不敢怀有二心，只忠于本朝皇帝，国家就不会有丧亡之祸了——按宋濂的理论，面对昏君暴君，做臣子的可以辞职，但不能主动投靠新主，除非新主一方主动招揽。如宋濂的好友刘基，在元王朝做过官，后来辞官归隐，的确是朱元璋主动召见了他。如果宋濂当初科场侥中，做了元朝的官，面对明王朝，不知是否会和刘基一样？

　　宋濂讲古说今，总结君臣之道，这也是他应召入仕后遵循的原则。朱元璋屡次下诏免除各地税粮，减轻农民负担；下《农桑学校诏》，要求各地设置有司，逐年上报桑株数目、学校缘由，否则杖罚降出身；下《求言诏》，因为"五星紊度，日月相刑"，他静居日省归咎于自己，于是诏告天下直言，"许言朕过"②。他还专门著文，驳斥韩愈讽刺风伯之举，认为他不敬天地鬼神，缺少敬畏之心③。事业草创，天下初定之时，朱元璋求贤若渴，所以他著文痛斥东汉严光、周党之流，在国家用人之际置朝廷礼遇于不顾而退守山林，"朕观当时之罪人，罪人大者莫过于严光、周党之徒，不正忘恩，终无补报，可不恨欤！"相反，像耿弇、邓禹之贤才，"助光武立纲陈纪，盘石国家，天地位而鬼神祀，民物阜焉"④。这才是正大之贤，济人利物。朱元璋的这些做法和看法无不是宋濂"五矩"的体现。

五、无为而治

　　先秦诸子之学中，除了儒家，宋濂对道家的思想情有独钟。多次提到汉家因为推行老子的无为思想而天下大治，足见其学说可以修己治人。他以

①　《龙门子凝道记》卷下《林勋微第十一》，《宋濂全集》卷九十四，第四册，第2235页。
②　朱元璋撰，胡士萼点校《明太祖集》卷一《求言诏》，黄山书社1991年版，第3页。
③　参见《明太祖集》卷十三《辩韩愈讼风伯文》，第262—263页。
④　《明太祖集》卷十《严光论》，第209—210页。

寓言的方式讽刺元末的管理：

> 郑人有爱惜鱼者，计无从得鱼。或汕，或涔，或设饵笱之。列三盆庭中，且实水焉，得鱼即生之。鱼新脱网罟之苦，惫甚，浮白而喁喁，逾旦鬣尾始摇。郑人掬而观之，曰："鳞得无伤乎？"未几，糁糜而食，复掬而观之，曰："腹将不厌乎？"人曰："鱼以江为命，今处以一勺之水，日玩弄之，而曰：'我爱鱼，我爱鱼。'鱼不腐者寡矣！"不听。未三日，鱼皆鳞败而死。郑人始悔不用或人之言。

郑人自以为爱惜鱼，却不懂鱼有鱼的生活环境和条件，终致鱼而死。宋濂最后评价说："民犹鱼也，今之治民者，皆郑人也哉！"①

道家反对繁文缛节、标榜仁义道德，认为国家提倡德治仁义，恰恰说明这个社会缺少这些东西，是大道废弛的表现。"大道废，有仁义。知慧出，有大伪。六亲不和，有孝慈。邦家昏乱，有贞臣。"（《老子》第十八章）提倡什么不提倡什么，这都是"有为"，激发了人们内心的欲望，滋生了攀比、虚伪的社会风气。所以应当"无为"。"无为"不是无所作为，而是不要恣意妄为，政府对百姓生活干涉得越少，百姓就越自由，天性越会得到释放，回归淳朴，从而达到"无为而无不为"的效果。

根据这一理念，宋濂反思了儒家一系列的治国措施，发现的确存在一些问题：

> 科举之文兴，天下无文辞矣。孝悌之名闻，天下无善俗矣。循廉之行著，天下无良吏矣。贞操之事彰，天下无烈妇矣。记诵之习胜，天下无真儒矣。穿凿之学多，天下无六经矣。忠直之行显，天下无全节矣，是皆衰代事也，治世皆反是。②

宋濂的观察和剖析还是非常深刻的。科举时文兴起，不仅很多文章文采全无，而且连博学多闻的儒生都少了。因为国家举孝廉、表彰贞操，出现了一系列弄虚作假的事，真正的孝子、烈妇反而被埋没了。穿凿附会、标新立异之风起，六经便面目全非了。只提倡忠直之行，结果全天下都只剩下忠

---

① 《宋濂全集》卷九十七《燕书》，第四册，第 2288 页。
② 《龙门子凝道记》卷中《先王枢第九》，《宋濂全集》卷九十三，第四册，第 2201 页。

直了。当然,宋濂补充说,以上皆是"衰代"之事,也就是他当时所处的天下大乱的元朝末期,治世皆与此相反。宋濂又未免乐观了。事实上,他所列举的这些现象,乃是古今之通论,并非一朝一代事。

对于帝王们热衷的神仙说,他并不提倡:"圣人不师仙,使其可为,周、孔为之矣。"①宋濂并不反感神仙之说,他的学术态度是开放包容的。他之所以不赞同圣人或君主学习神仙之术,是因为修炼此术需要清修静养,无私无欲,而帝王日理万机,管理全天下,怎么可能清心寡欲,有时间和精力修炼呢?神仙难为,从圣人的态度即可看出,周公、孔子皆不为之。宋濂所辅佐的是明代开国皇帝,因为是新朝,所以朱元璋吸取前代灭亡的教训,励精图治,不敢稍有懈怠。他对道家和道教的看法也非常理性,对神仙之术也不感兴趣。但是越到后期,热衷于各种炼丹术的明朝皇帝越多,有的甚至因此丧失性命。这已经严重背离明太祖的教训了。

本章小结

早在先秦时期,人们就认为人道原自天道,人道应法天道而行。宋濂的治国理念基本承袭了传统儒家和道家的思想,主张实行德治和无为而治相结合。从根本上,他希望人君法天而行,以"天"制约君;同时要求君主重视民生,改善民生。在处理君臣、君民关系上,宋濂"忠臣不事二主"、"立君为民"的观点相比先秦,都是一种倒退。

---

① 《宋濂全集》卷八十三《志释寄胡征君》,第四册,第 1989 页。

第七章　宋濂的文道观

宋濂既被誉为"开国文臣之首"，其文采和文章自然斐然，连外国使者都以求得一纸为贵。因为一直被当作著名文学家，所以学术界对宋濂文学思想的研究是最多的。但是这些研究有个特点，就事论事，只谈他的文学思想是什么，却很少分析他为什么提出这些思想，他所针对的问题是什么，即缺少问题意识。宋濂提倡文道合一，不断平衡文与道的关系，又以六经作为衡量文的标准等等，这些思想岂是无的放矢？到底处于怎样一个学术环境、面临怎样的文风，才让他对"文"有如此深入的思考？本章即在分析宋元时期文论的整体背景基础上，分析宋濂的文论。之所以将文道观作为其哲学的一部分，因为和他"六经皆心学"的思想分不开。

第一节　文道胥失——宋元时期的文学现状

一代有一代之思想，一代亦有一代之文学。自从南北朝时期刘勰《文心雕龙》提出"道沿圣以重文，圣因文以明道"以来，文与道的关系便成为人们关注的话题。而每一次议论的背后都有其时代原因。

一、从"文以明道"到"作文害道"

从"文"的原始意看，本指纹理、纹路，后来引申为经雕饰、有文采的东西。"文"和"质"对应，《论语·雍也》："质胜文则野，文胜质则史，文质彬彬，然后君子。"君子需要文雅，而文雅就是后天教育的结果。"夫子之文章可得而闻也"，"文章"主要指诗书礼乐，孔子教以"六艺"，又编订六经，故"可得而闻"。孔门中以"文学"著称者乃子游和子夏，子游为武城宰，以礼乐教化；子夏尤其擅长《诗》《乐》，据说《诗大序》就出自他手。可见在先秦人们的心中，"文学"应该是经过加工了的、有文采的文字。孔子以"思无邪"概括《诗》三百篇之大旨，表明诗只是一种情感的表达。《虞书》"诗言志，歌咏言"，也说明诗乃人之心志的流露，与是否传道、明道没有关系。也就是说，至少在先秦，虽然大家都用文字或议论或抒情地来表达思想和心声，但并没有特别意识到文与道的关系。

　　刘勰《文心雕龙》中"文"的外延甚广，不仅包含了经、史、子书之文，而且包含谱籍薄录、符契卷疏这些看上去更属于应用文之列的文章。但他的文论，"主要不在讲学术文，在讲骈文和诗赋"①。西汉《毛诗传》风行后，原本"言志"的"诗"便具有了美刺的内涵，担负起了教化百姓、移风易俗的功能。汉代君主的好大喜功，铺排张扬，再也容不下婉约质朴的诗，他们需要的是华丽辞藻、歌功颂德，于是汉赋应运而生。汉赋极尽夸张铺排之能事，华丽的文辞下却是苍白的内容。这种文风一直持续到魏晋南北朝。魏晋文学较两汉的重大突破便是五言七言、乐府诗的兴起，描摹现实，慨叹人生。语言简洁凝练，思想却深邃丰富。南北朝时期门阀士族掌权，他们生活奢侈糜烂，文学上自然要求考究，讲究四六对仗工整的骈体文。这种文体较之汉赋读起来更朗朗上口，但"俪语华靡，不专其本"（《文心雕龙·论式》）。不仅如此，"自梁简文帝初为新体，床笫之言扬于大庭，讫陈隋为俗"②。文风之弊就不是华靡，而是淫靡了。正是为了纠正这种流弊，刘勰在《原道》中指出，人立于天地之间，"实天地之心，心生而言立，言立而文明，自然之道也"。有人则有言，有言则有文，人根据天地之文而制定人文，人文之肇始与天地同时。从"三皇"之伏羲仰观天文，俯察地理而始画八卦，历代圣贤如尧、益、稷、禹、汤、文王、周公皆有创制发明，至孔子而集大成，《六经》便是以往人文成果之总结。所以从人文的形成过程可知，"道沿圣以垂文，圣因文而明道"。那神秘莫测之"道"，无论天道、地道还是人道，都因为圣人之制作而以"文"的形式传留下来，圣人凭借这些"文"而向世人彰显了"道"。"道沿圣以垂文"，说明文原于道，文由圣人而作，因此应当"宗圣"；"圣因文而明道"，说明文只是外在形式，它的功能是"明道"，但这个功能不是刻意为之，而是自然而然，因为"道"是蕴涵在"文"中的。"文"是外在形式，"道"是实质内容，二者是一体的。刘勰此论发前人之所未发，是文学理论的一大贡献。不过他的书在当时并没有受到太大重视，以他一人之力也不可能扭转整个社会风气，六朝文风一直延续至隋唐。

　　隋唐创设科举取士，内容是诗歌。于是诗人辈出，对诗歌的声律等都进行了改革。重史文，骈文仍受推崇。中唐时韩愈、柳宗元"文起八代之衰"，发起古文运动，反对骈文而提倡古文。韩愈亦作《原道》，他的"道"乃是指尧舜禹汤文武周公孔孟之道。他提倡的古文创作要求："必出入仁义"，"文从

① 刘勰著，周振甫注《文心雕龙注释》"前言"，人民文学出版社 1981 年版，第 11 页。
② 章太炎《国故论衡·辨诗》，商务印书馆 2016 年版，第 126 页。

字顺各识职。"①以仁义为文章的内容，文章则成为宣传仁义道德的形式。他还继承了刘勰的"养气说"，"气盛，则言之短长与声之高下者皆宜"②。韩愈借古文运动而试图复兴儒学，提出儒家"道统"说，为宋初的古文兴起做了铺垫。

北宋结束五代的混乱而立国。唐末五代盛行绮靡文风，以南唐李煜的"花间词"为代表。这些作品多写宫廷闺房之乐，用词香艳露骨，思想颓靡，正是当时社会流行的享乐之风的真实写照。宋初，由柳开（948—1001）肇其始，一场复古运动兴起。"国初，杨亿、刘筠犹袭唐人声律之体，柳开、穆修志欲变古而力弗逮。庐陵欧阳修出，以古文倡，临川王安石、眉山苏轼、南丰曾巩起而和之，宋文日趋于古矣。"③随文风而变的是人们对文道关系的重新认识。理学开山周敦颐明确提出"文以载道"的思想："文所以载道也。轮辕饰而人弗庸，徒饰也，况虚车乎！"（《通书·文辞》）文以载道，犹如车以载物。车载物，必修饰其轮辕，人方爱而乘之。为文者也应善于修饰词说，人方爱而读之。不过，不载物之车，不载道之文，即便修饰的华丽无比，又有什么用呢！"文以载道"，这里的"道"指道德，"不知务道德而第以文辞为能者，艺焉而已。噫，弊也久矣！"（《通书·文辞》）很明显，周敦颐比韩愈进一步，公开认为文章若没有宣传伦理道德的内容而徒有华丽的文辞，只是一种技艺罢了，根本算不上"文"。"文以载道"更加强调文的实用性，而轻视其纯审美、纯抒发性情的属性。

相比"文以明道"，"文以载道"有割裂文章的形式和内容之嫌。因为它把"道"比喻成"文"要承载的对象，仿佛附加进去，而不是"文"的应有之意。但周敦颐此论毕竟是针对五代宋初的文风流弊所发，尚没有完全否定文的形式。程颐则完全否定了作文的必要性：

> 问："作文害道否？"曰："害。凡为文，不专意则不工，若专意则志局于此，又安能与天地同其大也？《书》云'玩物丧志'，为文亦玩物也。……古之学者，惟务养情性，其他则不学。今为文者，专务章句，悦人耳目。既务悦人，非俳优而何？"④

---

① 韩愈《文集》卷七《南阳樊绍述墓志铭》，钱仲联、马茂元校点《韩愈全集》，上海古籍出版社 1997 年版，第 306 页。
② 《文集》卷三《答李翊书》，《韩愈全集》，第 177 页。
③ 《宋史》卷四三九《文苑一》，第 37 册，第 12997 页。
④ 程颢、程颐著，王孝鱼点校《二程遗书》卷十八，《二程集》，中华书局 2004 年第二版，上册，第 239 页。

　　程颐所说的"文"主要指诗词曲赋这些纯文学的东西。作诗填词都有固定的声律格式，需要下番工夫，在他看来这都是浪费时间，玩物丧志，志丧则安有大格局，大志向？学生接着问："古者学为文否？"程颐回应说，大家一看见《六经》，就觉得圣人也作文，殊不知《六经》乃是圣人"摅发胸中所蕴，自成文耳"。那么子游、子夏并称"文学"，如何解释？程颐反问，子夏、子游何曾秉笔学作词章？《周易》所说"观乎天文以察时变，观乎人文以化成天下"难道说的是词章之文吗？又有学生问："诗可学否？"程颐曰："既学诗，须是用功方合诗人格。既用功，甚妨事。"他坦言：

　　　　某素不作诗，亦非是禁止不作，但不欲为此闲言语。且如今言，能诗无如杜甫，如云"穿花蛱蝶深深见，点水蜻蜓款款飞"，如此闲言语，道出做甚？某所以不常作诗。①

　　的确，现《二程集》中程颐只有三首诗。程颐是个性格严厉甚至有些刻板、严格自律的人，"程门立雪"、"吾不啜茶，亦不观画"，都充分说明这一点。他排斥讲究章句格律的文体，认为丧志，多无用的言语，故而承认"作文害道"。这一论断被南宋的叶适发挥戓"洛学兴而文字坏"。

二、叶适"洛学兴而文字坏"辨析

　　吕祖谦于乾淳年间主盟斯文，受孝宗命编撰《皇朝文鉴》，共150卷。该书主要选择了"唐宋八大家"（这一名词基本由这部书确立）的诗赋奏议等，是一部文学类书。朱熹评价：曰："此书编次，篇篇有意，每卷首必取一大文字作压卷，如赋取《五凤楼》之类。其所载奏议，皆系一时政治大节，祖宗二百年规模与后来中变之意，尽在其中，非《选》《粹》比也。"②叶适更是谓"盖自古类书未有善于此"。礼部尚书周必大奉诏为该书作序，评价了北宋各个阶段的文学特点，其中有"熙宁元祐之辞达"之语，引起叶适不满。叶适反驳道：

　　　　及王氏用事，以《周礼》自比，掩绝前作；程氏兄弟发明道学，从者十八九，文字遂复沦坏，则所谓"熙宁元祐之辞达"，亦岂的论哉！③

　　　　————————————

　　① 　以上引文见《二程遗书》卷十八，《二程集》，上册，第239页。
　　② 　陈振孙《直斋书录解题》卷十五，上海古籍出版社1987年版，第448页。
　　③ 　叶适《习学记言序目》卷四十七，中华书局1977年版，下册，第696页。

这就是叶适"洛学兴而文字坏"的由来，其后刘克庄、戴表元、袁桷等宋末元初思想家均引用了这句话并进一步引申。刘克庄（1187—1269）是叶适的弟子，多次引用说"水心叶氏谓洛学兴而文字坏"，后干脆直接说"近世理学兴而诗律坏"①。袁桷在老师戴表元的《墓志铭》中特别转述戴氏的话："后宋百五十余年，理学兴而文艺绝。"②而袁本人则提出"至理学兴而诗始废，大率以模写宛曲为非道"③。这就不仅把洛学和文学对立起来，把文学的衰落归罪于洛学的兴起，而且归罪于整个理学了。

那么叶适的本意究竟是什么呢？理解叶适这段话，还需结合他其他的论述。他评价"赋"、"律赋"时说：

> 初，欧阳氏以文起，从之者虽众，而尹洙、李觏、王令诸人各自名家。其后王氏尤众，而文学大坏矣。
>
> 汉以经义造士，唐以词赋取人，方其假物喻理，声谐字协，巧者趋之，经义之朴阁笔而不能措。王安石深恶之，以为市井小人皆可以得之也；然及其废赋而用经，流弊至今，断题析字，破碎大道反甚于赋。故今日之经义，即昔日之赋，而今日之赋，皆迟钝拙涩，不能为经义者然后为之，盖不以德而以言，无向而能获也。④

以上三段出自叶适的引文皆提到了"王氏用事"，指的就是王安石改革。王安石于科举中废除词赋而以经义取士，并自著《三经新义》作为考试教材，颁行天下。科举考试的导向作用无疑是巨大的。士子们遂不再在词赋上下工夫，而转向研究经义。二程的弟子非常多，程颐又高寿，他的"作文害道"应该对弟子们有很大影响。其后学专心于性理之学者多，以词赋名世者少，也是不争的事实。叶适将王安石用事与程氏道学兴起并论，意在说明二者都抵触"文字"，所以导致"文字遂复沦坏"。他并没有单单归罪于二程道学，更没有迁怒于整个理学。

单就程颐的"作文害道"而论，与他提出"饿死事小，失节事大"的场景非常相似。学生的提问非常直截，似乎不容有介于"害"和"不害"之间的答案。

---

① 刘克庄著，辛更儒校注《刘克庄集笺校》卷九十八《林子显序》，中华书局 2011 年版，第九册，第4139 页。
② 《袁桷集校注》卷二十八《戴先生墓志铭》，第四册，第 1349 页。
③ 《袁桷集校注》卷二十一《乐侍郎诗集序》，第三册，第 1117 页。
④ 叶适《习学记言序目》卷四十七，下册，第 698、699 页。

以程颐的性格和行事作风,对这样的问题,他从来都是直来直去,不留余地。他在解释了为何作文害道后,紧接着说"今为文者,专务章句,悦人耳目",说明他反对为文的动机是"悦人",类似俳优,失去了文学的严肃性。如果文章可以载道、明道,像以"文学"著称的子游、子夏,"学以致其道",那么有何不可呢?程颐也不反对作诗,只是他本人不感兴趣且觉得耽误时间精力而已,别人作不作,他并不干涉。

无论怎样,和王安石取消词赋而以经义取士所带来的影响相比,程颐"作文害道"论的影响其实微乎其微。其后学中集大成者是朱熹,朱子一生写了几千首诗,虽然很多是说理诗,但也有很多描景状物、抒发性情的古诗。刘克庄作为南宋最后一位文学家,他的文论具有总结集成的性质。他编写《本朝五七言绝句》,有人提出"本朝理学古文高出前代,惟诗视唐似有愧色"时,他回应道:"此谓不能言者也。其能言者,岂惟不愧于唐,盖过之矣。"①他评价南宋中兴时期五七言绝句:"炎、绍而后,大家数尤盛于汴都。"②他还编有《本朝绝句续选》,提出"本朝诗尤盛于唐"。当有人问"比唐风何如"时,他回答道:"五七言,余固评之矣。六言如王介甫、沈存中、黄鲁直之作,流丽似唐人,而妙巧过之。"③可见,虽然理学家们不喜欢在诗词上下工夫,但并没有妨碍和影响别人作诗,且诗的质量不逊于唐诗。

就叶适本人而言,他并非反对道学。据刘壎(1240—1319,字起潜,人称水村先生)《隐居通议》载,"闻之云卧吴先生曰:近时水心一家,欲合周程欧苏之裂"。叶适的理想是要合周程之道与欧苏之文于一身,其结果,"其地位亦只文章家耳"④。虽然后人对其学问评价不一,但从中可以看出叶适欲合"道"与"文"的努力。黄宗羲曾一针见血地指出:"宋文之衰,则是程朱以下门人蹈袭粗浅语录,真嚼蜡矣。"⑤据此我们可以推断,"理学兴而文字坏"所针对的并非程朱本人,而是当时的两种不良风气:第一,程朱不仅有著述,而且有弟子们编纂的《遗书》《语录》等,这些弟子们唯语录是从,完全蹈袭语录、传注作文章,文采全无,面目可憎。所以"理学"实际指的是程朱后学。第二,南宋理宗朝开始以《四书集注》取士,元代开科正式以该书为取士标准。看似理学兴起,实则开始僵化。此时的"理学"实际指惟语录、传注是从

---

① 《刘克庄集笺校》卷九十四《本朝五七言绝句序》,第九册,第 4005—4006 页。
② 《刘克庄集笺校》卷九十四《中兴五七言绝句序》,第九册,第 4006 页。
③ 《刘克庄集笺校》卷九十七《本朝绝句续选序》,第九册,第 4086 页。
④ 以上引文见刘壎《隐居通议》卷二《合周程欧苏之裂》,《景印文渊阁四库全书》,第 886 册,第 35 页。
⑤ 黄宗羲《明文海》评语汇辑"彭铎《文论》",《南雷诗文集》(下),吴光编校《黄宗羲全集》,浙江古籍出版社 2012 年版,第十一册,第 105 页。

的科举之学。

三、宋元学者对文道关系的弥合

叶适本人钟情于古诗，他所抨击的是宋人"文以载道"论给古诗带来的破坏，结果导致文道俱废。他认为孔子之时人们就已经不会作诗了，此后《诗经》之体变为《离骚》之体，成为逐臣忧愤之词。从此诗绝不继数百年。

> 汉中世文字兴，人稍为歌诗，既失旧制，始以意为五七言，与古诗指趣音节异，而出于人心者实同。然后世儒者，以古诗为王道之盛，而汉魏以来乃文人浮靡之作也，弃而不论，讳而不讲，至或禁使勿习。上既不能涵濡道德，发舒心术之所存，与古诗庶几；下复不能抑扬文义，铺写物象之所有，为近诗绳准，块然朴拙，而谓圣贤之教如是而止，此学者之大患也。①

汉代的五七言诗虽然与古诗在形式上有异，但其内容均是抒发性情，不失古诗本体。但是后世儒者（其实是指本朝儒者）提出"文以载道"后，内容上推崇古诗中蕴涵的王道，但在表现形式上却以"浮靡"为借口将汉魏之作一概摒弃，不论不讲，也禁止大家研习。结果呢？内容上没有浸入道德，抒发情感，达到古诗的水平；形式上也不能抑扬铺写，只是一味地朴拙，还说这是圣贤之教，这才是文学发展的大患。

那么该如何解决呢？叶适从自身实践出发，指出：

> 按古诗作者，无不以一物立义，物之所在，道则在焉，物有止，道无止也。非知道者不能该物，非知物者不能至道。道虽广大，理备事足，而终归之于物，不使散流，此圣贤经世之业，非习为文词者所能知也。②

道寓于物中，有物就有道。道无形不可见，通过知物而知道，道、理、事最后均通过"物"来体现。所以学者应该先从"知物"开始，即在日用常行中知物、知道。这需要日常的观察学习和实践工夫。这不仅是作诗之法，也是圣贤经世之业——圣贤经世都是从日常实践中开始的。

---

① 叶适《习学记言序目》卷四十七，下册，第 700—701 页。
② 叶适《习学记言序目》卷四十七，下册，第 702 页。

在刘克庄眼里,因为本朝以经义词赋取士,所以作诗已经成了"一世所不好之学,背时难售之货"①,地位有点惨。在这种情况下,出佳作有点难。刘克庄也崇尚古诗,他认为本朝"诸老先生崇性理,卑艺文"②,故而"文人多,诗人少"。三百年间,虽然人各有集,集各有诗,诗各自为体,"要皆经义策论之有韵者尔,非诗也。自二三巨儒及十数大作家,俱未免此病"③。后人往往概括说"唐诗主情,宋诗讲理",但在刘克庄看来,这"理"的成分未免太重,经义策论皆可入诗,即便巨儒大家都未免此病,可见真正能称得上"诗"的佳作还是太少了。至于本朝的词,"其病乃在于太工",古今词人往往"词胜理,华过实"④,形式大过内容。他虽然说"理学兴而诗律坏",但是对理学并非全然否定,而认为有些理学作品的内容是那些诗词家们所欠缺的:

> 本朝五星聚奎,文治比汉唐尤盛。三百余年间,斯文大节目有二:欧阳公谓昆体盛而古道衰,至水心叶公则谓洛学兴而文字坏。欧、叶皆大宗师,其论如此。余谓昆体岩少理致,然东封西祀、粉饰太平之典,恐非穆修、柳开辈所长;伊洛若欠华藻,然《通书》《西铭》遂与六经并行,亦恐黄、秦、晁、张诸人所未尝讲。⑤

刘克庄已经意识到,不同的场合需要不同的文体,各种文体均有其长处。西昆体固然内容上少理致,但其华丽辞藻却适用于封禅、粉饰太平这样的场合;伊洛理学家之文虽然缺少华丽的辞藻,但是其丰富的义理思想却非那些诗词家所擅长。可见,如果"理"和"文"能相结合,那文章就完美了。

戴表元生当宋元之际,他对当时的古诗现状亦很绝望:"若如今人,直谓之无诗无乐可也。"⑥因为当时的人把作诗当成"天之所以畀于穷退之人",这些人退隐山林,无聊时作诗来发泄。他自述26岁入太学时,诸贤皆高谈性命,或者用力于场屋时文,"无有肯以诗为事者"。"人不攻诗,不害为通儒。"⑦科举取士让诸儒没有专门攻诗的动力。他虽"力言后宋百五十余年,理学兴而文艺绝",但这里的"理学"并不是指周、程开创的理学,而是指科举

---

① 《刘克庄集笺校》卷九十六《送谢旴序》,第九册,第 4072 页。

② 《刘克庄集笺校》卷九十六《迂斋标注古文序》,第九册,第 4049 页。

③ 《刘克庄集笺校》卷九十四《竹溪诗序》,第九册,第 3996 页。

④ 《刘克庄集笺校》卷九十四《退庵集序》,第九册,第 3978 页。

⑤ 《刘克庄集笺校》卷九十八《平湖集序》,第九册,第 4116—4117 页。

⑥ 《戴表元集》卷七《程宗旦古诗编序》,第 97 页。

⑦ 《戴表元集》卷九《陈晦父诗序》,第 116 页。

考试中对经义的理解——应当是针对他在太学所见，有感而发。他非常肯定周敦颐、二程的贡献：

> 濂溪周元公初未尝以道学自名，而精修妙悟，上接邹鲁，其衣冠言笑，雍雍然与人盖无异耳。大程先生亦用此道。至伊川先生，始以轨范素物之论，有所不屑。然当纯公既没，众说纷纭，卒能坚忍植立而不坠其师法者，伊川先生之力也。①

周敦颐和程颢气象仿佛，不以道学自居，但学问为人足以上接孔孟。程颐孤高于世，有些不合群，但当程颢死后，众说纷纭之时，其后学仍能守师法而不堕师声，伊川功不可没。周、程所创立、代表的理学是真正的义理之学，和场屋科举所作"破裂之文"是两回事。但是对于如何解决文和道的矛盾，戴表元也没有更好的建议。

1279年，南宋正式灭亡，蒙元统一全国。之后废科举，直至1315年。期间国家用人以世袭和荐举为主，于是出现了天下士子游说公门、争相求售的现象：

> 四方士游京师，则必囊笔楮、饰赋咏，以侦候于王公之门。当不当，良不论也。审焉以求售，若乘必骏，食必稻，足跰而腹果，介然莫有所遭。夫争艺以自进，宜有不择焉者。心诚知之，孰惭其非？故幸得之，则归于能；其不得之，则归于人。惕然而自治，吾未之见也。②

这些人为了做官，已经到了饥不择食的程度，且对自己的所作所为毫无愧色，因为大家皆如此。得到赏识，就是自己有本事；没有得到，那就是人家的问题。争艺而自进，其所作之文必是投其所好，质量不好说，但社会风气因此败坏。当时在社会上影响最大的学说是朱子的《四书集注》：

> 郡博士而下，其尊且专者，莫若书院。数十年来，朱文公之说行，祠宇遍东南。各以《四书》为标准，毫杪撷挟，于其所不必疑者而疑之，口诵心臆，孩提之童皆大言以欺世。故其用功少而取效近。礼乐政刑之

---

① 《戴表元集》卷二十《跋濂溪二程谥议》，第267页。
② 《袁桷集校注》卷二十三《送范德机序》，第三册，第1162页。

本,兴衰治乱之迹,茫不能以知。累累冠绶,碍于铨部,老死下僚,卒莫
能以自见,良有以也。①

宋理宗表彰道学,褒赞朱学和《四书集注》,其直接的效果便是朱子的祠
堂遍及东南,《四书集注》也成为人们判断是非的标准。断章摘句,口诵心
想,连小孩子都会引用几句,夸夸欺世。朱子之学问因此流于形式,变成人
们死记硬背的教条,而其中蕴含的治世之道他们一概不懂。很多人做了官
之后,因为元朝的铨选考核制度使然,他们升迁的机会非常微小,致使很多
人老死下僚,也认识不到自己的问题。程朱义理之学面临发展危机。

袁桷生逢其时,他认为"理学兴而诗始废,大率皆以模写宛曲为非道",
其根本原因就是把理和文截然分开,认为二者不能相容:

> 今世论道理、词章为二涂。师道德之说者,毫分缕析,派其近似而
> 删黜之。其言博以约,据会统宗,谓一足以总万也。然惧其辞工而胜
> 理,则必直致,近譬山林颓放谚俗之语,皆于是乎取。甚者金石著述,剟
> 其说而师仿之,莫得有议焉者矣。
>
> 余固感夫二者之不相同也,缀言以绩文,将以明理也。理不自得,
> 剽袭以求之,文益弊而理日益远,将焉以为准?②

主义理者担心因辞害理,所以作文不假修辞,言辞质朴直截得连山林谚
语都引用,完全没有文采可言。袁桷提出,理和文当然不同,但是二者并非
完全相斥。组织文辞的目的就是明理,如果剽袭金石著述或民间俗谚来成
文,不但文采丧尽,连文章义理也表达不通。唐代"以文为诗",始于韩愈,规
守绳墨,诗法犹存;宋代诸儒则"一切直致,谓理即诗也",以直白平近为贵,
所作之诗犹如禅人偈语。只有苏轼、黄庭坚的诗"音节凌厉,阐幽揭明",形
式和内容结合得非常完美,所以后世学诗者咸宗之。可见将文和理对立起
来是错误的,关键在于作文之人在二者上的功力如何。

袁桷所作《送范德机序》,范德机即范梈(1272—1330)。他称赞范梈的
诗文"幽絜而静深,怨与不怨,皆存乎天"③。袁桷于1327年去世,终其一生
所见都是文与道的分离,文丧道衰。他不知道的是,正是这个范梈与揭奚

① 《袁桷集校注》卷二十三《送陈山长序》,第三册,第1190页。
② 《袁桷集校注》卷二十三《赠宣城汪泽民登第归里序》,第三册,第1169—1170页。
③ 《袁桷集校注》卷二十三《送范德机序》,第三册,第1163页。

斯、虞集、杨载，后世并称"元诗四大家"，而虞集、揭奚斯又与柳贯、黄溍号称"儒林四杰"。这些人于元代中期奋起斯文，将儒学与文学结合起来，提倡文道合一，终于迎来了有元一代文学和儒学的复兴。欧阳玄（1274—1358）总结两宋文风之流变时说：

> 自汉魏六朝以来，经生、文士判为两涂。唐昌黎韩公、宋庐陵欧阳公力能一之，而故习未尽变也。濂洛诸君子出，其所著作表里六经，言或似之。于是文极文之典奥，道极道之精微，一趋于至善而后止。其殁也，门人录其语以相授受，其为书虽出一时之纪闻，然概之圣人修辞立诚之旨，未尽合也。昧者准之以立言，世之文士共起而病之。然文士知病其为文，而未必知文外非别有道，道外非别有文也，二者胥失焉。宋末病滋甚。皇元混一天下三十余年，虞雍公赫然以文鸣于朝著之间，天下之士翕然谓"公之文，当代之巨擘也"，而不知公之立言无一不本于道也。既而退居山林垂二十载，乃得昌言于斯道，一志于斯文，而遂老矣。①

欧阳玄认为，汉魏六朝之后，文、道分离。韩愈、欧阳修倡导古文，力图文道一致而未能如愿。濂洛诸儒之理学著作，无论是文还是道，都达到了极致，惜其后学惟语录是从，不知"文外非别有道，道外非别有文"，导致文道俱失。至宋末此弊尤甚。摆脱此困境、将道和文相结合的是虞集（1272—1348）。虞集和同时代其他人，包括欧阳玄在内，改变了"文道胥失"的文坛局面。而在实践中真正实现文道合一的，是宋濂。

第二节　文道合一——宋濂对"文道胥失"的拯救

宋濂为戴表元等人的文集作序，再加上他自己的观察，于是对宋末的文风描述得更加具体：

> 辞章至于宋季，其敝甚矣！公卿大夫视应用为急，俳谐以为体，偶俪以为奇，腼然自负其名高。稍上之，则穿凿经义，隳括声律，孳孳为哗

---

① 欧阳玄撰，陈书良、刘娟校点《欧阳玄集》卷九《元故奎章阁侍书学士翰林侍讲学士通奉大夫虞雍公神道碑》，岳麓书社 2010 年版，第 112 页。

世取宠之具。又稍上之，剽掠前修语录，佐以方言，累十百而弗休，且曰"我将以明道，奚文之为？"又稍上之，骋宏博，则精粗杂糅而略绳墨；慕古奥，则删去语助之辞而不可以句，顾欲矫弊而其敝尤滋。①

这些文人们或者过分追求文章的形式或内容而忽略另一方面，或者为了形式的宏博和内容的古奥而不惜违反作文规则，矫枉过正，流弊更深。导致此种现象的原因，就是科举："科举之文兴，天下无文辞矣。……记诵之习胜，天下无真儒矣。穿凿之学多，天下无六经矣。"②科举取士，使士子们只在后人传注上用功，熟记背诵，便可登第，便不可能出现好文章。

解决"文道胥失"的文风，其实就是平衡文和道的关系：不能辞工而胜理，以文害道；也不能一切直致，文破道湮。其中所蕴含的问题，就是文之"道"究竟是什么道？学者"为文"，为的是什么文？如此便需要重新界定厘清"文""道"的内涵和外延。

一、文、道内涵的界定

以往人们一直把"文"理解成文辞，宋濂认为从"文"的本原看，其本意并非如此。

> 凡天地间，青与赤谓之文，以其两色相交，彪炳蔚耀，秩然而可睹也。故事之有伦有脊，错综而成章者，皆名之以文。唐虞以来，贤圣之君迭作，而其文至周特备。画疆定野，授田分井，邦之文也；前室后寝，左昭右穆，庙之文也；车服有章，爵土有数，官之文也；钟磬竽瑟，干戚旄翟，乐之文也；朝会燕飨，郊社祸尝，礼之文也；振旅茇舍，治兵大阅，兵之文也；发号施令，陈经布纪，政之文也；舒阳惨阴，彰善瘅恶，刑之文也。如此之故，殆不可以一二数。斯文也，非指夫辞章而已也。③

"文"总是和"事"联系在一起，凡"事"之有条有理、错综成章之处皆可以称为"文"。人文则是人为制定形成的制度和秩序。邦庙官兵，礼乐刑政，举凡与人类生活有关的仪章制度等具体设施，莫不秩然成文。这个"文"，显然与辞章无关。以上还只是肉眼可见的具体措施，其中所暗含的深意——

---

① 《宋濂全集》卷二十二《剡源集序》，第一册，第448页。
② 《龙门子凝道记》卷中《先王枢第九》，《宋濂全集》卷九十三，第四册，第2201页。
③ 《宋濂全集》卷三十三《讷斋集序》，第二册，第721页。

"道"是什么，便由孔子诉诸六经。

> 阴阳变易之义，则系于《易》；治忽几微之由，则定于《书》；成教厚伦之道，则删于《诗》；尊王贱霸之略，则修于《春秋》；辨叙名分，悦和神人之方，则见于《礼》《乐》，岂徒示夫空言为哉？其意若曰：先王之文所以范围天下者，吾不得行之；著明于经，庶几后之人或有所兴起者乎！①

这六经便是孔门"四科"中的"文学"，子游、子夏所擅长者也。孔子所谓"文学"是指处于仪章度数之间，有所增损，有体有用，有本有末的学问，而不是专指辞章之学。孔子以此教授弟子，希望后人能够发扬光大先王之"文"，这"文"在周平王东迁之后便崩坏破碎了。后世学者不考察文之本原，专以辞章为文，追求形式上的华美，感官的愉悦，而抛弃了文的内容，文和道分离，只能表明文学的衰落。

对于文道分裂的原因，宋濂也作了深刻分析。通过"文"的本原可以看出，上古之时，天有天之文，地有地之文，群圣人参天地之文发为人文，"施之卦爻则阴阳之道显，形之典谟则政事之道行，咏之《雅》《颂》而性情之用著，笔之《春秋》而赏罚之义彰，序之以《礼》、和之以《乐》而扶导防范之法具"。六经便是人文之道的体现。虽然各经文体不同，功能各异，但是却具有"正民极，经国制，树彝伦，建大义，财成天地之化"的共性。这充分说明先王之道与文是融合在一起的。之后道衰文裂，诸子之文人人殊。如管仲以霸略为文，邓析以两可辨说为文，列御寇以黄老清静无为为文，墨翟以贵俭、兼爱、上贤、明鬼、非命、上同为文，慎到以刑名之学为文……不可悉数。文章的内容变得丰富多样了，其所含之"道"却完全不同了，文和道从此分离。

> 文日以多，道日以裂，世变日以下，其故何哉？盖各以私说臆见哗世惑众，而不知会通之归，所以不能参天地而为文。②

究其原因，这些文章都不是参天地之文所得，而是出自一己之私见臆说，其目的是哗世惑众。之后历代诸儒都力图会通诸子之文，但都达不到群圣人之文的境界。宋濂认为，"上下一千余年，惟孟子能辟邪说，正人心，而

① 《宋濂全集》卷三十三《讷斋集序》，第二册，第 721 页。
② 《宋濂全集》卷三《华川书舍记》，第一册，第 76 页。

文始明。孟子之后,又惟舂陵之周子、河南之程子、新安之朱子完经翼传而文益明尔"①。通过比较诸子之文,惟有群圣人之文——六经之文可与天地之文相参,因此宋濂界定了"文"的内涵:"立不能正民极、经国制、树彝伦、建大义者,皆不足谓之文也。"②从正面说得再直白些:

> 余之所谓文者,乃尧、舜、文王、孔子之文,非流俗之文也。③
>
> 吾之所谓文者,天生之,地载之,圣人宣之,本建则其末治,体著则其用彰。斯所谓乘阴阳之大化,正三纲而齐六纪者也;亘宇宙之始终,类万物而周八极者也。呜呼,非知经天纬地之文者,恶足以语此!④

所以宋濂忌讳别人说他是"文乚","丈夫七尺之躯,其所学者独文乎哉?"⑤毕竟圣人之文所包含的不只是形式上的文字,还有实实在在的内容。

> 明道之谓文,立教之谓文,可以辅俗化民之谓文。斯文也,果谁之文也? 圣贤之文也。非圣贤之文也,圣贤之道充乎中,著乎外,形乎言,不求其成文而文生焉者也。不求其成文而文生焉者,文之至也。⑥

从圣人之文的内容或功能看,其可以明道、立教、辅俗化民。之所以有这些功能,是因为有圣人之道充塞其中。圣人之文不是刻意为之的,是圣人之道的自然流露,形于言语便成文章。所以圣人之文不是学来的,"彼人曰:'我学为文也。'吾必知其不能也。夫文乌可以学为哉! 彼之以句读顺适为正,训诂艰深为奇,穷其力而为之,至于死而后已者,使其能至焉,亦技而已矣,况未必至乎!"⑦那些追求以训诂、句读为文章之内容和形式者,只能算是一种技艺罢了,称不上是真正的文章。

之前人们在讨论"文"的兴衰时,一般指诗词赋这些文体。当时很多人将诗与文分离,出现能诗不能文、能文不能诗的怪现象。戴表元就曾指出:"诗者,文之事。余尝怪世之能诗家,常谦谦自托于不敢言文;而号工文者,

① 《宋濂全集》卷三《华川书舍记》,第一册,第 75 页。
② 《宋濂全集》卷三《华川书舍记》,第一册,第 75 页。
③ 《宋濂全集》卷八十三《文原》,第四册,第 2002 页。
④ 《宋濂全集》卷八十三《文原》,第四册,第 2003 页。
⑤ 《宋濂全集》卷八十三《文原》,第四册,第 2002 页。
⑥ 《宋濂全集》卷八十一《文说》,第四册,第 1961—1962 页。
⑦ 《宋濂全集》卷八十一《文说》,第四册,第 1962 页。

亦让诗不为,曰'道固不得兼也'。"①他讽刺这些人,就好比医生说他懂小儿医、妇人医而其他则不通,将军说只会指挥骑兵不会指挥步兵一样。从外延上说,诗属于文,作诗就是作文,把二者分开是可笑的。宋濂则从诗文同源的角度分析道:

> 诗、文本出于一原,诗则领在乐官,故必定之以五声,若其辞则未始有异也。如《易》《书》之协韵者,非文之诗乎?《诗》之《周颂》,多无韵者,非诗之文乎?何尝歧而二之?沿及后世,其道愈降,至有儒者、诗人之分。自此说一行,仁义道德之辞遂为诗家大禁,而风花烟鸟之章留连于海内矣,不亦悲夫!②

文之有韵则为诗,诗之无韵即为文,二者的区别不在于内容,而在于是否有韵律。诗家忌讳以仁义道德为内容,只以描景状物、抒发性情为诗,其实是将"诗"的范围狭隘化,僵化了诗和文的界限——在此,宋濂含蓄地批评了刘克庄,后者说宋朝那么多诗"要皆经义策论之有韵者尔,非诗也"。在此,宋濂明显扩大了"诗"的外延,不仅古诗是"诗",汉魏六朝、唐宋以降,凡有韵律者皆可称"诗"。如此一来,诗和文一样,都有了载"道"的使命。宋元理学家几乎都会作诗,诗文之盛不亚于前朝。所以,根本不存在"理学兴而诗律坏""文艺绝"的问题。

综上可见,宋濂之所谓"文"乃指圣贤之文,六经之文,也是道德之文,经世之文,而非流俗之文;他所谓"道"乃指圣贤之道,也即六经之道。

二、文外无道,道外无文

宋濂总裁《元史》时,特意去掉以往史书都设置的"文苑传",将儒林和文苑合一,统称"儒学传",以记录那些"通经能文显著当世"者,并给予解释:

> 前代史传,皆以儒学之士,分而为二,以经艺专门者为儒林,以文章名家者为文苑。然儒之学一也,六经者斯道之所在,而文则所以载夫道者也。故经非文则无以发明其旨趣,而文不本于六艺,又乌足谓之文哉?由是而言,经艺文章,不可分而为二也明矣。③

---

① 《戴表元集》卷八《张仲实文编序》,第109页。
② 《宋濂全集》卷四十一《题许先生古诗后》,第二册,第908页。
③ 《元史》卷一八九《儒学一》,第14册,第4313页。

在此，宋濂提出了一个观点：文以载道，六经乃文和道的根本。曹丕曾说："文章者，不朽之盛事。"何故？因为和有形易毁之山川相比，文章因为有无形之道寓于其中，所以可以传之不朽。这无形之"道"在哪里？"天地未判，道在天地；天地既分，道在圣贤；圣贤之殁，道在六经。""后之立言者，必期无背于经，始可以言文；不然，不足以与此也。"如上文所述，从人文的产生看，六经便是圣人之文的集中体现。在这里，宋濂又进一步把六经作为判断是不是"文"的标准。从形式到内容，凡不符合六经的，都不能称作"文"。他一口气列举了九种表现：

> 是故扬沙走石，飘忽奔放者，非文也；牛鬼蛇神，佹诞不经而弗能宣通者，非文也；桑间濮上，危弦促管，徒使五音繁会而淫靡过度者，非文也；情缘愤怒，辞专讥讪，怨尤勃兴，和顺不足者，非文也；纵横捭阖，饰非助邪而务以欺人者，非文也；枯瘠苦涩，棘喉滞吻，读之不复可句者，非文也；瘦辞隐语，杂以诙谐者，非文也；事类失伦，序例弗谨，黄钟与瓦釜并陈，春秾与秋枯并出，杂乱无章，刺睞人目者，非文也；臭腐塌茸，厌厌不振，如下俚衣装不中程度者，非文也。如斯之类，不能遍举也。[1]

反过来，"必也旋转如乾坤，辉映如日月，阖辟如阴阳，变化如风霆，妙用同乎鬼神，大之用天下国家，小而为天下国家用，始可以言文。不然，不足以与此也"。这未免有些抽象，宋濂进一步解释：

> 《传》有之："言以足志，文以足言；言之无文，行之不远。"此则文之至者也。文之至者，文外无道，道外无文。粲然载于道德仁义之言者，即道也；秩然见诸礼乐刑政之具者，即文也。[2]

宋濂给"文"定了一个最高境界，即"文外无道，道外无文"，虽说仍是"文以载道"，但二者已经不再有分开的嫌疑，而是完全融合在一起：只要是文，必然有道蕴涵在其中；而道必然通过文来体现，离道之文不是真正意义上的文，即"文者非道不立，非道不充，非道不行"[3]，"文之所存，道之所存也；文不系

---

① 《宋濂全集》卷二十九《徐教授文集序》，第二册，第 633—634 页。
② 《宋濂全集》卷二十九《徐教授文集序》，第二册，第 634 页。
③ 《宋濂全集》卷二十三《白云稿序》，第二册，第 471 页。

道，不作焉可也"①。文与道之间，就如影和形：有形才有影，形消则影无。有道方有文，无道则文也不存在，这才是"文道合一"的真正含义。

> 予闻之，文者所以载道，道与文非二致也。自夫世教衰，民失其正，高谈性命者每鄙辞章为陋习，拘泥辞章者辄斥性命为空言。互相讥讪，莫克有定。殊不知道与文犹形影然，有形斯有影，其可歧而二之乎？②

在文道关系中，"道"起到关键的主导作用：

> 道积于厥躬，文不期工而自工。不务明道，纵若蠹鱼出入于方册间，虽至老死，无片言可以近道也。夫自孟氏既没，世不复有文。贾长沙、董江都、太史迁，得其皮肤；韩吏部、欧阳少师，得其骨骼；舂陵、河南、横渠、考亭五夫子，得其心髓。观五夫子之所著，妙斡造化而弗违，百世以俟圣人而不惑。斯文也，非宋之文也，唐虞三代之文也；非唐虞三代之文也，六经之文也。文至于六经，至矣尽矣，其始无愧于文矣乎！③

道蕴积于心中，则自然发而为文，不必刻意加工而文自工；如果不致力于明道，而只是埋头读书，最终无片言能够近于道，即便著作等身，也毫无意义。根据这个标准，宋濂认为，孟子之后，世间便不再有"文"了。汉代贾谊、董仲舒、司马迁只算是得"文"之表面；唐宋之韩愈、欧阳修算得到了"文"之骨骼；只有周敦颐、二程、张载、朱熹得到了"文"的心髓。也即是说，他们的文章才是文和道的完美结合，完全符合六经的要求。以上诸人的文章高下不等，可以作为"为文"的参照标准。

宋濂充分肯定了周张程朱等理学大家的文章，也回应了一个问题：文学和理学的关系。虽然以程颐为代表的部分理学家对文学采取消极的态度，但是他们自己的文章却是得圣人之道的上乘佳作，说明文学和理学并不冲突。之所以会出现"高谈性命者每鄙辞章为陋习，拘泥辞章者辄斥性命为空言"的现象，说明双方对文、道内涵的理解过于狭隘和模糊，人为地制造文学和理学的矛盾，从而限制了文学的开展，也限制了理学思想的表达。不过，

---

① 《宋濂全集》卷九十六《浦阳人物记卷下·文学篇》，第四册，第 2258 页。
② 《宋濂全集》卷六十五《故新昌杨府君墓铭》，第三册，第 1534 页。
③ 《宋濂全集》卷二十九《徐教授文集序》，第二册，第 634 页。

宋濂虽然推崇周程等理学之文,还是认为"当以圣人之文为宗",圣人之文,当然首推六经。

三、《诸子辨》的意义

从宋濂对文的本原、内涵的论述和界定即可看出,他反复强调他所说的"文"乃圣人之文,圣人之文的具体表现即是六经,"文至于六经,至矣尽矣"。六经乃为文之根本,还在于文有醇有驳,而只有六经是文之"正"。

> 斯文,天地之元气。得其正者,其文醇;得其偏者,其文驳。世之治也,正文行乎上,则治道修而政教行;世之乱也,正文郁乎下,则学术显而经义章。斯文之正,非谓其富丽也,非谓其奇傀也,非谓其简涩涣漫也。本乎道,辅乎伦理,据乎事,有益乎治。推之于千载之上而合,参之于四海之外而准,传之乎百世之下而无弊。若是者,其惟文之正者乎?文苟得其正,则穷泰何足以累之?①

人禀天地之气而生,正气著于身,则其文纯粹;禀气之偏者,则其文驳杂。所谓文之"正",指的是这些文章的内容皆是"本乎道,辅乎伦理,据乎事,有益乎治"的,从时间和空间上看具有永恒性。而符合这一条件的,只有六经。为什么呢?因为天地不言,圣人代之立言,"经乃圣人所定,实犹天然"②。就经的内容而言,"大之统天地之理,通阴阳之故,辨性命之原,序君臣上下内外之等,微之鬼神之情状,气运之始终,显之政教之先后,民物之盛衰,饮食衣服器用之节,冠昏朝享奉先送死之仪,外之鸟兽草木夷狄之名,无不毕载,而其指归皆不违戾于道,而可行于后世"③。经所包含的范围如此广大,"世之学文者其可不尊之以为法乎?"④现存的五经中,"《易》《书》《春秋》用其全,《诗》与《礼》择其纯而去其伪",故皆谓之经。五经之外,《论语》为圣人之言,《孟子》以大贤明圣人之道,谓之经也合适。"其他诸子所著,正不胜谲,醇不逮疵,乌足以为经哉!"⑤

上一节分析过,从文的本原看,最开始文和道本来是不分的,后来道衰

---

① 《宋濂全集》卷七十七《深衾先生吴公私谥贞文议》,第四册,第1869页。
② 《宋濂全集》卷二十三《白云稿序》,第二册,第471页。
③ 《宋濂全集》卷十二《经畲堂记》,第一册,第225页。
④ 《宋濂全集》卷二十三《白云稿序》,第二册,第471页。
⑤ 《宋濂全集》卷十二《经畲堂记》,第一册,第225—226页。

文裂，诸子百家各私己见，著文立说，文道分离。后世历代诸儒不断努力，会通诸子，以求文道合一，但收效甚微。除了孔孟之文乃圣人之文，其他诸子之文究竟如何？"其他诸子所著，正不胜谲，醇不逮疵，乌足以为经哉！"这一结论是概括性的，具体"谲"在哪，如何"疵"，需要充分的理由。宋濂特意作《诸子辨》，对先秦以降诸子之书逐一考证，其目的就是"解惑也"。

《诸子辨》从《鬻子》开始，终之于周敦颐、二程之书。这些书，经宋濂考证，有的是伪书，如《孔丛子》；有的内容不符合正道，如《管子》"汲汲功利，利益俱丧"，如《孙子》论兵以权术变诈而不以仁义节制，如《鬼谷子》之流皆是捭阖揣摩之术；有的观点与圣人相悖，如《荀子》言性恶而讥讽子思、孟子；有的本根不正，如《老子》……诸子中，被史书和后世人所推崇的有荀子、扬雄、王通。"扬本黄老，荀杂申韩"，《文中子》一书"牵合附会"，不足取信于人。相比之下，只有周敦颐之《周子通书》"文虽高简，体实渊懿，实可上继孟氏，非余子比也"，而《子程子》十卷虽不确定编者何人，但其内容确实是二程之言，"辞极峻古，虽间有稍离真者，亦不远矣"①。之所以始于《鬻子》而终以周、程，"欲读者有所归宿也"②。

宋濂作《诸子辨》的目的是"解惑"，是让学者不要惑于邪说。他在《诸子辨》后记中明确说："九家之徒竞以立异相高，莫甚于衰周之世。言之中道者，则吾圣贤之所已具；其悖义而伤教者，固不必存之以欺世也。于戏！邪说之害人惨于刀剑，虐于烈火，世有任斯文之寄者，尚忍淬其锋而膏其焰乎？"③如此看来，考证辨析只是手段，真正的目的是想告诉学者，六经以及周张程朱等理学大家的著述已经具备了所有的道理，文辞也没有问题，其余诸子之书都是多余的。只要阅读圣人之六经就够了。

总之，宋濂从以上三个方面回应了当时文学发展所面临的困境：重新界定"文""道"的内涵，使其外延扩大，以便确立六经的地位；重新审视文道关系，确立道对文的主导作用，以明确为文的意义在于明道，也意在说明理学和文学并不冲突；著《诸子辨》，诸子之文或伪或邪，均非文之"正"，只有六经才是文之正、文之至，乃为文之根本。

---

① 《宋濂全集》卷七十九《诸子辨》，第四册，第 1915 页。
② 《宋濂全集》卷七十九《诸子辨》，第四册，第 1916 页。
③ 《宋濂全集》卷七十九《诸子辨》，第四册，第 1916 页。

第三节　为文与养气

界定了文、道的内涵,明确了文道关系,那么如何写出好文章? 宋濂提出养气、修德。

一、为文必在养气

孟子曾向学生解释如何才能做到"四十不动心",那就是要持志养气,善养浩然之气。此气至大至刚,集义而生,充乎体内,可以让人摒除一切私念欲望。孟子说的"气"指体气,也指气势。刘勰《文心雕龙·养气》专门讲养气和作文的关系:"率志委和,则理融而情畅;钻砺过分,则神疲而气衰","志盛者思锐以胜劳,气衰者虑密以伤神。"志气衰颓,神思萎靡,是写不出清思逸志的好文章的。要"清和其心,调畅其气",心气和畅,才能文思泉涌。养气的过程,就是一个涵养文思的过程。

孟子的善养浩然之气说、刘勰的养气为文说被后世很多思想家继承。理学家接受养气说,其目的主要是养心修性;文学家谈养气说,是接着刘勰继续挖掘养气对作文的影响。韩愈就提出"文以气为主",苏辙认为司马迁游历四海名山大川,与燕赵豪杰交游后,"其文疏荡,颇有奇气"①。阅历可以增强一个人的底气,气足则文章自有规模。刘将孙(1257—?,字尚友,庐陵人)强调说"文以气为主,非主于气已",文章之所以气势浩然,仿佛成为文章的主宰,是因为有一个东西主宰着气。这个主宰,就是理,所以应是"文以理为主,以气为辅"。那些能诗不能文、能文不能诗的人,"皆其主弱而气易衰也"②。刘克庄也赞同"文以气为主",他还举了个例子:苏轼的文章风行大江南北,评论其文章者也非常多,一般都说他天纵英才,笔力浩大。惟有孝宗评曰:"气高天下,乃克为之。"刘克庄认为此言可谓"尽坡公之平生矣"③。

宋濂基本认同"文以理为主,以气为辅"的观点,正如上文所分析,道对于文起着决定性作用。他提出"为文必在养气"说:

① 苏辙著,陈宏天、高秀芳点校《栾城集》卷二二《上枢密韩太尉书》,《苏辙集》,中华书局 1990 年版,第一册,第 381 页。
② 刘将孙《谭村西诗文序》,陶秋英编选《宋金元文论选》,人民文学出版社 1999 年版,第 552 页。
③ 《刘克庄集笺校》卷九十七《诗境集序》,第九册,第 4098 页。

　　为文必在养气。气与天地同，苟能充之，则可配序三灵，管摄万汇，不然则一介之小夫尔。……气得其养，无所不周，无所不极也。揽而为文，无所不参，无所不包也。九天之属，其高不可窥；八柱之列，其厚不可测，吾文之量得之。规毁魄渊，运行不息，基地万荧，缠次弗紊，吾文之焰得之。昆仑县圃之崇清，层城九重之严邃，吾文之峻得之。南桂北瀚，东瀛西溟，杳渺而无际，涵负而不竭，鱼龙生焉，波涛兴焉，吾文之深得之。雷霆鼓舞之，风云翕张之，雨露润泽之，鬼神恍惚，曾莫穷其端倪，吾文之变化得之。上下之间，自色自形，羽而飞，足而奔，潜而泳，植而茂，若洪若纤，若高若卑，不可以数计，吾文之随物赋形得之。①

　　人之气得以充养之后，其格局便与天地同大，日月同明，就不会盯着局局之小技。无论天高地厚，星辰浩渺，无论多么壮丽高峻，变化无穷，只要胸中格局足够大，都可以用文章的形式表达出来。而这格局大小，就来自体内之"气"充养得如何。大道凌迟，文气日削，很多人"娄乎外而不攻其内，局乎小而不图其大"，什么原因？因为有"四瑕、八冥、九蠹"这些行为拖累着这些人：

　　何谓四瑕？《雅》《郑》不分之谓荒，本末不比之谓断，筋骸不束之谓缓，旨趣不超之谓凡，是四者，贼文之形也。何谓八冥？讦者将以疾夫诚，撅者将以蚀夫圆，庸者将以混夫奇，瘠者将以胜夫腴，饷者将以乱夫精，碎者将以害夫完，陋者将以革夫博，昧者将以损夫明，是八者，伤文之膏髓也。何谓九蠹？滑其真，散其神，糅其氛，徇其私，灭其知，丽其蔽，违其天，昧其几，爽其贞，是九者，死文之心也。有一于此，则心受死而文丧矣。②

　　宋濂的分析，真是入木三分，将文章容易出现的问题以及原因由浅入深地分析个透。"四瑕"即四种瑕疵，雅俗不分，本末不清，内容不紧凑，立意不高明，这些行为还只是伤及文章的表面。"八冥"指八种糊涂行为，指文章内容的攻击、歪曲、平庸、贫瘠、粗糙、破碎、简陋、愚昧，损害的是文章的精髓。"九蠹"则指九种像蠹虫一样的行为从内部直接啃噬着文章的核心，使文章

① 《宋濂全集》卷八十三《文原》，第四册，第2003页。
② 《宋濂全集》卷八十三《文原》，第四册，第2004页。

从形式到内容都丧失了存在的价值。究其根本，就是不知养气的结果。所以，宋濂总结道："人能养气，则情深而文明，气盛而化神，当与天地同功也。"①以诗歌创作为例，人的气质不同，诗的风格就各异：

> 诗，心之声也。声因于气，皆随其人而著形焉。是故凝重之人，其诗典以则；俊逸之人，其诗藻而丽；躁易之人，其诗浮以靡；苛刻之人，其诗峭厉而不平；严庄温雅之人，其诗自然从容而超乎事物之表。②

显然，所谓气质，都是个体平时涵养修行的结果。反过来，从诗的风格亦可判断出作诗人的性格特点、涵养如何。

二、道积而气充

养气的作用在于作文时，文章的格局、气势等会与众不同。但是气毕竟不是文章的主宰和根本，主宰气的是道。或者说，在宋濂看来，主宰气的是心。心正则所养之气正，气正则文自然正。六经乃圣贤之道的集中体现，是圣贤心中所具之理笔之于外的结果。所以养气之先，可通过研读六经的方式体会圣贤之心，使自己达到心与经合一的境地。道著心明，自然气充文昌。

宋濂指出，圣贤对于天地、四海之道已经无不知、无不尽，但仍然需要学习，不同的是，他们"学其大不学其细"："反之于身以观其诚，养之于心而欲其明，参之于气而致其平，推之为道而验其恒，蓄之为德而俟其成。"道成德至之后，他们的视听言动，齐家治国，无不自然成文，"不求其成文而文生焉"。和圣贤相比，普通学文者则"伪焉以驰其身，昧焉以汩其心，扰焉以乖其气，其道德蔑如也，其言行舛如也，家焉而伦理谬，官焉而政教泯，而欲攻乎虚辞以自附乎古，多见其不察诸本而不思也"。文，由心而发，心乃一身之主，心不正则身不修，身心不修而欲修辞，是弃本逐末的表现。圣贤与"我"本心同理同，但为何在"为文"上有异？"特心与气失其养耳。""圣贤之心浸灌乎道德，涵泳乎仁义，道德仁义积而气因以充。气充，欲其文之不昌，不可遏也。"③圣人为学，自心而身，自身而家，但绝不会把为文放在首位。圣人之文乃道德仁义积于一身之后，气因此而得以充养，然后自然喷薄而出的结

---

①　《宋濂全集》卷八十三《文原》，第四册，第 2004 页。
②　《宋濂全集》卷二十七《林伯恭诗集序》，第二册，第 575 页。
③　以上引文见《宋濂全集》卷八十一《文说》，第四册，第 1962—1963 页。

果。在这些要素中，"明道"最为重要。所以，"大抵为文者，欲其辞达而道明耳。吾道既明，何问其余哉？虽然，道未易明也，必能知言养气，始为得之"①。反过来，知言养气有助于明道。今世学者为文，亦应如是。

综上，宋濂捋顺了如何为文的方法："天地之间，至大至刚，而吾藉之以生者，非气也耶？必能养之而后道明，道明而后气充，气充而后文雄，文雄而后追配乎圣经。不若是，不足谓之文也。何也？文之所存，道之所存也。文不系道，不作焉可也。"②读经以明圣人之道（心），修身以正心，心正则气正，气正则文正。

他评价自己身边的那些文学家所著之文：

> 近代以文章名天下者，蜀郡虞文靖公、豫章揭文安公、先师黄文献公及庐陵欧阳文公为最著。然四公之中，或才高而过于肆，或辞醇而过于窘，或气昌而过于繁，故效之者皆不能无弊。惟先师之文，和平渊洁，不大声色，而从容于法度，是以宗而师之者虽有高下浅深之殊，然皆守矩蹈规，不敢流于诡僻迂怪者，先师之教使然也。③

在他看来，虞集、揭傒斯、欧阳玄之文或者因为才高过于肆意，或者因为追求文辞纯粹而过于拘谨，或者为了追求昌大之气势而过于烦琐，所以都有弊端。唯有他的老师黄溍之文，避免了以上问题，形式中规中矩，内容平和不张扬，可以师法之。黄溍曾教导宋濂："学文以六经为本，迁、固二史为波澜。二史姑迟迟，盍先从事于经乎？"④受此影响，宋濂在创作和评论文章时亦以此为标准。比如他看了《丹崖集序》后，对学生们说："沉涵于经而为之本原，厌饫于史而助其波澜，出入诸子百家以博其支流，此作有之。"⑤文章内容以六经为根柢，以史书增加其气势，以诸子百家之学使其广博，这就是好文章的标准。而宋濂本人的文章，无论何种文体，无不如此。

三、宋濂的文学实践

从老师黄溍那里，宋濂学会了先研读六经，然后经史结合的写作原则。

---

① 《宋濂全集》卷八十三《文原》，第四册，第 2004 页。
② 《宋濂全集》卷九十六《浦阳人物记卷下·文学篇》，第四册，第 2258 页。
③ 《宋濂全集》卷八十《书刘生铙歌后》，第四册，第 1921—1922 页。
④ 《宋濂全集》卷二十三《白云稿序》，第一册，第 471 页。
⑤ 《宋濂全集》卷二十三《丹崖集序》，第二册，第 468 页。

他受学于吴莱,吴莱教了他具体的作文、作赋之法①。他把学文者分为上中下三等:

> 昔之圣贤,初不暇于学文。体之于身心,见之于事业,秩然而不紊,灿然而可观者,即所谓文也。其文之明,由其德之立;其德之立,宏深而正大,则其见于言自然光明而俊伟,此上焉者之事也。优柔于艺文之场,厌饫于今古之家,搴英而咀华,溯本而探源,其近道者则而效之,其害教者辟而绝之,俟心与理涵,行与心一,然后笔之于书,无非以明道为务,此次焉者之事也。其阅书也,搜文而摘句;其执笔也,厌常而务新,昼夜孜孜,日以学文为事,且曰:"古之文淡乎其无味,我不可不加秾艳焉。古之文纯乎其敛藏也,我不可不加驰骋焉。"由是好胜之心生,夸多之习炽,务以悦人,惟日不足。纵如张锦绣于庭,列珠贝于道,佳则诚佳,其去道益远矣,此下焉者之事也。呜呼,上焉者,吾不得而见之,得见中焉者斯可矣。奈何中焉者,亦十百之中不三四见焉,而沦于下焉者又奚其纷纷而藉藉也? 此无他,为人之念弘,为己之功不切也。②

上等学文者先修身立德,德立自然文立。中等学文者,优柔厌饫于古今艺文,孜孜以求,能达到心理合一,下笔成文可以明道。下等学文者,其目的不是为了明道,而是好胜夸多;其为文则文道分离,去道益远。宋濂慨叹,上等的他没见过,中等的应该很多,但实际凤毛麟角,下等的最多。究其原因,这些人从事的均是"为人之学",而非为己。那么宋濂本人属于哪一个层次呢?

从宋濂的志向和终身追求看,上等之文是他的学习目标,而他的成就属于中等是毫无疑问的。他的《潜溪集》于元至正十六年(1356)由郑氏书塾刊行,时任经筵检讨的郑涛请当时的大儒、时任翰林学士承旨、知制诰、兼修国史的欧阳玄作序。欧阳玄看罢,从气韵、神思、辞调、态度等方面做了充分肯定:

> 宋君虽近出,其天分至高,极天下之书无不尽读,大江以南最号博学者也。以其所蕴,大肆厥辞,其气韵沈雄,如淮阴出师,百战百胜,志

---

① 参见《宋濂全集》卷八十《评浦阳人物·元处士吴莱》,第四册,第1946页。
② 《宋濂全集》卷二十四《赠梁建中序》,第二册,第491—492页。

不少慑。其神思飘逸,如列子御风,翩然褰举,不沾尘土。其辞调尔雅,如殷鼎周彝,龙纹漫灭,古意独存。其态度多变,如晴霁终南,众皱前陈,应接不暇。非才兼众长,识迈千古,安能与于斯?杂于古人篇章中,盖甚难辨。①

欧阳玄称自己久在翰林,海内文章无不寓目,然而像宋濂这样的文章,何其鲜也!他夸赞宋濂的文章已经达到古人的境界,并引先民之言作结论:"'知言,圣贤之能事;立言,学问之极功。不学知言,不能明理;不学立言,不能成文。'有若宋君,其殆理明而文成者欤!"②宋濂完成了圣贤才能胜任的事,他的学问已经达到了顶点。评价之高,连刘基都说"文公之言至矣,尽矣,设使基有所品评,其能加毫末于是哉?"③

无论是前辈和好友,都对宋濂的文章赞叹不已。的确,正如刘基所言,宋濂于经史子集诸书无不涉猎,且能记诵,上究六经之原,下究子史之奥,以及佛、道之书无不登堂入室,所以他的文章"主圣经而奴百氏,故理明辞腴;道得于中,故气充而出不竭"④。宋濂所作之文体众多,几乎涵盖了广义文学上的各种体裁。其文章最大的特点,就是不空谈。无论何种文体,无论为谁而作,都有核心思想在其中,或道或德,"文道合一"的理念在他的文章中得到充分贯彻。即便入明后他为朝廷写的多篇《颂》,也不是单纯的歌功颂德,而是暗含劝谏、隐喻在其中。如《平江汉颂》,在描述了一番盛大战况、文治武功后,在《颂》的最后他进言:"三代以还,用仁兴国。皇宜遵行,永作民极。"⑤

经史结合是宋濂文章的另一大特点。他发挥史学特长,对几乎涉及的每一事物都要从历史的角度追溯一番。如对经、文、诗、书法、谱牒、姓氏、佛道教及其各个宗派、寺庙等等,读其著作简直就是读一部百科全书。以经断史、以史证经更比比皆是。这使得他的文章气势恢宏,有血有肉,用词考究,却又信手拈来,不着半点刻意修饰的痕迹。本文前些章节在论及相关内容时,已有很多例子,兹不赘述。

总之,宋濂被公认为"明代开国文臣之首",文章独步天下,是有原因的。

---

① 欧阳玄《潜溪集序》,《宋濂全集》"附录二",第五册,第 2722 页。
② 欧阳玄《潜溪集序》,《宋濂全集》"附录二",第五册,第 2722 页。
③ 刘基《潜溪文粹序》,《宋濂全集》"附录二",第五册,第 2742 页。
④ 刘基《潜溪集序》,《宋濂全集》"附录二",第五册,第 2728 页。
⑤ 《宋濂全集》卷一《平江汉颂》,第一册,第 8 页。

他入明前大部分时间以教书为业，并未卷入朝局政治，时间和精力都放在读书上。受学于名师，又天资聪颖，故而无论在理论上还是实践上，他的文学成就都是令人瞩目的。他在总结和批判前人文论的基础上，对文道的内涵及关系、文学和理学的关系等问题都做了深入的思考，并给出了全新的解读，得到他的好友，也是一代文豪刘基、王祎等人的认同。他们一起推动着有元一代文学的发展。宋濂的文论对后世产生了深远影响。宋濂的得意弟子方孝孺，从学老师前后共四年，朝夕讲读，宋濂倾囊相授，所以方孝孺尽得老师的学问精髓而归。他被誉为"天下读书人的种子"，可见才学独超侪辈。明代中期以后文学繁荣，心学兴盛，每一个领域都可见宋濂思想的影子。对这一点，后章将集中论述。

本章小结

有学者将宋濂的文学观概括为"持政事、理道、辞章三者合一的宗经致用的观点"①，甚有道理。宋濂讳人以"文人"目之，一生致力于研读六经，以六经之道为衡量"道"、六经之文为衡量"文"的标准，提倡文道合一，无意为文，却文采斐然，这是他对六经之文与道得之于心而应之于手的结果。他的文道观是对宋元文学思想的反思和总结。针对"文道胥失"的问题，他提出"文道合一"，将"六经皆心学"运用于其中，重新界定了文与道的内涵和外延，将理学与文学结合起来，反对人为地将二者对立。正确理解"作文害道"、"洛学兴而文字坏"、"理学兴而文艺废"十分必要，应当结合命题提出的语境、提出者生活的时代和社会背景。一味强调理学和文学的对立，无助于理解理学，更有可能曲解提出者的本意，甚至对提出这些命题的思想家（文学家）为何同时还对一些理学大家或思想赞叹有加而感到迷惑。科举制度的导向作用，可以为理解这些命题提供有益的启发。

---

① 王云熙、顾易生《中国文学批评通史》（宋金元卷），上海古籍出版社 2011 年版，第 828 页。

第八章　宋濂的三教观

　　佛教传入中国、道教形成之后，因为宗教义理、信仰目标和生活方式等与儒家完全不同，所以儒释道三教之间的关系一直很微妙。佛教作为外来的宗教，从引起注意那天起，便注定会与本土的儒、道教发生冲突。从一开始的对立冲突，到后来尝试求同存异，到最后大倡"三教一家"，这期间经历了一个反复曲折的过程。元朝幅员辽阔，信仰众多，实行宽容开放的宗教政策，各个宗教在此时得到了最大程度的尊重和融合，所以也是三教合流、"三教一家"思想最成熟的时期。明初朱元璋亦大力扶持三教，对佛教尤其青睐有加。宋濂生当此时，又精通三教教义，具有会通三教的意识是很正常的。不过，宋濂之"会通"异于其他理学家，他既不援佛入儒，也不援儒卫佛，而是主张三教平行。无论在理论还是实践上，宋濂处理三教关系的方式都是独特的。

第一节　元明时期的三教概况

一、元明以前的三教关系

　　佛教从西汉末传入中国后，经过大约三百年的传播，至南北朝时期终于得到长足发展。上至帝王将相，下至黎民百姓，到了痴迷的程度。儒家开始从道德伦理、生活习惯、佛门戒律等方面抨击佛教与中土的种种格格不入。佛教奋起反击，而那些拥护支持佛教的学者也对这种儒家本位思想非常不满，终于引发儒佛之间的第一次冲突。双方围绕因果报应、形神关系、夷夏之防、沙门应否礼敬王者等问题展开公开的辩论。形成于东汉末年的土生土长的道教也不甘寂寞，和儒家站在同一阵营攻击佛教。只是，因为儒、道学者对佛经的理解存在严重偏差，所以双方的辩论更多时候是鸡同鸭讲。

　　隋唐一统，佛教达到鼎盛，宗派林立。李唐王朝崇道教，但对佛教也比较有好感。很多皇帝佞佛，如唐宪宗亲自迎接佛骨舍利。佛教的存废之争仍然很激烈。主张用暴力手段废除佛教的，唐初有傅奕，中期有韩愈。而佛教则极力倡导儒佛一致，一批士大夫如王维、柳宗元等也都维护佛教。主张废佛者主要着眼于佛教对社会的危害：很多人为逃避税赋而出家，大量田地荒芜，寺庙经济膨胀，寺院内部混乱等等。此时的道教在理论上也丰富起来。他们与儒家联合，企图通过朝堂公开辩论驱逐佛教，可惜理论上还是粗糙了些，未能如愿。

至宋代，佛教各教宗经唐代晚期的"会昌法难"和五代周世宗灭佛这两次劫难，一蹶不振，惟有禅宗一家独秀。北宋对佛教基本采取扶植的态度，同时奉行右文政策，整个社会弥漫着读书讲习的浓厚风气，文人士大夫的生存环境宽松而自由。那些具有较高文化素养的儒士大夫们倾心于佛教，禅悦之习较唐更盛，著名者如李遵勖、曾公亮、富弼、苏轼、黄庭坚、王安石、张方平、晁补之、张商英、张九成等等，他们后来都以护法居士的身份被列入《传灯录》。他们对佛教的研习和修持，一方面对佛教的复兴起到了助推作用，另一方面他们援佛入儒，儒佛会通，直接促成了理学的产生。理学家们有感于"儒门淡薄，收拾不住，尽归释氏"的现实，奋起拯救斯文，要"为往圣继绝学"。大部分人如张载、二程、朱熹、张栻等都对佛教采取排斥的态度，胡寅还专门作《崇正辩》全面抨击佛教。因为他们基本都有"出入佛老而后返回六经"的求学经历，所以对佛教义理的理解相较以前已经相当深入，能够从天道、心性等方面有针对性地批判，而且破立并举，构建了一个个符合儒家传统的新理论体系。佛教方面则先后有永明延寿、契嵩、智圆等，将佛经与儒经教义结合起来，力倡儒佛一致，均有利于社会的道德教化。此一时期的理学家，不仅批判佛教，而且连道家、道教一块批，甚至根本就把老子代表的道家和奉老子为教祖的道教混为一谈。

二、元明时期的宗教政策

元王朝"北逾阴山，西极流沙，东尽辽左，南越海表"[①]，幅员之广，前所未有。辽阔的疆域、各种文化的交融使人们的视野再也无法局限于中土内陆，也让人认识到中国再也不是什么中心，中心之外还有中心。辽阔的疆域也带来了异域风情，各种宗教并存。不仅佛、道，还有藏传佛教（喇嘛教）、伊斯兰教、景教、萨满教、犹太教、摩尼教、祆教等等。元代从成吉思汗开始便奉行信教自由政策，并下令："切勿偏重任何宗教，应对各教之人待遇平等。"[②]此等胸襟亦前所未有。这自然有助于人们以开放、平等的眼光对待

---

① 《元史》卷五十八，第 5 册，第 1345 页。
② 转引自任宜敏《中国佛教史》（元代），人民出版社 2005 年版，第 3 页。

异域文化，而不是排斥。

由于文化传统、宗教信仰的差异，蒙元统治者一开始理解不了佛教禅宗的禅理、禅趣，直到元世祖忽必烈才积极推广佛教信仰。在全国广建寺院，赐给寺院大量田产，免除僧人赋税杂役。元代寺院不仅经营土地，雇佣依附民和佃农，收取高额地租，还经营手工业、商业、采矿、信贷业等，这种多元化经营也是前所未有的。与雄厚的经济地位相匹配的是僧尼的社会地位，在社会阶层划分中仅次于官、吏，排列第三，俨然权贵。清代赵翼曾评价："古来佛事之盛，未有如元朝者。"①与其物质条件不协调的是僧侣的文化水平。忽必烈至元年间曾诏十位大德入内殿供养，很多人居然是文盲，连被委任掌管天下僧事的印简法师也是不识字的。成宗初，朝廷选经考试僧道，标准就是识字与否，这和唐宋之世要求诵经很多种很多卷方能出家，简直不能同日而语——这就可以理解，为什么那么多禅师、沙门都要向宋濂请教开示，而宋濂也积极"以文辞为佛事"，在文章中对各宗派的传法系统、基本教义都不厌其烦地进行梳理阐述，其对佛门之贡献实在是功莫大焉。

元人崇奉喇嘛教，所以密宗的地位和规模非他宗可比。虽然成吉思汗下令各教平等，不得有所偏重，但在实行中还是采取了"重教抑禅"的政策，主要是扶持天台宗②。所以天台讲教之风浓郁，宋濂就曾为多位天台僧人作记、撰塔铭。同时，禅宗虽然受到抑制，但因其不立文字、法门方便，仍受到追捧。此时沩仰、云门、法眼均已失传，唯临济和曹洞宗仍维持一定规模。净土宗有了新发展，禅净融合进一步加强，禅宗将自性成佛之修行主旨落实为生死问题的解决上，这便与净土宗以往生西方净土、摆脱生死的旨归统一了起来。各教派在修行法门上还出现了相互融通，如在北方，出现了华严和密教修行的结合，也出现了华严与唯识结合的修学沙门。江南则是华严与禅修相结合，倾向教禅双行的华严禅。

道教因为追求长生的宗旨，受到元世祖忽必烈的追捧和恩赐，所以在元代也获得了长足的进展，全真教、真大道教、净明道、龙虎山正一教等等，基本都受到朝廷的礼遇和优待。此时的道教大倡三教一家，王重阳"儒门释户道相通，三教从来一祖风"③，丘处机"儒释道源三教祖，由来千圣古今同"④，

---

① 赵翼《陔余丛考》卷十八"元明崇奉释教之滥"，中华书局 1963 年版，第 351 页。
② 参见赖永海主编《中国佛教通史》（第十一卷），江苏人民出版社 2010 年版。
③ 王嚞著，白如祥辑校《重阳全真集》卷一《孙公问三教》，《王重阳集》，齐鲁书社 2005 年版，第 9 页。
④ 丘处机著，赵卫东辑校《磻溪集》卷一《师鲁先生有宴息之所榜曰中室又从而索诗》，《丘处机集》，齐鲁书社 2005 年版，第 17 页。

谭处端"三教由来总一家,道禅清静不相差"①,王处一"天和地理与人安,三教三才共一般"②,等等。三教一致的思想越来越深入人心,三教均有助于教化的理念越来越被人们所认可。此时儒家仍有人批判佛教,但和唐宋相比,声音明显弱了很多。

明太祖朱元璋因为有少时做沙门的经历,所以登基后对佛教多方扶持,大力引导,他还钦定《心经》《金刚经》《楞伽经》为僧人必修的经典,敕令宗泐等人为之笺释,并梓行天下。他时常和宋濂讨论佛经,与他交流《楞伽经》,赴蒋山参加法会等都要宋濂作"记"。朱元璋就主张三教并行不悖,均有助于教化治世,这和宋濂心中的理念不谋而合,这也是二人能够愉快交流的共同基础。

三、宋濂三教观形成的内外因

宋濂对佛、道均有好感,自然与他生活的时代和环境有关。更重要的,是此时儒家已经具有足够的底气面对佛道。理学家排斥异端之剧烈,莫过于理学开创时期。受到佛、道教的挑战和刺激,理学家们的危机感可以理解。至元明时期,儒学经过宋代思想家近三百年的努力,围绕理气心性等核心范畴以及由其衍生出来的种种理学话题已经被探讨、研究得相当深入,由此形成的诸理学体系已经基本完备,儒家对天道、心性等问题的认识已远非汉唐可比,理论体系已经坚挺成熟。而此时佛教除了禅宗之外,其他教派明显式微,再也没有当年的威胁。儒家终于不必那么紧张了——这也是宋濂理论自信最主要的原因。他根柢六经,折衷朱陆,融合浙东诸学术,体用兼具,已经无须援佛经解儒理。他个人在儒学、佛教上深厚的学识修养也使他能够驾轻就熟地运用各自的专业术语表达其思想。

儒释道三教融合的步伐在元代明显加快。蒙古征服南北、入主中原之时,大肆屠杀,多年不倡科举,儒士地位一落千丈。为了生存,佛道教的寺观便成为儒生栖身、逃避赋税徭役之所。宋濂为躲避元廷的征召和战乱,两度入仙华山做道士,都说明道观佛寺在天下混乱之时是儒士们藏身避难最好的场所。出家实为无奈之举,但由此也增进了三教的交流,儒家对佛道教的理解和好感与日俱增。

---

① 谭处端《水云集》卷上,《谭处端集》,白如祥辑校《谭处端刘处玄王处一郝大通孙不二集》,齐鲁书社 2005 年版,第 15 页。
② 王处一《云光集》卷一,《王处一集》,白如祥辑校《谭处端刘处玄王处一郝大通孙不二集》,第 256 页。

佛教传入中国后便努力适应本土文化，理论上不断比附儒家，如以五戒比五常，以《周易》之八卦比佛教之"八正道"等等。随着人们对佛教了解的不断加深，主张折衷儒释、倡导儒佛一贯的声音越来越多。历朝历代都有人抨击佛教，但同时也有人挺身而出为佛教辩护。护教者不仅有禅僧，更多的是儒士大夫。宋代理学家从义理的角度排佛，自觉已经深入佛教之骨髓，元代刘谧则作《三教平心论》对韩愈、欧阳修、张载、二程、朱熹的排佛言论逐一驳斥，其论点对后世产生深远影响。三教并行而不悖的理念越来越得到认可。

对于儒家来说，承认三教一致并不难，关键的问题是在处理三教的关系时，如何划清三者理论上的界限，维护儒家理论的纯洁性，保持与佛、道教的距离。要做到这一点，非精通三教理论而不能，宋濂却正是精通三教理论、能够左右逢源又不混淆者。

第二节　佛教观

宋濂一生三阅大藏，不仅谙熟佛法大义，而且对佛教各宗派的传承法系了如指掌。正因为有着对佛教的深厚感情和深入研究，所以他反对那些流于表面的排佛言论，并对佛教传入中国的时间、各种对佛教的疑问和误解进行了辨析、解答。作为在家居士，宋濂希望尽一己之力协调教与禅、教与教之间的矛盾。如果将宋濂的这些著述整合起来，就会发现对于佛门，这是一部佛学教科书；对于宋濂，这就是一部佛教史研究专著。

一、誓以文辞为佛事

与佛教有着前世宿缘的宋濂发誓要"以文辞为佛事"，就如出家僧侣要诵经拜佛一样，在家的宋濂则要用他的文笔为佛门服务。所以凡是沙门所请，他概不拒绝。他为诸多寺庙作记，为高僧作塔铭、碑记，为各种佛教经典、文集作序、辞、赞、引、题、跋。有人统计，这些著述占其著作总量约五分之一。在文章中，宋濂不厌其烦地讲解佛教的基本教义，有些还是小乘佛教的基础理论，颇有普及常识的味道。为何？就因为当时僧侣的佛学素养堪忧，很多沙门不识字，更遑论读佛经。宋濂所著，并非只给佛门中人看，还要在社会上传播。正如宗泐为同门辅良大师请塔铭时所说："子通吾宗，其言当见信于世。"①所以,宋濂"以文辞为佛事"就有了敷阐教义、普及佛法的意义了。

1. 阐教义,弘佛法

佛经浩瀚,各教派各有所宗,很多理论也晦涩难懂。如何才能提纲挈领,一悟见地?宋濂直接抓住佛法核心要义,反复开陈:

> 积经至恒沙数,无有穷极。悉会于一,是名为心。②
>
> 吾佛之学,明心而已矣。然心未易明也。结习之所胶滞,根尘之所盖缠,沉冥于欲途,颠倒于暗室,而不能自知。③
>
> 应知万法,实本一心。由心诚故,而经应之。心灵经灵,理无疑者。……欲作佛者,此心即是。④
>
> 大雄氏之设教,法门虽广,其所以摄妄念、明真性者,则一而已。⑤
>
> 我观一切法,无非出心性。一性而无性,三千恒宛然。摄别而归总,斯为第一义。⑥

无论佛经还是佛学,其核心要义即是心。"心"为一切之总纲,世间一切变幻,无非我"心"之外映。"心生则种种法生,心灭则种种法灭",明心即可见性,所谓佛性,就含藏在我心中。所以,坐禅修习,其实就是修心。无明妄念、积习欲望,皆是人明心见性的滞碍,所以佛祖设立了种种方便法门,目的只有一个,即教人"摄妄念,明真性"。只要抓住这个核心,就不会被浩如烟海的佛经弄得眼花缭乱,乃至不可自拔。

佛教典籍众多,为诸宗所共同研习、并在民间也广为流传的却并不多。宋濂为使这些经典深入人心,或直接为之训解,或为之作序时总是先拈出其核心要义,使读者不致迷失在经文中。《心经》《金刚经》《楞伽经》被誉为禅宗三书,与朱元璋的钦定和大力推广分不开。历来注释《心经》者凡百十家,宋濂认为这些注释有"芜""鄙""简""杂"的缺点,所以他专门作训解,"芜者剔之,鄙者雅之,略者补之,杂者一之"⑦,从而让普通百姓也能读懂。他概

---

① 《宋濂全集》卷七十三《杭州灵隐寺故辅良大师石塔碑铭》,第三册,第 1773 页。
② 《宋濂全集》卷十五《乌伤圣寿禅寺记》,第一册,第 280 页。
③ 《宋濂全集》卷二十四《送季芳联上人东还四明序》,第二册,第 486 页。
④ 《宋濂全集》卷八十九《金刚经灵异赞》,第四册,第 2122 页。
⑤ 《宋濂全集》卷四十九《净慈禅寺第七十六代住持无旨禅师授公碑铭》,第二册,第 1137 页。
⑥ 《宋濂全集》卷九十一《莲华藏宝偈》,第四册,第 2161 页。
⑦ 《宋濂全集》卷八十五《般若波罗蜜多心经文句引》,第四册,第 2027—2028 页。

括《金刚经》要义："《金刚般若》多至五千余言，而'阿耨多罗三藐三菩提'九言又为一经之要。九言之中，而'菩提'二字复尽摄其义。盖菩提者，觉也。佛则能觉，众生则迷也。此经拳拳劝诱，欲众生去迷而就觉尔。"①他还打算作一部《金刚经集解》，可惜因战乱而未成。《楞伽经》"文学简古，义趣渊微"②，连宋濂都患其难读。早在洪武四年（1371），他就为成书于南宋庆元年间的《楞伽宝经集注》题辞，概述《楞伽经》要义："矧此《楞伽》，实诠圆顿。八识洞然，号如来藏。大包无外，小入无内。本性全真，即成智用。观身实相，与净名同。若彼二乘，灭识趣寂。譬如迷人，忘己之头，狂走呼号，别求首领，卒不可得。此乃诸佛心地法门，不假修证，现前成佛。禅宗之要，盖莫切于此矣。"③洪武十一年（1378），《楞伽经》新注完成，次年刻版发行。宋濂先后作《新刻楞伽经序》《新注楞伽经后序》，指出"为《楞伽》一经，具藏、通、别、圆四教大旨，所以斥小乘之偏，破邪见之惑，无非欲显圆宗、自觉正智而已。"④将他的这些论述结合起来，可作研读该经的指南。

《楞严经》素称"佛门全书"，是宋代以后盛行于僧俗、禅教之间的核心经典之一。因为其内容宏富、体系严密，几乎囊括了所有大乘经典的理论，所以也比较难读。宋濂概括："其本指有五：以人法为名，常住真心为体，圆通妙定为宗，返妄归真为用，上妙醍醐为教。大概欲使众生开圆解、立圆行、登圆位、证圆果而已。"⑤

他总结天台宗的宗旨："天台之学空假中，一念三观乃其宗。"⑥简明扼要。他解释华严宗的"理事无碍"："所谓'理事无碍'者，在有而不废无，虽动而不离静。譬如水与波焉，真空不碍幻有，即水以辨波；幻有不碍真空，即波以明水。缘生假有，二相双存者也。"⑦水波之喻见于宋代净源禅师作《金师子章云间类解》："唯空不碍，幻有宛然。空是真空，不碍幻有，即水以辨于波也。缘生假有，二相双存。有是幻有，不碍真空，即波以明于水也。"宋濂顺手拈来，却说得更通俗流畅。

吴兴山中有一比丘定严，名其净室曰"浮沤"。浮沤，泡沫之意。有人质疑他：无论房屋建构还是室内存放之物，均是实实在在的，房屋的寿命也比

---

① 《宋濂全集》卷八十九《重刻金刚般若尊经序赞》，第四册，第2118页。
② 《宋濂全集》卷二十九《新刻楞伽经序》，第二册，第624页。
③ 《宋濂全集》卷八十七《楞伽阿跋多罗宝经集注题辞》，第四册，第2072页。
④ 《宋濂全集》卷三十《新注楞伽经后序》，第二册，第643页。
⑤ 《宋濂全集》卷四十二《跋戒环师首楞严经解后》，第二册，第938页。
⑥ 《宋濂全集》卷七十四《杭州集庆教寺原璞法师璋公圆寂碑铭》，第三册，第1812页。
⑦ 《宋濂全集》卷七十四《佛心普济禅师缘公塔铭》，第三册，第1806页。

人要长得多,"今以沤名,不亦厚诬?"定严便以佛教的缘生假有、空幻寂灭理论为之解说。彼时宋濂恰好与众比丘在座,听了定严的话,便借"浮沤"向众人演说华严"六相圆融"说①。接着又用唯识三性——遍计、依他、圆成实性批评那些执迷妄有的人。最后他指出"在世间即出世间",万物如浮沤,忽无所有,但本心佛性却常住不灭,这才是如来藏第一义谛。众人听罢,皆大欢喜,稽首礼请,请他重宣此义。于是宋濂复说偈,重申三千大千世界,起灭如浮沤,只要人做到心境不异、体用一原、理事不碍,就不会执着有无,泯除差别,进入圆顿境界了——此种场景,宛如灵山说法,宋濂在僧众中的地位,不是因其翰林承旨等官职,而是因其深厚的佛学理论素养,已经到了炉火纯青的地步。

2.梳理各宗传承法脉

元代以前,记录传法高僧行迹的有《高僧传》《续高僧传》《宋高僧传》。《宋高僧传》由宋代赞宁(919—1002)作,其记录止于北宋初期。此后无人续编。直到明代万历年间,若惺法师涉猎史志文集,见到众多名僧碑传,便随喜辑出若干,编成《大明高僧传》八卷(成书于1617年),记录从南宋至明末一众大德。虽然作者并没有说明史料来源出处,但从内容即可判断出来。如必才、允若(卷一)、弘济(卷二)、士章、大同、慧日(卷三)诸传,就是据宋濂撰的《佛鉴圆照论师大用才公行业碑》《天竺灵山教寺慈光圆照法师若公塔铭》《普福法师天岸济公塔铭》《杭州集庆教寺原璞法师璋公圆塔碑铭》《佛心慈济妙辩大师别峰同公塔铭》《上天竺慈光妙应普济大师东溟日公碑铭》。记录禅宗传法系统的有《五灯会元》《指月录》等,最晚至南宋绍定间。直到明代永乐年间才有南石文琇撰《增集续传灯录》,搜录宋至元代之禅宗典籍、塔铭、行状等,增订、编集大鉴下十八世至二十五世,计五百余位禅师之行实、机缘语要等。其中,宋濂文集中诸多的禅师塔铭成为其资料来源。

宋濂曾慨叹:"佛之大法,惟帝王能兴之,宗师能传之。"②诚哉是言!唐末五代,佛教相继遭受两次法难,直接的后果便是以执教为宗的各大教派后继乏人,法脉几近断绝。惟有南禅一系,居于局势相对平稳的江南,远离庙堂而一枝独秀。至宋濂时期,天台、华严等教派在或绝或续的状态下顽强生存,"正宗寥落,龙象分散"③,难以再现昔日的辉煌。因为宋濂对佛门的感

---

① 《宋濂全集》卷八十一《浮沤室说》,第四册,第1966页。
② 《宋濂全集》卷三十《新注楞伽经后序》,第二册,第643页。
③ 《宋濂全集》卷七十三《妙果禅师塔铭》,第三册,第1757页。

情和佛学素养，各宗派大师圆寂后都力请他撰写塔铭，这些塔铭均详细记录了该大师的生平行迹，有的还记录了各宗的传承法系。宋濂在撰写塔铭时，也有意进行梳理。这些传记和塔铭保留至今，成为研究佛教史的宝贵资料。

福建僧人一源著《护教编》，"自大迦叶至于近代诸师皆有传赞"，但对教、禅传承之同异却略而不详，于是有比丘永寿请宋濂作"记"以补其阙略。宋濂在《释氏护教编后记》中，先历数各教宗如华严、律宗、密宗、唯识、三论、天台的产生和传承，至宋濂时，"《瑜伽》久亡，南山亦仅存，其盛行于今者，惟天台、慈恩、贤首而已"。禅宗自摩诃迦叶二十八传至菩提达摩，达摩来到中土，为中土初祖。传至慧能，而分为五家。五家各有传承，灯灯相续。这五宗的命运，"法眼再传至延寿，流入高句丽。仰山三传之芭蕉彻，当石晋开运中，遂亡弗继。云门、曹洞仅不绝如线。唯临济一宗，大用大机，震荡无际，若圣若凡，无不宗仰，此则世之所谓禅者也。"临济宗几乎可以代表当时的禅宗整体。教禅各宗各派之所以奄奄一息，与他们的内部纷争直接相关。教宗，"慈恩立三教，天台则分四教，贤首则又分为五教。粗妙各见，渐圆互指，终不能归之一致"①。不但不能归一，而且还同室操戈。律宗内部的抵牾，天台的山家山外之争，让各宗壁垒森严，业擅专门，不仅远离佛法宗旨，而且徒耗元气。他呼吁各宗应认识到教禅同源，殊途同归。从宋濂的记述，可见元代各宗派的发展情形，而他的呼吁，其实是晚唐宗密思想的延续。

临济宗虽曰发展最盛，也只是相对而言，并非每个时期都兴盛。南宋大慧宗杲说法于径山，号"临济中兴"，中兴云者，说明之前比较衰落。宋濂为妙果竺源（1285—1347）撰写塔铭，历数临济宗在东南的传播："临济之传虽曰丰炽光大，覃及东南，至五祖演为尤盛。今以其世次观之，则自开福宁、月庵果、老纳证、月林观、竹严印、直翁圆、无能教至师始八叶耳。"②他为临济宗所撰的塔铭、传记等最多，亦可见临济在当时的规模。

宋濂为别峰大同（1290—1370）撰塔铭，其文起首便是华严宗的传承，自唐代圭峰宗密至明初的别峰大同，共传了一十六代，历代大师，清晰可见③。季蘅允若（1280—1359）大师修台衡，在其塔铭中，宋濂梳理了天台宗的传承规模，"佛海云中四天王"、"云门三高"，法师则被赵孟頫誉为"僧中御史"，其嗣法弟子亦彬彬然④。从中可见天台宗在元代的发展。

① 以上引文见《宋濂全集》卷三《释氏护教编后记》，第一册，第78—79页。
② 《宋濂全集》卷七十三《妙果禅师塔铭》，第三册，第1759页。
③ 参见《宋濂全集》卷七十五《佛心慈济妙辩大师别峰同公塔铭》，第四册，第1829页。
④ 参见《宋濂全集》卷七十三《天竺灵山教寺慈光圆照法师若公塔铭》，第三册，第1767—1769页。

二、为佛教辩护

正因为对佛教有深入的研究,所以宋濂坚决反对那些肤浅的排佛言论。排斥佛教者,最主要的观点有三:第一,中国为天下的中心,佛教乃夷狄之法;第二,佛教出世,抛却人伦,不尽孝道;第三,佛门不耕不织,寄生民间,无益于治道。对此,宋濂一一驳斥。

他认为之所以会排斥佛教,是因为这些人始终以中国为本位,以夷狄的心态对待佛教。而这种本位立场又主要由这些人的视野狭隘、曲解佛经所致。

> 自中国历十万里至五印度,从五印度以西,又越大海二重,始抵西入之境,道途比前奚翅数倍。其所历城郭人民,繁衍富丽,又百倍于中国。其地唯知有佛教而已,余毕无有也。……是故郑渔仲有云:"佛之书遍布天下,而儒家之言不越于跋提河。"盖有以也。……余尝恶夫浅见狭闻之士,不足以语大方,类夫营宁生人身中,游泳肠胃,自谓江河之广;周流府藏,自诧万里之远,不知身外之境初无涯涘矣。所以轻于论议,迂固僻陋,闻者为之失笑,其不智也亦甚矣。①

如果眼光不局限于中国而放眼世界,会发现佛教影响范围之广远非儒学可比。排佛之人坐井观天,闻狭自然见浅,所以迂固僻陋。至于人伦孝道,佛教从来都不反对,而且有多部经典宣传孝道。很多沙门也都"身居桑门,心存孝道"②,亲身实践佛法。

> 大雄氏躬操法印,度彼迷情,翊天彝之正理,与儒道而并用。是故《四十二章》有最神之训,《大报恩》中有孝亲之戒。盖形非亲不生,性非形莫寄,凡见性明心之士,笃报本反始之诚,外此而求,离道愈远。③
>
> 予闻《佛说毗奈耶律》云:"父母于子有大劳苦,护持长养,资以乳哺。假使一肩持父,一肩持母,亦未足报父母恩。"由是观之,大雄氏言孝,盖与吾儒不异。④

---

① 《宋濂全集》卷九《宝盖山实际禅居记》,第一册,第 180 页。
② 《宋濂全集》卷二十四《赠定严上人入东序》,第二册,第 489 页。
③ 《宋濂全集》卷二十五《赠清源上人归泉州觐省序》,第二册,第 528 页。
④ 《宋濂全集》卷十《金华清隐禅林记》,第一册,第 186 页。

> 如来所说《父母恩难报经》云:"父母于子有大增益。设使右肩负父,左肩负母,经历千年,正使便利背上,未足报父母之恩。"佛言如是,则凡有父母者,不问在家出家,皆当报恩。[①]

佛教主张,割爱出家,并非独善其身,证果成道,将普度一切,包括父母亲,此乃大孝,非一般敬顺可比。有天台沙门名无闻者不知如何报父母之恩,求教于宋濂,宋濂曰:"沙门,汝欲报恩,莫先入道;汝欲入道,莫先割爱;爱尽情尽,性源自澄。能如是者,名大报恩。"割爱才能破妄,破妄即是返真,直入菩提之路,福德所被,无量无边,此功德愿力不可思议,"报父母恩,孰出于此?"[②]此外,出家沙弥可定时省亲,在家居士笃信佛法,同时不废人伦,可谓两全其美。以废弃人伦责难佛教,是没有读透佛经的缘故。

以佛门不耕不织、寄食社会加以谴责,是没有看到社会分工、各司其职的存在,也无视禅宗已经开始"一日不作,一日不食"的丛林生活。佛门的作用,不是给社会提供物质财富,而是提供精神食粮。更何况佛教自入中国以来,也有很多高僧大德参与政治,立下不朽之功勋事业,远者如两晋时期的佛图澄,近者如无逸克勤,他们与儒士大夫一样,并没有因为身份的不同而放弃社会责任。

> 予闻大雄氏设教,门虽广,其推仁及物,要与二帝三王不大异。是故昔之名僧,或筹策藩阃,或辅弼庙堂,事业称于当时,勋名垂于后世,其载于史册者,盖班班可考,达人大观,初无形迹之拘、儒释之异也。[③]

出世入世并没有截然的界限,国家需要的时候佛门也积极入世。佛门的责任不是耕织,耕织乃农家的职责,儒家以培养士君子为职志,孔子也不谈耕田种菜,又何必苛责佛门呢!

从实际情况来看,中国学者对佛教的诋斥历经一千多年,结果如何呢?佛教不但没有被削弱,反而被民间广为接受并流传。儒、道亦从佛教中获得灵感,汲取了诸多养分而开发出新的思想理论。对此,金代李纯甫曾不客气地将北宋以降的理学家们都视为援佛入儒者。宋濂亦不客气地指出:

---

① 《宋濂全集》卷八十一《报恩说》,第四册,第 1959 页。
② 以上引文见《宋濂全集》卷八十一《报恩说》,第四册,第 1959—1960 页。
③ 《宋濂全集》卷二十七《送无逸勤公出使还乡省亲序》,第二册,第 556 页。

西方大圣人以慈悯故,三乘十二分教不得不说,此法之所由建立也。众生闻此法者遵而行之,又如得见日光,逢善胜友,为驱诸恶,引登康衢,即离怖畏,而就安隐,其愿幸孰加焉? 不深德之,反从而诋之斥之,是犹挟利剑以自伤,初何损于大法欤![①]

中国孔子被尊为圣人,西方佛陀亦是圣人。佛陀发慈悲心怀,说法立教,欲度众生脱离苦难,身为众生应当存感激之心。佛教能够被普罗大众接受,自有其合理之处。一味诋斥,拒绝学习和吸收,除了自伤,于对方没有任何损害。当然,佛教受到排斥,也有佛门自身的原因,佛门应当反省:

缁衣之士盍亦自反其本乎? 予窃怪夫诵佛陀言,行外道行者,是自坏法也;毗尼不守,轨范是弃者,是自坏法也;增长无明,嗔恚不息者,是自坏法也。《传》曰:"家必自毁,而后人毁之。"尚谁尤哉![②]

佛教不会因为儒道的排斥而销声匿迹,却会因自身的行为不检、破坏戒律而声名狼藉。所以佛门当洁身自律,如果有损毁,那是自己的责任,怪不得别人。宋濂的谆谆告诫是非常理性清醒的,可以看出他对佛门的拳拳之心。

三、佛教之"会通"

产生并盛行于唐代的天台、华严、唯识等教宗进入元代仍有传承发展,但已式微。唯有禅宗仍然保持着一定的生命力。从唐代圭峰宗密开始便提倡禅教合流,之后的永明延寿提倡禅净一致,开始和会各宗。但似乎并未改变现状。宋濂凭借自己对佛经义理的深刻理解,对佛教各宗现实发展状况的切身观察,通过撰写大量的文章呼吁会通佛教诸派,求同存异,共同发展。

各宗派所遵之佛经均来自天竺,佛经虽异,其义趣却相同。这是各宗内部、宗派之间可以会通的共同基础。

西竺之书动辄数百万言,虽其广博漫衍,若大海杳无津涯,其义趣未尝不著明剀切,可以习而通之。自判教师各执一说,甲是乙非,学者

---

① 《宋濂全集》卷八十七《重刻护教论题辞》,第四册,第 2073 页。
② 《宋濂全集》卷八十七《重刻护教论题辞》,第四册,第 2074 页。

始不知夫所趋矣。①

天台、华严、净土等各教派均有判教理论,抬高自家遵奉的经典,对其他则有所贬低,从而遮蔽了人们对于佛经的总体认识,家异说而人异论,众说纷纭,也难怪佛门中人无所适从。但是,经还是要习,细考佛陀立教之本,"原其立教,皆为对机,机有不同,教亦多种"②。众生根机不同,所以立教所设方便法门亦不同。况且有一些经典是各家所共同研习的,如《楞伽经》,不仅禅宗遵之,天台、唯识也修习;《楞严经》则更是对禅、净、律、密教都有着广泛影响的大乘经典。有此基础,各家会通便顺理成章。

首先,他提倡教禅一致。教宗以传习佛经立宗,禅宗则不立文字,以修习禅定为主。所以就出现"习教者不必修禅,修禅者未尝闻教"③的现象,甚至互相讥讽:

> 教之与禅本无二门,依教修行,盖不出于六度梵行,而禅定特居其一。由众生根有不齐,故先佛示化亦不免有异耳。奈何后世各建门庭,互相盾矛。教则讥禅滞乎空寂,禅则讥教泥乎名相,藉藉纷纷,莫克有定,是果何为者耶?④

教禅本来是不分的。菩提达摩初入中土,也曾有借教悟宗之言。各教派都讲修行,禅定便是其中的修行法门之一。相比之下,教派偏重佛经理论的注疏研习,禅宗则更注重禅定修行,其实都是佛祖根据众生的根机悟性不同而设立的方便法门罢了,互相讥讽实在没有必要。但是现实是不仅教禅互讥,同一宗派内部也四分五裂:"自禅一宗言之,……遂分为有相、无相、定慧、戒行、无得、寂静六门。……自教一宗言之,慈恩立三教,天台则分四教,贤首则又分五教,粗妙各见,渐圆互指,终不能归之一致,可胜叹哉!"同样学禅观,具体实践上却又分成六家;唯识、天台、华严内部也各分多教,难以归一。宋濂认为,从根本上说,无论教宗还是禅宗都犯了大忌,即分别心太重,不懂得佛法之"非相而相,非缘而缘,非同而同,非别而别",离佛法真谛渐行渐远。"苟涉思惟,即非圣谛,又何在分教与禅之异哉?又何在互相盾矛、业

---

① 《宋濂全集》卷二十二《送慧日师入下竺灵山教寺受经序》,第一册,第429—430页。
② 《宋濂全集》卷二十二《送慧日师入下竺灵山教寺受经序》,第一册,第431页。
③ 《宋濂全集》卷七十五《灵隐住持朴隐禅师瀞公塔铭》,第四册,第1835页。
④ 《宋濂全集》卷三《释氏护教编后记》,第一册,第79页。

擅专门哉？又何在操戈相攻，遽背其师说哉？虽然，适长安者南北异途、东西殊辙，及其所至，未尝不同，要在善学者慎夫所趋而已。"①"禅"的本意就是"思惟修"或"静虑"，使此心专注宁静，不受外界任何影响。思惟不专，即非真谛。何况刻意分教禅为二、各立门户，同室操戈、背弃师说呢？教和禅殊途同归，并无本质差别。关于教禅一致的问题，唐代宗密早就论述过："以密意言之，依性说相，非息妄修心者乎？破相显性，非泯绝无寄者乎？以显示言之，真心即性，非显明心性者乎？轨辙虽若稍殊，究其归极，则一而已，奈何后世歧而二之？"②

其次，他提倡顿渐兼收。

教与禅之互相攻击，还体现在修行方法上。"禅则直究心源，以文句为支离；教则循序进修，以观空为虚妄。"③教宗走的是渐修的路数，即一阶一位地依次修行，"初临十信"，伏三界烦恼，此为外凡之位；"次至十住位"，用从假入空观；"次至十行位"，用从空入假观；"次至十回向位"，伏无明而习中观，以上为内凡之位；"次至十地位"，各断一品无明，证一分中道，入等觉位；又破一品无明，入妙觉位——至于妙觉，始名为佛。禅宗则主张顿悟，"不阶等第，直造心源，圆妙如如，超出三界，无烦恼可断，无真乘可证，无法门可学，无众生可度，此心即佛，彼佛即心，不去不来，忘内忘外，不可以形相求，不可以方所拘也"。于是教宗讥笑禅宗以观空为虚妄，禅宗则讥讽教宗以文句为支离。宋濂认为顿渐皆是佛法大意，只是众生"第以根有利钝之殊，故其机有迟速之异耳"④。根机有利钝，故教法有快慢。其实无论教还是禅，都是顿渐兼收的：教宗渐中有顿，禅宗顿中有渐。教宗修行到一定程度，需要有那醍醐灌顶般的顿悟，从而实现由凡至佛的飞跃。而禅宗看似不立文字，教外别传，却留下了大量的禅师语录。这些语录与不立文字的宗旨是否相悖呢？当然不是。

扶衰救弊，各随其时节因缘，有不可执一而论者矣。昔我三界大师，演说大小乘诸经，其弟子结集，为《修多罗藏》，至繁且多也。复虑后之人溺于见解，而反为心累，故以正法眼藏付于摩诃迦叶。拈华微笑之间，无上甚深妙法，含摄无余。此亦化导之一法门耳，非真谓鹿野苑至

---

① 以上引文见《宋濂全集》卷三《释氏护教编后记》，第一册，第79页。
② 《宋濂全集》卷十《金华安化院记》，第一册，第192页。
③ 《宋濂全集》卷十《金华安化院记》，第一册，第192页。
④ 以上引文见《宋濂全集》卷二十三《送觉初禅师还江心序》，第二册，第480页。

跋提河,所言皆当弃之也。①

　　所谓传心之法,固在于所当急。而一切弃文而弗讲,吾未见其可也。②

可见,阅读佛经与不立文字皆是佛陀化导众生的方便法门,修习禅宗亦需学习佛经、研读语录、参究话头,借文字之力助推开悟,这本身就是一个渐进的过程。所谓得鱼兔而忘筌蹄,丢掉筌蹄可是在获得鱼兔之后。佛法开悟之前,语言文字还是必要的。顿渐作为修行方法,其根本宗旨是一致的,所以可以相资互补而非相斥,"轨辙虽若稍殊,究其归极,则一而已"。

再次,他主张教教相通。隋唐时期,佛教由南北朝时期的学派十三个宗派,总称"中土十三宗"。汤用彤先生说:"佛法演至隋唐,宗派大兴。所谓宗派者,其质有三:教理阐明,独辟蹊径;门户见深,入主出奴;时味说教,自夸承继道统。"③表明了宗派与学派的不同。宗派都有自己独特内容的教义体系,都有自己的"法统",即本学派的创始者、传授者和信仰者系统,都以判教的方式抬高自己,认为自己所尊奉的佛典地位最高,从而贬低其他宗派。宋濂尖锐地指出:"大觉如来,设为度门,虽万别千差,不过因机应化,如大医王,随病制方,初非有所同异也。其立异同者,乃末流之弊耳。"他熟读诸宗文字,"每病台衡、贤首二家不能相通,欲和会而融贯之。"④天台、华严是最有融通基础的。历史上很多祖师都是兼容各宗、博采其说的。贤首国师法藏(643—712)创立了六相圆融、十玄门说,但于天台之性善性恶、三观三德之旨、一念三千之文,在说法时也常常引之以示人。清凉大士澄观(738—839),"遵如来遗教,学无常师,问律于澧公,受南山行事于昙一,传《涅槃起信论》《法界观》《还源记》于瓦官,咨杂华于大诜,习天台《止观》《法华》《维摩》等疏于荆溪,参决南宗禅法于牛头忠、径山钦,如此之类,复不一而足。所以群机尽摄,万理俱融,卓然为一代人天之师"⑤。澄观作为华严四祖,除了修习华严外,还兼习天台、律宗、禅宗,融会万理,所以卓然为一代大师。其后继者华严五祖宗密,也摒弃门户之见,提倡教禅一致,求同而非立异。可见,华严诸祖素有会通之传统,并无明显的门户之分。刻意立门户者,实

---

① 《宋濂全集》卷二十四《雪窗禅师语录序》,第二册,第483—484页。
② 《宋濂全集》卷二十三《水云亭小稿序》,第二册,第477页。
③ 汤用彤《隋唐佛教史稿》,武汉大学出版社2008年版,第101页。
④ 以上引文见《宋濂全集》卷七十五《华严法师古庭学公塔铭》,第四册,第1825页。
⑤ 《宋濂全集》卷七十五《华严法师古庭学公塔铭》,第四册,第1825页。

乃后学末流之弊。

至于同一宗教内部的分立,什么禅宗六门,唯识三教,天台四教,华严五教,除了谴责他们局于小智之域,也只有徒叹奈何了。

第三节　道教观

宋濂通常将先秦道家学派和东汉产生的道教,统称为道家,并没有"道教"这一概念。但是这并不意味着他将二者完全等同。他更多是用"老子之学"指称先秦道家。本文为行文方便,仍用道家、道教的概念,根据今日之区分来判断宋濂著述中究竟何指。

一、宋濂的道教交游

从宋濂所撰文章可知,他与天师道的正一派和茅山派均有来往,尤其与正一道第四十二代天师张正常及其子张宇初、邓仲修、傅若霖等文字往来密切。此外,还有卢龙山骆月溪、混成道院葛道庆、九宫山黄中理、吴下陆永龄、江南周玄初、鬼谷方壶真人,隐士则有郑源(号飞霞先生)、郑濂(号采芩子)、陈樵(号鹿皮子),等等。他们交流的话题甚为广泛,调息、养生、炼丹、作文等,双方互有启悟。大体来说,表现在以下三个方面。

(一)领悟为文之要道

宋濂自述,他生来身体羸弱,不能从事生产作业之事,每天学习秉笔作文。29岁那年,有一天他梦见了"太乙之精",向他请教为文之方。太乙告诉他,文章之根本在六经:

> 道虽无形,揆文可知。《典》《谟》浑淳,卦画闳奇,《雅》《颂》恢张,《礼》《乐》威仪,《春秋》谨严,衮褒钺诛。不由于此,去道远而舍其根荄,玩其葩叶,而何以史迁诸子为?且非文不行,非文不章。……彼辨博驰骋,以邪夺正,是诬世也;卑辞甘言,藉威取宠,是媚权也;佞墓受金,是非舛缪,是罔利也;气亡魄丧,恢恢不振,是萎薾也;抽青媲白,眩人耳目,是聋瞽也。若此者,弗可枚举,其文乎哉!其文乎哉!吾前之所谓文,则异于是矣。充于一身,和顺内积,英华外发;达于四国,民物阜康,政教鬯洽。笔之于书,则可为天下后世法。传曰:有德者,必有言。若

之志勤矣，其亦慎所学哉！①

宋濂学作文时，于古今文章大家如司马迁、董仲舒、扬雄、韩愈等人的文章花了很多精力和时间研究，此举遭到太乙的否定，认为他没有抓住根本。文章是用来体"道"的，所谓"为生民立极，为天地立心"，天地、人事之"道"无不备于六经。大道无形，通过文章体现，所以文章之美也非常重要。而要写出好文章，除了研习六经之外，还需修身养德，"和顺内积，英华外发"，这样的文章才不会以邪夺正、藉威取宠、是非舛缪、恹恹不振、眩人耳目，才能传之后世。宋濂受此启发，"于是惕然悟，悉燔毁笔砚，取六艺燖温之。未几，学果进"②。

宋濂尝拜师吴莱、柳贯、黄溍等，他们均以文章著称于世。吴莱教他具体的作文、作赋之法③。黄溍则教导宋濂："学文以六经为本，迁、固二史为波澜。二史姑迟迟，盍先从事于经乎？"④黄溍以六经为本的思想与太乙不谋而合。据《宋濂年谱》，宋濂于20岁时就开始从黄溍学文，黄溍应酬太多，有时就让宋濂代笔。好友郑涛说他"二十以文名四方，六艺经传无不精究，子史百家、山经海志及方外之书无不穷览"⑤。他自己也"自意已造其极"，没想到在梦中和太乙的一番对话之后方才悟到为文的真谛。

（二）互相交流长生之术

长生久视的说法原出《道德经》，本是养生之道，到了道教，则演变为追求长生不死的立教宗旨。宋濂所交游的道士中，邓仲修"学长生久视之术"，其实就是炼丹术，属于外丹道；陆永龄"好养生之说"，则是内丹道。宋濂曾向多人请教长生久视之术，所以对内丹外丹均有深入了解。他自幼"常行服气法"，所以他所关心的是如何调气养生，而不是服丹药。随着年龄的增长，宋濂对如何调息养气的理解越来越深刻，在与道士们的交流中，他会把儒家的思想带入到这些话题中。

宋濂隐居仙华山时，曾亲身实践，修炼内丹，但收效甚微，"金鼎未固，流丹未明"。于是拜谒并请教于玄素先生。玄素告诉他应当调息，调息之法是"宜法乎自然，而守之以无为"，并解释说："煹火遇风，其销必疾；玄石沉渊，

---

① 《宋濂全集》卷三《太乙玄徵记》，第一册，第73—74页。
② 《宋濂全集》卷三《太乙玄徵记》，第一册，第74页。
③ 参见《宋濂全集》卷八十《评浦阳人物·元处士吴莱》，第四册，第1946页。
④ 《宋濂全集》卷二十三《白云稿序》，第二册，第471页。
⑤ 郑涛《宋太史诗序》，《宋濂全集》卷九十九，第四册，第2319页。

千龄不渺。啬精归室,久视弗忒。生不见夫玉灵乎,闭气内食,以存其息。浮游迴光,靡所倾侧。况有至灵而不物于物者乎!"他建议宋濂不必刻意在乎阴阳、生死,只要顺应自然,做到存息啬精即可。宋濂回应道:

> 先生之言固美矣,至矣。予窃闻之,雨露之所润,功存庶汇;君子之所志,泽及黔黎。先生怀负明德,进用明时,宜拓化原以乘政机,使阴阳和而风雨若,武功戢而文教施,则其所调又不止一己之私,若是何如?

他由此及彼,由一人之调息推及天下之风调雨顺,劝玄素施展抱负和才能,泽及苍生。玄素笑曰:"生言及夫物者也,翩翩乎旨哉!"①宋濂之隐居是待时而动,玄素作为道士也并非与世俗绝缘,二人都"怀负明德",故而心有灵犀。

63 岁时,宋濂向周玄真(字玄初)请教长生久视之要,周言曰:"混沌之时,一气孔神,无形与声,入之无门,子盍索于呼吸之根乎? 其体中虚,玄象之初,不依物以居,枝扶而叶疏,能黜其知,守其愚,则群阴尽销,而纯阳独舒矣。子盍慎诸?"周尊师告诉他气守丹田,销阴存阳,还是要养气。宋濂"敬受之以还,而未之能行也"。周玄真是一位能呼风唤雨、役使鬼神的道长,多次为苍生求雨求雪。如此神通从何而来? 宋濂认为,"抑玄初孝于亲,一日不见,欿欿然若有所疑。《经》曰:'孝悌之至,通于神明。'玄初所以能变化者,其或有系于是欤,非欤?"②儒家重孝道,至孝可以感天动地,前有虞舜之例,或许周玄真也是因为至诚孝道,才能通乎神明——由此可见,儒道是相通的。

吴下道士陆永龄好养生之说,认为餐菊饮泉可以延年,故取别号"菊泉",向宋濂征求意见。宋濂告诉他,菊泉当然可以延年,但关键还是靠"自养":

> 菊固可以延年也。虽然,吾观昔之神人若广成子、安期生之流,至今数千载犹时时往来东海诸山间,凌日月而薄阴阳,视天地如一粟,以千载为俄顷,其寿可谓长矣,其人初岂尝餐菊饮水而致然哉? 亦善于自养而已。夫人备五行之气以成形,形成而精全,精全则神固。诚能体乎

---

① 以上引文见《宋濂全集》卷七十八《调息解》,第四册,第 1882—1883 页。
② 以上引文见《宋濂全集》卷十八《周尊师小传》,第一册,第 343 页。

自然，而勿汩其中，勿耗其神，勿离其精，以葆其形。大可以运化机，微足以阅世而不死，岂特致上寿而已乎？虽然，此道家之说也。吾亦有所谓不死者，书契以来可谓久矣。凡圣贤豪杰之士，至今俨然具乎方册间，其事业可为世法，言语可为世教，国用之则兴，家用之则和，人身用之则修。或反其道，败亡可立见。自今而往，天地无有穷也，其寿亦无有穷也，岂广成、安期之侪所能及哉？又何以菊泉为哉？永龄年少好学，苟未至于此，亦当以广成、安期自勉，无以菊泉为足恃也。①

大家非常敬慕的广成子、安期生之流以长生著称，但却不是餐菊饮水所致，而是"善于自养"的结果。按道教说法，能修得体内精气神，形体顺乎自然之道，不耗神离精，自然会长寿。但儒家所说的长生与道教有异。以立德、立功、立言永垂青史者，才是真正的长生。他劝陆永龄以那些彪炳史册的圣贤豪杰之士自期，如果做不到，也可以广成子、安期生自勉，靠"自养"而不是外在的菊泉。陆氏听罢，恍然大悟，表示"请书之而愿学焉"。

（三）玄学上的互动

第四十三代天师张宇初（约 1360—1410，字子璿）嗣位时年方十八岁，宋濂已是官居翰林、名满天下的老臣了。二人年龄虽相差悬殊，却结成忘年之交。宋濂称张宇初"颖悟有文学，人称列仙之儒"，还为他所绘《林泉幽趣图》题诗："翩翩公子实仙才，笔下云泉泼翠开。若是人间逢此景，定应呼作小蓬莱。"②张宇初在龙虎山有炼丹室曰"了圜"，宋濂为之作铭。宋濂作有《述玄》，称"为张道士作"，张道士可能就是张宇初，因为宇初作有《玄问》。

张宇初曾自述，他自幼从乡先生学习辞章翰墨，长大后开始研读濂洛关闽诸儒之书，于经史子集无不研精覃思。后来终于于道家之守中抱一之道领悟了内圣外王之实。"是以常歉乎其不足者，愿求正乎朝之公卿缙绅。夫湖海闻望之士，有若宋潜溪、吴兰江、苏素庵、徐林叟、高啬庵，皆获师友焉。"③他其实是师尊宋濂。《岘泉集》首章中《冲道》《慎本》《太极释》《玄问》《广原性》等均是对宇宙、人性等形而上问题的阐述，贯通儒道，笔势恢宏。有学者认为"张宇初儒道兼通与三教合一思想的形成，即与其师从、交游陆子静明学派有关"④，本书认为，与他早期交游宋濂并受其影响的可能性更

---

① 《宋濂全集》卷三十《赠陆菊泉道士序》，第二册，第 652—653 页。
② 《宋濂全集》卷一〇五《题张子璿画林泉幽趣图》，第四册，第 2462 页。
③ 张宇初《岘泉集》卷三《通王博士书》，《景印文渊阁四库全书》，第 1236 册，第 454 页。
④ 曾龙生《明初正一道天师张宇初与士大夫交游考》，《宗教学研究》2018 年第 1 期，第 50 页。

大一些。二人在思想上有三处共鸣。

1. 吾心即太极

从师承上说，虽然宋濂属于"北山四先生"的续传，但从思想上看，他折衷朱陆而更偏向于心学①。他以心为最高本体，本心至虚至灵，含摄一切。他提出"六经皆心学"的命题，六经无一不是圣人之心的体现，其中，"说天莫辨乎《易》，由吾心即太极也"。前文弖辨析，此处"吾心即太极"具有本体论的意义。张宇初论宇宙、论道、论太极，其实质也是"心"：

> 曰虚灵，曰太极，曰中，曰一，皆心之本然也，是曰：心为太极也。……未分之前，道为太极；已形之后，皆具是理，则心为太极。冲漠无朕，万理毕具，阴阳既形，则理气分矣。②

"心即太极"最早出于邵雍，宇初在《读观物篇》中提到"周子畅太极未明之蕴于前，邵子发先天无穷之理于后"，"圣人之道本乎心，《易》，心学也"③。可见是受了周敦颐和邵雍的很大影响。这说明在对宇宙、太极的看法上，张宇初与宋濂是一致的。

2. 玄玄之道

张宇初作有《玄问》阐述了何谓"玄"、道教之"玄"与道家有何异处等问题。什么是玄？玄即是天、是道、是虚无之体。道教之"玄"，其实就是内丹、外丹之道。宇初结合《周易》解释内丹、外丹修炼之法，指出内丹之"道"即是"守中"。既然"丹者，守中也"，为什么神道设教歧异纷纷？宇初又详细解释诸家之同。他的解释不可为不详尽，但对于学道者而言未免生涩难懂。宋濂作《述玄》，阐述"玄玄之道"，从纯道教的角度解释内丹道：

> 天地之间，有玄玄之道焉。塞八区，宰六幕，茫乎大化，莫见其迹，窈冥忽荒之中而有神以为之枢。其神何如？洞乎无象，漠乎无形，瞻之弗睹，聆之弗闻，履冰弗寒，炙日弗温。故巍然高而不知其际，邃然深而不知其止，恢然大而不见其外，藐然细而不见其内。其施之于用也，能覆能载，能阴能阳，能静能动，能柔能刚，能上能下，能圆能方，能舒能

---

① 参见拙文《六经皆心学——宋濂的心学特色及其影响》，《孔子研究》2016年第4期。
② 《岘泉集》卷一《太极释》，《景印文渊阁四库全书》，第1236册，第353页。
③ 《岘泉集》卷一《读观物篇》，《景印文渊阁四库全书》，第1236册，第369页。

惨，能翕能张。……凡有血气者，莫不藉是以存。所谓不依形而立，不
待力而强，不以生而存，不随死而亡者也。

宋濂把"内丹"称之为"神"，一个神秘莫测却又实存于体内的东西。这
"神"无形无象，非感性所能认识，其高、深、大、细均无有边际。如果发挥作
用，则无所不能。世间凡是有血气者无论动物还是人类，皆依赖它而生存。
虽然形体依赖它而存在，但他却不依赖形体，不随肉体的生死而存亡，它是
永恒的。

这存在于体内的固有之"神"惟有古代的至人才能存养保全。因为至人
懂得保养之道。

> 故古之至人，能养而全之。守一处和，若蛰龟然。一故弗杂，和故
> 弗戾，久而行之，其道乃至。盖惧其摇而散也，乃啬其精；恐其劳而汩
> 也，乃定其神；虑其躁而失常也，乃宁其气而弗撄。精与气合，其神则
> 凝。……人皆有之而不能之者，则眼之精疲于五色，耳之精没于五声，
> 鼻口之精散于臭味，四肢之精削于运用。精既散矣，气随竭矣，神虽弗
> 离，将安传之矣？卒俯首就毙，如慕光之趋火，其亦可悲也钦！

古之至人能始终做到"守一处和"，心神专一平和，静如蛰龟，所以他体
内的本有之"神"能全而不散。而且至人时刻注意修行，爱惜精血，稳定心
神，宁定元气，让精血和元气结合以凝定元神。普通凡人则因为眼耳鼻口四
肢等感官欲望的干扰，精血散耗，元气伤竭，即使体内的"神"还在，怎么可能
存续呢？只能俯首待毙了。所以，人本来与天地并立，"天地不死，而人皆死
者何也？不知有玄玄之道也"①。俗人不知玄玄之理和保养修行之道，所以
无法长生久视。

宋濂《述玄》自称"本黄老氏余论作"，却是对全真道修精气神思想的通
俗化解读。"处一守和"即是道家的"抱一守中"。它告诉我们，"内丹"乃人
体固有，人的后天欲望使之奄奄。人若要长生，首先应该摒除欲望。

张宇初于龙虎山中筑室修炼内丹，"已而神聚气凝，混含为一，至和块
圠，返乎太初"，内丹结成，遂名其室曰"了圜"。说明宇初虽然年少，却无论
在理论还是修行上都已具有相当深的造诣。虽然不能确定《玄问》作于何

---

① 以上引文见《宋濂全集》卷八十一《述玄》，第四册，第 1969—1970 页。

时,但《玄问》和《述玄》都是对内丹问题的回答,二者之间有着必然联系。宋濂"原玄牝之旨"为了圜室作铭,再次重申凝神固气,性命双修:"人身之内有至虚焉,丝络之所群凑,命蒂之所由生,不倚八隅,巍然中居,此谓神之庭,气之母,真息之根也。人能存神于兹,则性自复;养气于兹,则命自正。神与气未始相离,分之为二,合之为一,其殆化源也欤!"[①]

3. 文道关系

张宇初"颖悟有文学",其诗"冲邃而幽远",其文"敷腴而典雅",亦名重当时。他对文、道、气的看法简直与宋濂一脉相承:

> 三光五岳之气发而为文,文所以载道也。文著而后道明,而必本诸气焉。元气行乎天地,而道所以立矣。古之有德者必有言,盖其和顺积中,英华发乎外也,非道充义明,其能见于言哉!
>
> 盖以道德为之基,理义为之主,而发乎词章者必得性情之正,而后合乎是也。
>
> 夫学也所以穷理以致用,必本乎道,养乎气,知所养则气充而道立,文有不工者乎?[②]

他直接引用了宋濂《太乙玄徵记》中"古之有德者必有言,盖其和顺积中,英华发乎外也",认为作文者应涵养道德理义,充养天地之气,如此写出的文章必会道立而辞正。

张宇初博览儒道之书,于理学各家思想均有所汲取。虽不敢说他的思想就是受了宋濂的影响,但至少可以说二人在精神上是相通的,思想上是共鸣的。

二、辨析道家与道教

宋濂对于道家、道教学说均有深入的研究。司马迁《史记》对老子的生平记述并无一定之说,宋濂本着历史考证的癖好,对老子之姓氏、《老子》之书均作了一番辨析。宋代李公麟画老子像,并题赞说老子是因其母亲李氏而为之姓。宋濂则根据唐代史学家李延寿的自序,"周时有李乾娶于益寿氏女婴敷而生子耳,字伯阳,即老子也"。据此老子的母亲乃益寿氏,并非李

---

① 以上引文见《宋濂全集》卷四十七《了圜室铭》,第二册,第 1028—1029 页。
② 《岘泉集》卷一《书文章正宗后》,《景印文渊阁四库全书》,第 1236 册,第 370—371 页。

姓。二家之说各异，为何单信李延寿？"延寿史臣，其所书皆有据依，终当不诬耳。"他又根据《氏族》所载，证明李姓并非从老子开始。至于《敦煌实录》《八十一化书》，或讹误或荒诞，皆不足信。同样是史官，司马迁对老子"或以为伯阳，或以为老莱子，或以为太史儋"，对此我们该抱何种态度？"读古书者，当思所以阙疑可也。"①这也是一种求实的态度。

在《诸子辨》中，宋濂又详细辨析了老子的生活年代。"《老子》二卷，……周柱下史李耳撰。耳字伯阳，一字聃。聃，耳漫无轮也。或称周平王四十二年，以其书授关尹喜。今按平王四十九年入春秋，实鲁隐之元年。孔子则生于襄公二十二年，自入春秋下距孔子之生，已一百七十二年。老聃，孔子所尝问礼者，何其寿欤？岂《史记》所言'老子百有六十余岁'及'或言二百余岁'者，果可信欤？"②说明《老子》的成书时间必定没有那么早。

至于道家这个学派，从其源流看，出于史官，不仅仅指老庄之学。"濂闻道家者流，盖出于古之史官，而其为书，有《黄帝君臣》十篇，《力牧》二十二篇，《伊尹》五十一篇，《太公》二百三十七篇，《管子》八十六篇，皆言治国之道，非但如老聃、庄周之所谈而已。……斋科之行，符箓之传，特其法中之一事尔。"③除了老庄之书，道家的范围其实相当的庞杂。《伊尹》《太公》《管子》《文子》《列子》等均属道家者流。后世的斋科、符箓这些仪式手段只是这些书中所记一部分罢了。尤其是《老子》一书，因其内容广博，所以道家、神仙家、兵家、法家、黄老学皆祖之。从原始道家的立学宗旨看，它也不同于后世的道教：

> 聃书所言，大抵敛守退藏，不为物先，而壹返于自然。④
>
> 道家者流，秉要执本，清虚以自守，卑弱以自持，实有合于《书》之"克让"、《易》之"谦谦"，可以修己，可以治人。是故老子、伊尹、辛甲、鬻子、管子、蜎子与夫兵谋之书，咸属焉。自其学一变，而神仙方技之说兴，欲保性命之真，而游求于外，荡意平心，同死生之域，而无怵惕于胸中，则其玄指大异于前矣。⑤

① 以上引文见《宋濂全集》卷四十三《跋老子像赞后》，第二册，第968—969页。
② 《宋濂全集》卷七十九《诸子辨》，第四册，第1897页。
③ 《宋濂全集》卷三十《傅同虚感遇诗序》，第二册，第642页。
④ 《宋濂全集》卷七十九《诸子辨》，第四册，第1897页。
⑤ 《宋濂全集》卷八《混成道院记》，第一册，第162页。

《老子》一书主敛藏退守，崇尚自然。原始道家讲究清虚自守、卑弱自持，与《尚书》之谦让、《周易》之谦谦思想一致，可以修己治人。此后，神仙方技之术兴起，追求长生，其玄旨与老子大异其趣。道教由道家、神仙方技发展而来，以老子为宗，却抛弃了《老子》五千言之宗旨，"反依仿释氏经教以成书"，诸如《大洞真》《灵宝洞玄》《太上洞神》等等，总计四千三百五十九卷，"又多杂以符咒、法箓、丹药、方技之属"①，像寇谦之、吴筠、杜光庭、王钦若之徒所撰之书，"文多鄙俚"②，均非老子所言。

世人常常将道家和道教混为一谈，其实二者有着本质区别。

> 道家宗老子，其流居中夏九者之一，本以清净无为为治。及其后也，兼禜雩、交神明之事，以乐钟而感召阴阳之和，诚先王之遗法，不特警昕昏而已也。③

刘歆《七略》分"九流十家"，道家乃九个学术流派之一，以清静无为为宗旨，并无神仙飞升等事。汉代刘向曾作《列仙传》，记载了很多奇名诡姓和惊世骇俗之事，但对如何修炼解化却不及一言。宋濂认为，也许是天机不可泄露，或者"待其人而后度"。虽然《列仙传》没有写，并不意味着成仙之道不存在，求之于老庄诸书，或许可以得之一二。

> 老、庄、文、列四家之书，亦往往及之矣，要不出"致虚极，守静笃"二句之外。盖虚则洞然涵乎太一，静则凝然萃乎太和。虚非极，无以收纯玄之效；静非笃，无以臻纯默之功。驯而致之，与道盖不远矣。自时厥后，灵均发为"一气孔神，于中夜存"之言，魏伯阳著为《参同契》，复阳秘而阴泄之，皆不敢畔其说也。呜呼，斯非学仙者之准绳也耶！④

先秦道家之书皆以"致虚极，守静笃"作为修行体道的不二法门，之后，屈原讲养气、魏伯阳讲炼丹，都是本于这六个字。所以，"致虚极，守静笃"也应是学仙者的准绳。

理学家们将道家道教与佛教不分彼我一概排斥，认为其讲空寂虚无，弃

---

① 以上参见《宋濂全集》卷七十九《诸子辨》，第四册，第1897—1898页。
② 《宋濂全集》卷四十《题子昂书度人经后》，第二册，第884页。
③ 《宋濂全集》卷五十《龙虎山大上清宫钟楼铭》第三册，1182—1183页。
④ 《宋濂全集》卷二十八《送许从善学道还闽南序》，第二册，第602页。

绝人伦，无益于世。对此，宋濂辨析道："老子之学，该博闳阔，而尤深于礼，当世大儒咸北面师之。夫其学之博，必非守一术以违世；其习礼之本，必不弃人伦以忘亲。后世或失之，去老子之道远矣。"①老子曾任周之柱下史，谙熟周代旧典礼经，孔子还向其问礼，所以并不放弃人伦。道家以清静无为为教，汉代用之而天下治，因此并非无用之学。至于道教，其教化功能与儒释并无二致。

三、记录道教各派

宋濂不仅熟读佛藏，他也谙习道经。与众多道教法师交游，所以对南北道教的情况也了然于胸。在他诸多与道教相关的文章里，保留了很多道教发展的史料。如他在《书刘真人事》中对真大道教创始人刘德仁（1122—1180）的行迹、九条教规以及法嗣的记载，就成为今天研究该教必用的珍贵史料。从该教教规可见，该教立言宗旨本于《老子》"清心寡欲，谦卑自守"，同时又强调忠君孝亲，诚信待人，与儒家伦常保持一致。刘德仁生活于南宋时期的北方金国统治下，大定初诏居京城天长观，赐号东岳真人，传其教者几遍国中。该教于元宪宗时期正式赐名，至宋濂已传了九代。

天师道由东汉张陵创立，后分化为龙虎山正一派和茅山上清派。正一派传至明初由第四十二代天师张正常掌教。宋濂与之相交甚密，为之作《汉天师世家叙》《张公神道碑铭》《张公像赞》，为其母作《天师寿母颂》。在《汉天师世家叙》中，不但详述了天师道的历代传承，还鉴于其所辑《世家》从汉代张良开始，便按照史法补充了张姓的由来："今所辑《世家》，但始于留文成侯，而其上则无闻焉。濂因据氏族群书补之，复用史法略载其相承之绪，使一阅辄知大都。"②宋濂最后称赞张道陵"学轻举延年之术，拔除阴匿，一以善道化民"，历代天师"修其业而弗坠"。东汉天下大乱，惟巴蜀之地民生晏然，充分说明"天之报施，不亦彰明者哉！"③对于张正常，宋濂则称赞他"含冲葆虚，执真之枢。朔度宣灵，契道之符。龙虎卫乎左右，风霆属于指呼。此古之博大真人，而今之列仙之儒者耶！"④赞扬他既有道家仙骨，又有儒者风范。

全真教分南北二宗。据宋濂《跋长春子手帖》，南宗一派的传承法系是：

---

① 《宋濂全集》卷十二《玄润斋记》，第一册，第 227 页。
② 《宋濂全集》卷二十八《汉天师世家叙》，第二册，第 597 页。
③ 以上引文见《宋濂全集》卷二十八《汉天师世家叙》，第二册，第 601 页。
④ 《宋濂全集》卷八十八《四十二代天师张公像赞》，第四册，第 2103 页。

王诚(字玄甫,号少阳)—钟离权—吕岩(字洞宾,号纯阳子)、刘操—张伯端—石泰—薛道光—陈楠—白玉蟾—彭耜。北方一派,则由吕洞宾授金国之王嚞,王嚞授七弟子,即丘处机、谭处端、刘处玄、王处一、郝大通、马钰和孙不二。王嚞(1112—1170)字知明,号重阳子。本是陕西咸阳人,曾三易其名字,初名中孚字允卿,后更名为世雄字德威,最后定名为嚞字知明。金大定丁亥年(1167)抵宁海州(今山东牟平),马钰夫妇首师事之,遂筑室于其南园,题曰"全真庵",凡宗其道者,皆号全真道士①。丘处机于兴定己卯(1219)受诏,不顾年迈,率十八弟子西行往见成吉思汗,历时三年方见到。得到成吉思汗的赏识,次年辞归。后主京师长春宫,自号长春子。宋濂所跋之贴乃是丘处机与其弟子宋道安的手帖,此手帖不知是否还流传在世,但宋濂此跋却为我们了解全真道南北宗的传承以及王重阳、丘处机的行迹提供了史料来源。

宋濂对道教寺庙的沿革也颇熟悉。"古者北郊与享之外,唯鲁君得专祠于坛,亦无所谓庙也。其建庙设像于桑乾河北,则自元魏始。魏之庙止于桑乾而已,而不及乎其他也。五岳各于山趾立庙,复自李唐始。唐虽立庙而加之王爵,犹未遍于寰宇也。四海郡县皆有庙以祭,复自赵宋始。宋则封之曰帝,与昊天上帝并称矣。"②研究道观庙宇历史者,此考证可为参考。

四、性命双修,不分先后

道教在发展中经历了一个由外丹道向内丹道转变的过程。外丹,即通过炼制丹药,服食之以延年益寿乃至长生不老。实践证明其效果并不佳,很多帝王因服食丹药而丧命。所以外丹道逐渐衰落,内丹学兴起。所谓内丹,是指通过精神安定,循环体内储存的气,凝聚精气神,在体内结成内丹。内丹学在唐末、五代时期确立,钟离权、吕洞宾、刘海蟾等人把《周易参同契》当作内丹之祖,提倡了内丹道。到北宋张伯端大致完成。

修精气神,精即是精血,气是元气,指周流于体内的先天之气,神即元神,指人先天固有的精神。精和气相合,才能固神。元神固定了,也就意味着"内丹"形成了。按王重阳解释,性即元神,命即元气,所以我们经常说道教修性。元气本人体先天固有,但人不知保养,各种欲望使元气大伤,所以要恢复这元气。于是就出现了一个问题:是先修命(元气),还是先修性(元

① 参见《宋濂全集》卷四十二《跋长春子手帖》,第二册,第 931 页。
② 《宋濂全集》卷十一《东阳兴修乾元宫记》,第一册,第 204 页。

神)，还是性命同时修？全真教南北二宗均重性命双修，但修行次序不同：
"南则天台张用成，其学先命而后性；北则咸阳王中孚，其学先性而后命。"张
伯端(987—1082，字用成，号紫阳真人)《悟真篇》提倡先命后性，重点在命。
王重阳认为如果能常涵养"灵妙不昧之元神，行住坐卧摄于玄关一窍之
中"①，则先天之气自然归于吾身，所以先性后命，重点在性。至于如何于体
内凝神结丹，有"玉液""产药""采药""得药""温养"等过程②，但这都因为先
天本有金丹，否则气不起作用。对此，宋濂认为，"命为气之根，性为理之根。
双体双用，双修双证，奈何歧而二之？第所入之门或殊，故学之者不能不异。
然其致守之法，又不过'一'之与'和'而已。""夫'一'者，'万'之对也，'万'则
纷纭而不定，惟'一'能贯之。'和'者，'戾'之反也，'戾'则参差而不齐，惟
'和'能全之。长生久视之道，其不本于此者乎？"③宋濂从理气关系的角度
认为，既然理气相须，不分先后，那么作为理气之根源，性与命也应该不分先
后，双证双修。即便入门修炼之法有差异，但致守性命之法却是根本一致
的：一与和。一即专一，对治身心不定；和即调和，对治心气不平。

第四节　三教关系论

在儒释道三教之争中，儒家对佛、道的态度基本分为两种：一种将佛、道
看作异端加以排斥，这一态度在宋明理学家张载、二程、胡宏胡寅兄弟、朱熹
等人那尤为激烈；另一种认为儒释道三教在根本宗旨上是一致的，对佛、道
不能一概否定。这一立场在佛教有契嵩、智圆、宗杲为代表，在儒家则有柳
宗元、张商英、张九成等。理学家们在抨击佛老的同时，也在借鉴佛老思想
建构自己的理论体系。这不得不引起我们的思考：儒家有无可能完全依据
传统经典构建自己的形而上思想体系？儒释道三教该以怎样的方式共存于
同一思想体系中？援佛入儒、援儒卫佛的情况可否避免？从宋濂的三教观，
我们可以找到答案。

一、儒佛相通

关于儒佛一致、儒佛相通的问题，宋濂以前已有多人论述。不过大家更

---

① 《五篇灵文注》，《王重阳集》，第303页。
② 见《五篇灵文注》，《王重阳集》，第306—315页。
③ 《宋濂全集》卷二十八《送许从善学道还闽南序》，第二册，第603页。

多把眼光放在二者在社会教化上的一致,而在理论上如何相通却没有过多的论述。宋濂站在心本体论的立场,认为儒佛在本体论上都以"心"为最高存在,这是他们理论上的相通。

1. 本体论一致

> 天生东鲁、西竺二圣人,化导烝民,虽设教不同,其使人趋于善道,则一而已。为东鲁之学者,则曰"我存心养性也",为西竺之学者,则曰"我明心见性也"。究其实,虽若稍殊,世间之理,岂有出心之外者哉!《传》有之:东海有圣人出焉,其心同其理同也;西海有圣人出焉,其心同其理同也;南海、北海有圣人出焉,其心同其理同也。是则心者,万理之原,大无不包,小无不摄。能充之则为贤知,反之则愚不肖矣;觉之则为四圣,反之则六凡矣。世之人但见修明礼乐刑政为致治之具,持守戒定慧为入道之要。一处世间,一出世间,有若冰炭、昼夜之相反。殊不知春夏之伸,而万汇为之欣荣;秋冬之屈,而庶物为之藏息,皆出乎一元之气运行。气之外,初不见有他物也。达人大观,洞然八荒,无藩篱之限,无户阈之封,故其吐言持论,不事形迹,而一趋于大同;小夫浅知,肝胆自相胡越者,恶足以与于此哉![1]

先不谈"心"是本有还是虚无,只看心与万物的关系,就知道儒家与佛教的观点是一致的,世间万事万理皆是我心所固有,并无心外之理。在修行上,都主张修心,儒家讲扩充本心,佛教言觉悟本心,说法不同,本质是一样的。世人执着于处世间和出世间的分别,把儒和佛截然对立,却不明白,儒家之入世与佛教之出世就如四时万物之生长收藏一样,一伸一屈,皆是为了修养身心。我们对待事物,不应自行划定界限,设置藩篱,不应拘泥于具体之"迹",而要善于看到共同之"理"。不过儒佛的确有区别,二者的区别在性不在心:

> 佛家论性,与吾儒论性不同。儒之论性以理言,佛之论性以虚灵知觉言,然究其所以虚灵知觉者,何也?神也。人若能于其神字契勘得破,则知佛所谓法身者,此也;主人翁者,此也;金刚不坏身者,此也;本

---

[1] 《宋濂全集》卷九《夹注辅教编序》,第二册,第 563 页。

来面目者，此也；父母未生我前是谁，此也。①

儒家讲人性、理性，佛教讲佛性。佛教讲"见性"，因为佛性是无漏无灭，自足圆满的，所谓法身、主人翁、金刚不坏身、本来面目指的就是这佛性。佛性无须修，也不用养，读经坐禅的目的是让心神专一宁静，领悟真空妙有，则佛性自见。而儒家讲"养性"，即涵养本性，人性虽本善，却因后天习气的不同而有善有恶。因此程朱道学主张致知和持敬以涵养，心学则直接在本心上下工夫，因为心性是一体的。这本有之善性不会自我呈现，需要后天的努力。儒家讲人性，佛教谈佛性，二者都从本然意义上承认其完满无瑕疵，但前者讲"实"，后者谈"空"，所以决定了具体修行工夫的不同。

从理论上说，儒家和佛教，一内典一外典，入世之理和出世之道都阐述无余。究其根本，皆是使人趋于向善。

> 鲁典竺坟，本一途辙，或者歧而二之，失则甚矣。自惭蹇产，驰逐章逢，知本迹之不殊，思内外之两尽。②

2. 伦理纲常一致

儒家讲"孝为百行之首"，"百善孝为先"，提倡忠君爱国。佛教亦然。

> 西方圣人之教，一则曰孝，二则曰孝，故升忉利天为母说法。而所演《大报恩经》亦孳孳弗倦，桑门每取之以为准的，或者谓其绝弃亲属，不亦过乎？……西方以法胤嗣续为至要，与吾儒甚不异。③

佛门不仅有出家僧侣，亦有在家居士。佛陀升忉利天为母亲说法，其《大报恩经》强调要孝亲。出家沙门可以回家省亲，在家居士更应孝敬父母。儒家讲"不孝有三，无后为大"，非常重视子嗣的传宗接代。佛教戒律讲"不邪淫"，所以出家沙门的确不能结婚生子，但是佛教讲究法统的承续，其胤续理念与儒家是相同的。况且，在家修行的居士是可以结婚生子的，他们虽生活于尘世却不染世俗之习气，恪守清规，既传承了宗祧，又完成了修行，何乐

---

① 《宋濂全集》卷八十五《心经文句》，第四册，第 2033 页。
② 《宋濂全集》卷二十五《赠清源上人归泉州观者序》，第二册，第 529 页。
③ 《宋濂全集》卷三十四《赠昙霄上人序》，第二册，第 738 页。

不为？昙霄上人乃宋代名相虞允文之遗裔，"通儒者而又善诗"，入乌程何山禅寺为僧。他念及祖宗坟冢远在丹阳，欲回去结庐守墓。宋濂劝他："上人能庐墓矣，独不念虞氏之乏嗣乎？若能幡然改辙，归继宗祧之重，其孝不尤大哉！在家出家，同一法门，居尘而不染尘，浮屠氏之戒也，初何伤乎？"①出家是修行，在家也一样修行，同一法门，续嗣和成佛可以兼得，又何必执着于在家还是出家呢！

至于忠君爱国，人皆以为出家人绝尘弃世，不关心政治。其实，只要生活在这有政治的世界，又怎可能完全出尘忘世呢？南宋临济法师大慧宗杲就曾说过："是菩提心即忠义心，忠义心即菩提心。"宋濂评价他："人知仰公者，唯知说法如雨如云，觉悟群迷，而不知其忠义耿耿，注意于家国者甚笃。"②国家承平之时，佛门清心说法传道；国家需要时，这些出家人或参赞军务，或辅助朝纲，甚至挥戈上阵。唐太宗李世民东征西讨时，就曾受到少林寺的出手相助。朱元璋出身沙门，后从军入伍，卒成大事。他登基后，曾有僧人请见要求入仕。他劝对方想清楚利弊再来。有僧名传者，儒释俱擅长。他请宋濂为其修改文章，宋濂读后发现"篇篇有意，文奇句壮"，遂不作任何修改，还推荐给朱元璋。朱元璋听了宋濂的再三诵读后，同意宋濂的看法，并告诉他这个僧人是想借名儒改文而扬名，"欲出为我用"。宋濂表示怀疑，朱元璋肯定地说："朕观此僧之文，文华灿烂，若有光之照耀，无玄虚弄假之讹，语句真诚，贴体孔门之学，安得不为用哉！"③不管此僧的动机如何，由这个故事可以看出，有相当多的出家僧侣想通过入世实现自己的抱负，并没有在家出家之执念。而之后明成祖朱棣之所以能取得帝位，其谋臣姚广孝的全力策划起了决定性作用。姚广孝便是出家人。所以那些指责出家人不理红尘的说法可以休矣！

> 释门宏胜，无理不该，无事不摄。其于忠君爱物之心，亦甚悬悬。凡可以致力，虽身命将弃之，况其余者乎？人徒见其厌离生死，辄指为寂灭之行，呜呼！此特见其小乘者尔，吾佛之为教，岂至是哉！④

---

① 《宋濂全集》卷三十四《赠昙霄上人序》，第二册，第 738—739 页。
② 《宋濂全集》卷三十九《题大慧禅师遗墨后》，第二册，第 855—856 页。
③ 以上引文见《明太祖集》卷十三《拔儒僧文》，第 265—266 页。
④ 《宋濂全集》卷四十二《恭跋御制诗后》，第二册，第 947 页。

3.立教原则一致

从儒、佛的立教原则看,二者也是一致的。

> 西方圣人,以一大事因缘出现于世,无非觉悟群迷,出离苦轮。中国圣人,受天眷命,为亿兆生民主,无非化民成俗,而跻于仁寿之域。前圣后圣,其揆一也。①

佛陀认为人生皆苦,所以要救众生超越生死轮回之苦难。儒家圣人受天命而化民成俗,其目的也是让百姓乐享天年,既仁且寿。因此尽管具体实施的手段不同,但根本原则是一致的。宋濂以《楞伽经》为"达摩氏印心之经",朱元璋读后非常认同。他对宋濂说:"人至难持者,心也。……经言操存制伏之道,实与儒家言不异。使诸侯卿大夫,人咸知此,纵未能上齐佛智,其禁邪思,绝贪欲,岂不胥为贤人君子之归?"于是"诏天下浮屠是习是讲,将使真乘之教,与王化并行"②。在朱元璋看来,《楞伽经》所讲的对"心"的操存制伏之道,与儒家的治心理论并无不同。或者说,圣贤千言万语,无非就是告诉我们如何修治此心,心为一身之主,心修则身修,身修则家齐国治天下平矣。从这个意义上,儒佛走到了一起。

宋濂最后总结说:"佛之大法,惟帝王能兴之,宗师能传之。今一旦遭逢如此之盛,读是经者,小则当思远恶而迁善,大则当思明心而见性,庶不负圣天子之大德哉!"③读《楞伽经》应当思远恶迁善、明心见性,读其他经典,何尝不如是! 如上文所述,佛法万千,但归纳起来就是"修心"。儒家典籍众多,归结起来不也是教我们如何成圣成贤吗?"天下一致而百虑,殊途而同归",儒与佛即是也。

二、儒道一致

儒家和道家本是先秦诸子中的两个学派,思想并不冲突,两家在宋代以前关系也很好,魏晋玄学便是儒道合流的产物。道教是土生土长的宗教,他总是和儒家站在同一立场,抵制外来的佛教。至宋明,理学家们出于挺立儒学的需要,在批判佛教的同时连同道家道教一块排斥。他们痛斥老氏之说

---

① 《宋濂全集》卷二十九《金刚般若经新解序》,第二册,第 630 页。
② 《宋濂全集》卷二十九《新刻楞伽经序》,第二册,第 623—624 页。
③ 《宋濂全集》卷三十《新注楞伽经后序》,第二册,第 643—644 页。

虚无，神仙之说荒诞，往往把道家和道教混为一谈。道教似乎并不在意这些，他们一心要和儒家搞好关系。王重阳是典型的代表。

1.道德伦理一致

王重阳"始于业儒"，文武双全。后来弃家修道，卒成大道。"凡接人初机，必先使读《孝经》《道德经》，又教之以孝谨纯一；及其立说，多引六经为证据；其在文登、宁海、莱州，尝率其徒演法建会者凡五，皆所以明正心诚意、少私寡欲之理，不主一相，不居一教也。"①他把《孝经》和《道德经》的思想有机地糅合起来，把儒经中的正心诚意思想作为立教理论之一，这有助于心性修养。

他的孝亲忠君思想贯穿在其整个修行过程中。有人问"何为五行之法"，重阳回答道："第一先须持戒，清静忍辱，慈悲实善，断除十恶，行方便，救度一切众生。忠君王，孝敬父母师资，此是修行之法。然后习真功。"②他把忠君、孝敬亲师作为总的修行原则摆在首位，可见他虽然也要求修道者要出家，"住庵"，"云游"，"打坐"等③，但并不是远离俗世，更不是断绝一切社会关系。事实上，能始终如一地做到孝养师长父母，乃是成仙的最高境界。他把神仙分为五等：鬼仙、地仙、剑仙、神仙、天仙。最高级别的是天仙。何谓天仙？"孝养师长父母，六度万行方便，救一切众生，断除十恶，不杀生，不食酒肉，邪非偷盗，出意同天心，正直无私曲，名曰天仙。"④可见，在王重阳的思想中，从立教、修行到最终的目标，始终和儒家伦理保持一致。

丘处机继承了王重阳的思想。据《元史》记载，他与成吉思汗对谈，"处机每言欲一天下者，必在乎不嗜杀人。及问为治之方，则对以敬天爱民为本"。这基本上就是儒家提倡的仁政了。一日雷震，成吉思汗问之，丘处机对曰："雷，天威也。人罪莫大于不孝，不孝则不顺乎天，故天威震动以警之。似闻境内不孝者多，陛下宜明天威，以导有众。"⑤这可算是对全真为何重孝行的解释了。"百善孝为先"，不孝敬亲和师的人，其心必不正，心不正，再怎么修炼都是无济于事的。宋濂评价丘处机："公虽寄迹老子法中，而心实欲匡济斯民，天道好生恶杀之言未尝去口，是以上简帝知。"⑥

① 刘祖谦《终南山重阳祖师仙迹记》，《王重阳集》"附录一"，第326页。
② 《重阳真人金关玉锁诀》，《王重阳集》，第281页。
③ 见《重阳立教十五论》，《王重阳集》，第275—279页。
④ 《重阳真人金关玉锁诀》，《王重阳集》，第287页。
⑤ 以上引文见《元史》卷二〇二，第15册，第4525页。
⑥ 《宋濂全集》卷四十二《跋长春子手贴》，第二册，第931页。

全真道如此,宋濂所记载的真大道教也一样。该教创始人刘德仁敷绎《道德经》之义以示人,其中第二条:"忠于君,孝于亲,诚于人,辞无绮语,口无恶声",公开表示其教与儒家伦理并不相悖。他以身垂范,"其养母如礼,及亡,丧祭一遵世教,无愆度者"。宋濂评价刘德仁:"盖其清修寡欲,谦卑自守,力作而食,无求于人,实与天理合也。天理人心所同,固足以感召欤?"①他把忠君孝亲作为老子之道的一部分,既出世又入世,符合天理人心,所以足以感召人心,信徒遍国中。

天师道因为是世家相传,天师可以娶妻生子,过着俗世生活,所以在伦理道德上与儒家并无两样。宋濂也早就指出过,无论是老子还是后世的道教,都不曾弃绝人伦,远离红尘:

> 昔老子尝为柱下史,周之旧典礼经,无不知之,非弃绝人伦者也。至其以无为、清净为教,汉人用之而天下以治,岂无益之学哉?老子远矣,今道家者流所宗汉天师张氏,既举贤良方正,直言极谏。其子若孙,或征为黄门侍郎,或辟为丞相掾,祚胤相承,逮今千有余岁不绝。有能遵其轨范,无废人间事,而有以穷夫道之所存,不亦善学《老子》者乎!②

天师代代相传,始终参与朝政,与朝廷命运休戚与共,其忠君爱国思想也有史可征。儒、道在人伦纲常方面是一致的。

2. 教化功能一致

儒家和道家、道教,在修己治人上也是相通的。很多道长都接受过儒学教育,通六经,所以他们出家为道后便有意沟通儒道。龙虎山万寿宫住持提点张友霖少时从学于龙虎山周尊师,"尊师学行融洽,贯《老》《易》为一途"。张友霖之学也"以九经为渊源,百氏为支派,缕析毫分,而极其根底之所会"。他观化后,宋濂为之作碑铭。

> 濂闻《老子》之旨可以治国,可以修身,可以炼真,其大者与孔氏或不异也。公以超颖之资,屡求贤师,思兼孔、李之学而通之,其视死生若旦暮,泊然无所系累者,固宜也,岂古所闻有道之士非邪?③

---

① 以上引文见《宋濂全集》卷八十《书刘真人事》,第四册,第1920—1921页。
② 《宋濂全集》卷四十八《体仁守正弘道法师金君碑》,第二册,第1049页。
③ 以上引文见《宋濂全集》卷四十八《太上清正一万寿宫住持提点张公碑铭》,第二册,第1077—1078页。

《老子》一书内容博大，其清静无为思想为汉初奉行，天下大治。其长生久视之道为道教奉行，修身养性，亦受追捧。说明从大的方面看，道家和道教与儒家一样，对于国家和个人都是有利无害的。而从思想上看，道家讲谦卑克让，这与儒经的说法也不谋而合。

> 道家者流，秉要执本，清虚以自守，卑弱以自持，实有合于《书》之"克让"、《易》之"谦谦"，可以修己，可以治人。①

宋儒批判说老氏虚无，除了宋濂对道家和道教作过区分并为老子辩解外，朱元璋也有一段精彩的论述：

> 夫三教之说，自汉历宋，至今人皆称之。故儒以仲尼，佛祖释迦，道宗老聃，于斯三事，误陷老子已有年矣。殊不知老子之道非金丹黄冠之术，乃有国有家者日用常行有不可阙者也。
> 古今以老子为虚无，实为谬哉！其老子之道，密三皇五帝之仁，法天正己，动以时而举合宜，又非升霞禅定之机，实与仲尼之志齐。言简而意深，时人不识，故弗用，为前好仙佛者假之。②

老子之道隐藏着古代圣王的仁义之道，其修己治人之志向与孔子相同，是治国理政者日用常行必备之术。所谓"三教"，应该是"儒以仲尼，佛以释迦，仙以赤松子辈"，而不应是老聃。他为此还亲自注《道德经》，称该书"乃万物之至根，王者之上师，臣民之极宝，非金丹之术也"③，真是推崇备至。朱元璋希望王者从中获得治国之道，臣民以之修养身心，恰说明道家学说在修己治人的功能上与儒家是完全一致的。

三、"空有相资，真俗并用"的三教平行观

三教的异同早在南北朝时期就已经讨论得很深刻了。后经宋代契嵩、智圆等人从"理"和"迹"的高度进行辨析，说明人们对三教关系的看法已经很成熟了。元代有越来越多的学者提倡三教一致，不过是这种趋势的延伸罢了。

---

① 《宋濂全集》卷八《混成道院记》，第一册，第 162 页。
② 《明太祖集》卷十《三教论》，第 215 页。
③ 《明太祖集》卷十五《道德经序》，第 297 页。

1. 宋濂之前的三教关系论

三教的会通融合从佛教一传入中国就开始了。起初佛教的传播依附于道教，被当作可以养生成仙之术。汉桓帝"宫中立黄老、浮屠之祠"，即是明证。佛的形象很类似于道家的"真人"，佛教的法术也被等同于道教的方术。佛经传入中国，译经采取"格义"的方式，以道家、玄学的语言比附佛教术语，这是佛、道的初步会通。迨至般若宗盛行，"六家七宗"谈无论有，都是在玄学的语境下谈佛理，这是佛教与玄学的融合。除北魏、北周有短暂的灭佛行动外，历朝都采取对三教共同扶持的政策，说明三教都有利于政治统治。三教融合的思想从来没有间断过。这种思想体现在三个方面：

第一，三教兼用论。三教各有其长，所以各有所用，不能相互取代。《牟子理惑论》指出："尧舜周孔，修世事也；佛与老子，无为志也。……君子之道，或出或处，或默或语，不溢其情，不淫其性。故其道为贵，在乎所用，何弃之有乎？"[1]周孔之教，在于治国平天下；佛老之教，在乎隐世修行，各有其用，都不可偏废。

第二，内外相资论。东晋孙绰《喻道论》明确提倡："周孔即佛，佛即周孔，盖外内名之耳。故在皇为皇，在王为王。佛者梵语，晋训觉也，觉之为义，悟物之谓，犹孟轲以圣人为先觉，其旨一也。应世轨物，盖亦随时。周孔救极弊，佛教明其本耳，共为首尾，其致不殊，即如外圣有深浅之迹。尧舜世夷，故二后高让；汤武时难，故两君挥戈。渊默之与赫斯，其迹则胡越；然其所以迹者，何常有际哉。故逆寻者每见其二，顺通者无往不一。"[2]儒家与道教原则上是一致的，只是内外名称不同而已。佛即觉悟，是内圣之教；儒讲治国，乃外王之道。所以"周孔救极弊，佛教明其本"，内外相资，互相补充。

第三，殊途同归论。虽然儒佛功能不一，但宗旨和境界是一致的，即都是劝善之教。刘勰《灭惑论》明言："至道宗极，理归乎一；妙法真境，本固无二。佛之至也，则空玄无形而万象并应，寂灭无心而玄智弥照。幽数潜会，莫见其极；冥功日用，靡识其然。但言万象既生，假名遂立，梵言菩提，汉语曰道。其显迹也，则金容以表圣；应俗也，则王宫以现生。拔愚以四禅为始，进慧以十地为阶。总龙鬼而均诱，涵蠢动而等慈。权教无方，不以道俗乖应；妙化无外，岂以华戎阻情？是以一音演法，殊译共解；一乘敷教，异经同归。经典由权，故孔、释教殊而道契；解同由妙，故梵、汉语隔而化通。但感

---

① 见释僧祐撰，李小荣校笺《弘明集校笺》卷一《牟子理惑论》，上海古籍出版社2013年版，第26页。
② 《弘明集校笺》卷三《孙绰喻道论》，第151—152页。

有精粗,故教分道俗;地有东西,故国限内外。其弥纶神化,陶铸群生,无异也。"①儒家和佛教只是称呼上的不同,无论是"显迹"还是"应俗",都没什么差别。佛教虽自外来,它的菩提之道却不以华戎为限。无论是儒家还是佛教,最终的目的都是"弥纶神化,陶铸群生",宗旨是一样的。

南齐的张融则论述了佛、道教的殊途一致:"道也与佛,逗极不二。寂然不动,致本则同;感而遂通,达迹成异。其犹乐之,不沿不隔;五帝之秘,礼之不袭三皇之圣。岂三与五皆殊时,故不同其风;异世,故不一其义。安可辄驾庸愚,诬謿神极!"②道教与佛教在根本上是相通的,均以静为本,只是具体表现不同。这种不同是因为世异时殊,就如三皇五帝之礼乐不相沿袭一样。张融是南齐著名的文学家、书法家,出身于信佛世家,其舅父信道教。据《南齐书·张融传》,他死的时候,左手执《孝经》《老子》,右手执《小品般若经》《法华经》,以示三教一致,不分先言。

佛教于隋唐时期达到鼎盛,佛门大师的理论造诣极为精密深邃。面对儒家的咄咄逼人,他们开始从更高层次为佛教辩护,调和儒佛关系。宋初的永明延寿(904—975)和契嵩(1007—1072)从理迹关系的角度分析儒释之异同。延寿指出:"理为道本,行为道迹。因本垂迹,无本,迹何所施?因迹显本,无迹,本奚独立?"③迹源于道,佛教的一切行为都是由其"道"决定的。既然佛教认为万法皆空,在对"道"的理解上与儒家不同,体现在行为上自然有异,但迁善远恶却是双方的共同之处,正所谓"以迹议之,而未始不异也;以理推之,而未始不同也","圣人为教不同,而同于为善也"④。而儒家却只看到了不同的"迹",没看到共同的"理",这不是舍本逐末吗!

契嵩著《原教》《孝论》等,以"援儒入佛"的方式,将佛教理论与儒家经典结合起来,全面论证三教理一迹异。儒家和佛老,一个治世,一个治出世,完全可以互补。他的这些文章传阅京师,欧阳修、张方平等均称许有加,深深影响了后世。同时期还有天台山外派孤山智圆(976—1022,自号中庸子),也主张"儒、释者,言异而理贯",进而提出"修身以儒,治心以释"⑤。

儒家学者则唐代柳宗元、刘禹锡、宋代张商英等均是有力的佛教支持

① 《弘明集校笺》卷八《刘勰灭惑论》,第 427—428 页。

② 《弘明集校笺》卷六《张融门律周剡颙难》,第 325 页。

③ 永明延寿《万善同归集》卷下,石峻等编《中国佛教思想资料选编》第三卷第一册,中华书局 1987 年版,第 65 页。

④ 释契嵩著,林仲湘、邱小毛校注《镡津文集校注》卷一《辅教编上·原教》,巴蜀书社 2014 年版,第 2,3 页。

⑤ 智圆《中庸子传上》,石峻等编《中国佛教思想资料选编》第三卷第一册,第 125 页。

者。柳宗元（773—819）与很多禅僧相交，对佛理领悟颇为透彻。他对韩愈排佛不以为然："浮屠诚有不可斥者，往往与《易》《论语》合，诚乐之。其与性情奭然，不与孔子道异。"①他已经看到了儒经与佛典有相通暗合之处。刘禹锡（772—842）自述早年读《中庸》至"不勉而中，不思而得"时，一直无法理解。晚年读佛经，突然有所领悟，"是余知突奥于《中庸》，启键关于内典，会而归之，犹初心也"②。因读佛经而领悟了儒经之义，从侧面说儒释是相通的。张商英（1043—1121，字天觉，号无尽居士）针对韩愈、欧阳修、二程的排佛理论，作《护法论》为佛教辩护。他讥笑二程不懂佛教所谓"出世"，更不懂世间法、出世间法。"殊不知色受想行识，世间法也；戒定慧解脱，解脱知见，出世间法也。"他举了个生动的例子来比较三教的不同作用：

> 余谓群生失真迷性，弃本逐末者，病也；三教之语，以驱其惑者，药石也。儒者使之求为君子者，治皮肤之疾也；道书使之日损，损之又损者，治血脉之病也；释氏直指本根，不存枝叶者，治骨髓之病也。其无信根者，膏肓之疾，不可救者也。③

同样对治众生迷失心性之病，儒家教人作君子，只能治表面；道家提倡"为学日益，为道日损，损之又损，以至于无为"，清心寡欲，去掉心理包袱，有一定成效，可治血脉；唯有佛教，教人们认清心性迷失的原因，所以治的是根本。三教比较，还是佛教对人的心性修养最有帮助。当然，虽然治疗程度不同，但对人都有积极意义，因此三教不可或缺，那些什么都不信的，只能病入膏肓，不可救药。张商英于徽宗朝曾官拜尚书右丞，以忠直见称，具有很大的影响力。他的崇佛思想成为理学家批判的对象，却是护佛者的强力之据。

元代刘谧作《三教平心论》④，意在平心看待三教的关系。该文重点驳斥了傅奕、韩愈、欧阳修的排佛理论，并兼及张载、程朱等理学诸儒之论。同时夸赞柳宗元、张商英、李士谦等人的三教一致说。最后他引用《牟子理惑论》来论证佛教之说与儒经之教是完全吻合的。值得一提的是，该文在付梓时由其朋友作序，《序》中引用了契嵩和智圆的原话："三教之兴，其来尚矣。

---

① 柳宗元《送僧浩初序》，石峻等编《中国佛教思想资料选编》第二卷第四册，第366页。
② 刘禹锡《赠别君素上人》，石峻等编《中国佛教思想资料选编》第二卷第四册，第379页。
③ 以上引文见张商英《护法论》，石峻等编《中国佛教思想资料选编》第三卷第三册，第131、132页。
④ 刘谧，生平不详，《元史》无传。从《三教平心论序》中可知他又号称静斋学士。该序作于"龙集甲子秋"，即1324年，是他的朋友通城实堂居士吴鼎来将这篇文章付梓时所作。可见该论成于元代。

并行于世,化成天下。以迹议之,而未始不异;以理推之,而未始不同。一而三,三而一,不可得而亲疏焉。孤山圆法师曰:'三教如鼎,缺一不可。'诚古今之确论也。"①从中可见契嵩、智圆的思想影响之深远。《三教平心论》对唐代傅奕以降的排佛和护佛理论几乎都有所涉及,可算是集成之作了。虽曰"平心",但因为内容多是驳斥排佛论而赞赏护佛者,态度过于鲜明,所以后人还是不满,认为"是书过崇释氏,曲诋先儒,名为平心,实多偏见"②。该书对宋元三教合流的趋势起了推波助澜的作用。

理学家们从理论上辟佛老,却并不影响历朝统治阶层对佛老的大力扶持和利用。宋孝宗作《三教论》,提出"以佛修心,以道持身(或作"养生"),以儒治世"的三教分工说③。元朝推行宗教自由政策,对儒释道三教均有所扶持,但是非常明显的是,以往最受重视的儒学在此时地位是最低的。陶宗仪《南村辍耕录》记载了这样一件事:孛术鲁翀子翚公在翰林时,进讲罢,上问曰:"三教何者为贵?"对曰:"释如黄金,道如白璧,儒如五谷。"上曰:"若然,则儒贱耶?"对曰:"黄金白璧,无亦何妨? 五谷于世,其可一日阙哉!"上大悦④。按《元史》,孛术鲁翀是女直人,攻儒学,乃当世名臣。从君臣问答即可看出,皇帝并不把儒学放在眼里,而儒家则利用一切机会竭力让皇上明白儒学的重要性。康里回,西域人,亦攻儒学,不乐异端之说。元仁宗以三教异同相问,答曰:"释氏以明心见性为宗,道家以修真炼性为务,皆一偏一曲,足乎自己。至于儒者之学,则修己治人,以仁义化成天下,此所以万世不可易,而帝王所宜究心者也。"⑤上为之嘉叹。认为佛、道之功能仅限于一身,只有儒学可化成天下,与唐宋时期人们的认识相比,其刻意突显儒学、希望皇帝究心于此的目的非常明显了。

朱元璋做过沙弥,称帝后特意作《三教论》,明确表示三教并用:

> 于斯三教,除仲尼之道祖尧舜,率三王,删诗制典,万世永赖。其佛仙之幽灵,暗助王纲,益世无穷,惟常是吉。
> 尝闻天下无二道,圣人无两心。三教之立,虽持身荣俭之不同,其

---

① 《三教平心论》"序",石峻等编《中国佛教思想资料选编》第三卷第三册,第 501 页。
② 董金鉴《三教心论补校》,刘谧《三教平心论》,中华书局 1985 年版。董氏乃晚清著名乡绅,光绪年间用活字翻印《琳琅秘室丛书》者。他的评价站在儒家本位立场的成分多了些。
③ 参见彭琦《南宋孝宗与佛教》,《浙江学刊》2002 年第 5 期,第 93—97 页。
④ 陶宗仪《南村辍耕录》,《宋元笔记小说大观》,上海古籍出版社 2001 年版,第 6190 页。
⑤ 《宋濂全集》卷五十一《元故荣禄大夫陕西等处行中书省平章政事康里公神道碑铭》,第三册,第 1198 页。

所济给之理一。然于斯世之愚人，于斯三教，有不可缺者。①

朱元璋的三教论其实就是"理一迹异"的体现，而他治国的实践，就是以儒教为主，佛、道教"暗助王纲"。

2.三教平行观

宋濂学通三教，从上述论儒佛、儒道关系即可看出，他的佛、道理论造诣之深，远超先贤。宋濂是个有信仰的人，他以孔孟之学为宗，要做像颜渊、曾子那样的大贤，终其一生，这个志向和追求都没变。同时，他也信仰佛教和道教。他自称是永明延寿的化身，要一生"以文辞为佛事"，事实上他也是这么做的。对道教，他相信内丹修炼、尸解飞升、长生久视等理论和实践。这并不意味着他是个多神论者，而是因为他对宇宙和人生充满敬畏之心。读的书越多，阅历越丰富，那些神秘莫测、难以解释的事情就越多，只有无知者才会无畏。在宋濂眼里，三教相通是没问题的。但他强调，三教之相通只是体现在教化、治道上。

> 天生东鲁、西竺二圣人，化导烝民，虽设教不同，其使人趋于善道，则一而已。②
>
> 成周以降，昏嚚邪僻，翕然并作，绁缧不足以为囚，斧钺不足以为威。西方圣人历陈因果轮回之说，使暴强闻之，赤颈汗背，逡巡畏缩，虽蝼蚁不敢践履。岂不有补治化之不足？③

从根本上说，儒佛都以弃恶扬善为目标，只是手段（"迹"）不同而已。儒家德法并用，并不能阻止世风日下。佛教因果报应、三世轮回之说却让人有所畏惧。二者殊途同归，均有助于治道。

唐代柳宗元赞同儒释并用，并认为双方的典籍在义理上有相通之处。对此，宋濂完全同意：

> 柳仪曹有云："真乘法印与儒典并用，人知向方。"诚哉是言也！盖宗儒典则探义理之精奥，慕真乘则荡名相之粗迹，二者得兼，则空有相

---

① 《明太祖集》卷十《三教论》，第215—216页。

② 《宋濂全集》卷九《夹注辅教编序》，第二册，第563页。

③ 《宋濂全集》卷八十七《重刻护法论题辞》，第四册，第2074页。

资，真俗并用，庶几周流而无滞者也。①

有学者认为"空有相资，真俗并用"便是宋濂援佛入儒的凭证。所谓援佛入儒，是指借用佛教的理论阐释儒家的经典，如朱熹借华严宗的"一即一切，一切即一"的思想解释太极与万物的关系。从本文对宋濂的思想分析来看，他的儒、释、道思想都源自他阅读经典而形成的心得，并不是借用的结果。因此把"相资"、"并用"理解成思想上的援用是错误的。况且宋濂这段话是针对佛门"内记"一职所发的议论。"内记"执掌寺院文墨，负责一应文牍事务，所以要求非常高。"凡有关于文辞之事，颇资之以达务，非熟采竺坟，旁通孔籍，未易以致之。"充内记之任者不仅要熟悉佛经，还要熟读儒家经典，这样写作起来才能得心应手，内容丰满充实。会稽璞原法师便是善世禅寺的内记，法师不仅极为称职，而且"能近取远揽，深涵浅受，而其学益进于前"，从游者甚众。于是宋濂感慨议论说：

> 世之学者夥矣，溺文学者贝局促经舍，驰骤艺苑，其流必外骛而忘返；泥苦空者则措情高远，游志疏旷，其流必内躁而失守。所以皆伥伥他适，不知正途之从。有若璞原，其知真乘法印与儒典并用者欤？处乎世间，不着世间，如环之无端，不见其止；如刀之剖水，不见其迹。其知空有相资、真俗并用者欤？循序而上，此焉发轫，他时出世为人。其知所自重者欤？予，儒家之流也。四库书册，粗尝校阅；三藏玄文，颇亦玩索。……方知仪曹之云为渐门者设。璞原春秋甚富，宜达圆顿之旨，尚思得鱼兔而忘筌蹄欤！②

"空有相资，真俗并用"是指在学习、修行时可以同时阅读三教典籍，它是对治溺文学者、泥苦空者的良药。儒家经典不乏精奥之义理，局泥于佛教世间皆苦、万法皆空之理论者可用儒经之义理弥补立意过高的缺憾，增加下学的工夫，以免"内躁而失守"；而佛教之真乘法印精湛微妙，一扫名词表象之粗陋，儒生在流连文学艺苑之余应参习佛教之深湛理论，树立上达的目标，以免"外骛而忘返"。宋濂认为柳宗元所言"真乘法印与儒典并用"其实是针对渐修者，因为还没有完全达到对文字顺手拈来、游刃有余的地步，即

---

① 《宋濂全集》卷二十五《送璞原师还越中序》，第二册，第 517—518 页。
② 《宋濂全集》卷二十五《送璞原师还越中序》，第二册，第 517—518 页。

没有达到"圆顿"的境界,所以还需佛经与儒典结合来传情达意。这是一个长期的过程,当各家经典烂熟于胸,能够做到完全用各自的话语来表达,无须"并用"之时,就达至"圆顿"了。所以,儒释相资并用,是指写作过程中互相借用,而不是创立新说上的互相援用。

事实上,宋濂就已经达到了"圆顿"的境界。在思想和文字表达上,他坚持三教不相混的原则。儒是儒,佛是佛,老是老,各有各的术语以及适用的领域,绝不混淆。他在三教上的理论造诣、文字纯熟,让人叹为观止。好友王祎就赞叹他:"至于佛老氏之学尤所研究,用其义趣制为经论,绝类其语言,置诸其书中无辨也。"①其学养之深厚,儒释道界限之分明,于斯可见。

而在治国理念上,儒释道各自的分工亦分得很清。朱元璋亲率群臣于蒋山兴国寺大兴法会,宋濂作记诵之。该记在描述了法会的盛况之后,称赞太祖稽古定制、备极祭祀的行为是"仁之至者",盛赞太祖之"好生之仁"与天地之德同大,非言语可赞。"惟佛道弘,誓拔群滞。惟皇体佛,仁德斯被。"②佛法可以拔除众生认识上的滞碍,体现了佛门的慈悲仁爱之心;希望皇帝能体会到佛祖之心,以此仁德泽被天下。宋濂此记不是鼓励朱元璋佞佛的行为,而是借机以仁义诱导,希望他能通过"体佛"的行为扩充自己的仁德,以仁义治天下。因此后人评价宋濂:"无相居士以仁义辅太祖,以割爱启沙门,直是见得清,立得定。"③以儒治世、以佛养心的原则在此得到最完美的诠释,儒释并用却不混用。

徐洪兴先生在分析"道学思潮"产生的原因时特意辟专题讨论了"三教融合"、"三教合流"、"三教归一"、"阳儒阴释"等流行性概念,认为以此来概括道学或理学与佛道的关系,未免失当。因为这些词"往往容易给人以不分主客体、没有方向性的简单合并的误解。尽管人们在使用这些概念时或没有这样的含义,但概念错误客观上总有误导之嫌,我们自然应该避免","道学吸收佛道二教的思想或说受佛道二教思想的影响,基本上是就其形式、方法或境界而言的,而道学实质并没有失去传统儒家基本思想的特色。所以,所谓道学是'儒表佛里'、'阳儒阴释'抑或'阳儒阴道'之说是失当的,不足为凭"④。他建议用"整合"一词界定三教间的关系。张雪松则考证得出结论:"三教合一"在中国古代文献中很少出现,直到晚明才得到普遍使用。他认

---

① 《王忠文公文集》卷二十一《宋太史传》,《王祎集》,下册,第627页。
② 《宋濂全集》卷五《蒋山广荐佛会记》,第一册,第118页。
③ 彭绍昇撰,张培锋校注《居士传校注》卷三十七,中华书局2014年版,第321页。
④ 徐洪兴《中国学术思潮史》卷五"道学思潮",上海社会科学院出版社2006年版,第71—72页。

为过分强调"三教合一"有泯灭差异的危险,用其总结中国传统文化应当慎重①。李四龙认为历史上"三教合流"表现出三种类型:儒家统治阶层倡导的三教平等型、佛教提倡的三教同归型和道教主导的三教同源型②。"三教平等"讲究"保留各自的主体性,体上会通,用上合流",本文认为宋濂的三教观即属于此类型,但用"三教平行"来概括更为恰当。平行者,理论上并行不悖,也不相互交叉,只是在治国上要求同时并用。

宋濂对待三教关系的方式并非人人都能做到。这需要深厚的学养,精深的理论造诣,深入三教之堂奥,又能准确无误地表达出来。宋濂一生,无一日不读书,三阅佛藏,对道教洞玄之书也颇尝阅读,所以才能做到这般得心应手。他众多的佛文被晚明著名僧人云栖袾宏辑录为《宋文宪公护法录》,为元代佛教史研究提供了丰富的宝贵史料。近代印光大师曾言:"彼不知佛法者,读《文宪公集》,既钦其文之洪阔,又服其理之高深。能不断疑生信,愈入愈深,大明儒佛之心法,企出生死之樊笼乎! 况其中发挥佛法者,有一百七十余篇之多乎!"③

本章小结

宋濂本着对佛、道深厚的感情,撰写了大量佛、道教文章。在文章中他贯穿了"会通"的原则,这一原则不仅适用于处理各教内部不同派别之间的关系,而且运用于三教之间的"会通"。他看到了三教之间在尊重儒家伦理、政治教化上的共性,所以主张三教并用。但是他的三教并用不同于以往,既不援佛入儒,也未援儒卫佛,而是用各自的术语进行叙述。在思想上,他的心学是在总结以往学术的基础上,根据阅读六经而自有的心得。他的佛、道教理论,也都是根据自己的观察和对经书的体悟所提出的建议。这种三教并用却不混用的处理方式,是由其深厚的学养、精湛的理论决定的,也是他的思想特色。

相较之前的一些理学家们吸收佛老却又刻意掩盖、看到对方优点却又不愿承认、深明佛经正理却又有意曲解的行为,宋濂对三教的态度和处理方式无疑更开放、更坦荡,这一方面体现了他开放的胸怀、广博的学识,另一方面,更体现了他对儒学本身的自信——因为充分了解佛教之理论深浅,从而

---

① 参见张雪松《"三教合一"概念的历史钩沉》,《党政干部学刊》2014 年第 11 期,第 24—29 页。
② 李四龙《论儒释道"三教合流"的类型》,《北京大学学报》2011 年第 2 期,第 42—51 页。
③ 释印光著述,张育英校注《印光法师文钞》卷八《重刻明宋文宪公护法录序》,下册,宗教文化出版社 2008 年版,第 805 页。

相信儒学之义理纯全，故而无须再刻意贬低对方，抬高自己。

有学者质疑宋濂的佛学文论"给人以沉闷和保守之感"，"作为开国大臣的宋濂，却于佛学无丝毫进取精神，这是一个值得思考的现象"，进而认为这种保守倾向"是为了与朱元璋的政治统治保持一致"①。这种政治统治即专制、统一意识形态。本文认为，如果考虑到当时僧侣的文化水平以及宋濂本人的为学追求，他只是想传播佛法而不是标新立异，他志在儒学事业而不是佛学上的开拓建树，划清儒佛之间的界限才是他的原则。

归根结底，宋濂是一个儒家学者，儒释道之间在他那是平行的关系，并不交叉援引。我们应当摆脱评价宋明理学家的惯性思维——认为理学家都是援佛老入儒者，重新全面审视宋濂的三教论，自然会得出新的结论。

---

① 潘桂明《中国佛教思想史稿》（宋元明清近代卷下），江苏人民出版社 2009 年版，第 457—458 页。

第九章　宋濂与浙东学术

宋濂被誉为明代开国文臣之首,道德文章为一世称赞。他虽然非常忌讳别人以"文人"目之,一再强调"吾学儒也","吾岂文人哉",怀抱经世致用、平治天下的壮志,然而入明后做的却始终是文字工作。朱元璋虽然称许他"博通今古",但认为"使尔检阅则有余,用之于施行则甚有不足",鉴于"方今儒者,以文如卿者甚少"①,故授命为翰林学士承旨。褒赠其父祖,也说他是"文章之首臣"②。也就是说,在朱元璋的眼里,宋濂就是一个文士。这和宋濂的期许未免有些差距。那么在后人眼中,宋濂的地位和影响如何呢? 本章兹就后人对宋濂的评价以及宋濂与浙东学术的关系作一述评。

第一节　后人对宋濂的评价

宋濂因连坐获罪,卒于流放途中。他去世后,只有方孝孺冒着政治风险写了多篇祭文和诗,门人郑楷志其墓。二十年后,方孝孺又因"靖难之变"罹难,十族被诛。明仁宗继位后,严酷的政治氛围稍稍松弛。他昭雪了很多冤案,包括方孝孺案。宣德、景泰年间,四川按察使陈琏、黄溥有祭宋濂文。弘治九年(1496)准四川巡抚奏,复宋濂翰林学士承旨,于成都府受祀。正德年间,追谥"文宪"。嘉靖以后浦江各地为宋濂建祠堂,祭祀宋濂的诗文、碑文多了起来,他的文集又得以重刻流行。

一、明人眼中的宋濂

宋濂生前虽有多部文集付梓,诸儒为之作序,但是随着自身获罪,时间迁移,其文集渐被淹没。成化年间金华徐礼读书时曾读到张以宁写的《潜溪集序》,然而辗转多年也未读到全书。后因公务至遂宁,机缘巧合得见《龙门子凝道记》,未读完便起身惊叹:"先生之文,博极群言,旁觇载籍,漓而淳之,浮而沈之,议论深长,规模远大,如河汉之昭回,如星辰之繁衍,视世末学者

---

① 《明太祖集》卷三《翰林承旨宋濂诰》,第44页。
② 《明太祖集》卷三《赠翰林承旨宋濂祖父诰》,第48页。

讵能仿佛其万一哉？"不仅如此，从宋濂对濂洛之学分为武夷、广汉、金华三家而不能会归为一的忧虑，可见其志向绝非从事乎文章，而是以斯道自任，继承圣学。因此他断言："昔程正叔序明道文曰：'孟子之后，一人而已。'予亦曰：'晦庵之后，一人而已。'"①在他眼里，宋濂是朱熹之后继承圣学的第一人。

徐礼是金华人，他对宋濂的高度评价有宣传家乡之学的成分。嘉靖三十一年（1552），宋濂的家乡浦江为其建祠堂，时任浙江督学使薛应旂（1500—1575，字仲长，号方山，江苏常州人）为之作祠堂碑，全面评价宋濂：

> 金华之学，自东莱吕成公倡之，而何、王、金、许四贤相继而出。……先生继起是邦，遭逢圣主，文章事业掀揭宇宙，士人籍籍咸称名臣，已极夸诩。至其所深造自得者，上跻圣真，直达本体，则反为文章事业所掩，而不得明预于理学之列。此余追考先生之平生，未尝不喟然而叹也，曰：嗟乎，世有真儒若先生者哉！观其斥词章为淫言，诋苑藻为宿秽，期于划削刊落，以径趋乎道德。……及读其所杂著，与凡六经之论，《七儒》之解，《观心》之记，则实有不能自已于言者，是岂徒欲以文章事业名世者哉？奈何学术难明，见闻易眩，而先入之言之易行，所以拟先生者，仅仅若此也。……况究观先生之学，在宋则有若陆子静，在元则有若吴幼清，盖皆圣学正传，后先一辙，其与前四贤之繁简纡直，世必有能辨之者。……苟但知先生之显，而不知先生之微；知先生之用，而不知先生之体，则是见光华者忘日月，睹溟渤者失原泉，而精一无二之指，无怪乎其未究也。②

在薛应旂之前，为宋濂文集作序或往来唱和者，基本都赞扬宋濂的文采或者其对有明一代制度文为的裁定和制作之功。这些评价多多少少让后人先入为主，所以薛应旂慨叹世人只看到宋濂的文章事业，却没有看到其文章里的道德之学，即理学。他断言，宋濂的学问与宋代的陆九渊、元代的吴澄一脉相承，不同于"北山四先生"尊承的朱学。也就是说，薛氏认为宋濂的学术就是我们今天说的心学。世人只看到宋濂学问的表面，而没看到其更深层次的内容；只见其"用"而不见其"体"，如此评价宋濂，必然是肤浅的。在

---

① 徐礼《龙门子凝道记三卷序》，《宋濂全集》"附录二"，第五册，第2708页。
② 薛应旂《浦江宋先生祠堂碑》，《宋濂全集》"附录二"，第五册，第2610—2611页。

薛应旂的眼里,宋濂是和陆九渊、吴澄一样的理学家,而不仅仅是文学家、政治家。薛氏如此为宋濂抱不平,真可谓宋氏的知音,只有他读懂了宋濂。

四年后,丽水何镗(1507—1585,字振卿,号宾岩)将刘基的《郁离子》与宋濂的《龙门子凝道记》合刻称《刘宋二子》,李濂(1488—1566,字川父)为之作序。他指出刘、宋二人郁郁不得志于元朝,退而著书。"郁离"乃文明之谓,以之为书名,"意以为有能用之,可致文明之治耳";"凝道"意谓"苟非至德,至道不凝",均非"蓥道之诸子,徒骋之空言"者所可比拟。入明后,二人用此著作,"以佐成昭代文明之盛治"。二人"精理为文,秀气成采,联辔齐骖,不相上下",但世人却只是看到了他们的某一方面:"顾世之人独以文称潜溪者,盖青田掩于功业云尔。"①可能刘基的文韬武略过于耀眼,掩盖了宋濂的经世才能,只突显了他的文学才华。其实从二人的著作看,他们都算得上是至德要道之人,单纯以文学或功业评价,未免太简单或表面化了。

当然,并不是所有人都对宋濂的学问持肯定态度。薛瑄(1389—1464,字德温,号敬轩,山西河津人)就对宋濂《诸子辨》颇有微词:"宋景濂《诸子辨》,列周程于其后,非尊道学者也,失伦次甚矣。周程大贤,岂诸子之敢望乎!"②他出于对程朱之学的尊重,认为列周程于诸子之后是对周程的不敬,乃至忽略了宋濂这么做的用意——"欲读者有所归宿也"。章懋(1436—1521,字德懋,号暗然翁,晚年又号瀔滨遗老,浙江兰溪人)认为宋濂不过"文章之士","当以文学目之"③。在他心目中,金华吕祖谦之后真正传圣贤之学的当是何、王、金、许四先生,宋濂和吴师道、黄溍、柳贯、王祎等人一样,属"文章"家。

可见,明人眼中的宋濂已经褒贬不一了。有人看到其理学思想、道德之学,有人则只看到其文学才华。

二、黄宗羲眼中的宋濂

明末清初的黄宗羲(1610—1695)站在学术史的角度,对明代近 300 年学术进行了全面回顾总结。他的文集中多次提到宋濂,褒贬有加,颇有对其盖棺论定的意味。黄宗羲以保存一代历史文献为己任,前后用了 25 年的时间编成《明文海》四百八十二卷,该书"搜罗极富,所阅明人文集几至二千余家","可谓一代文章之渊薮"。后黄宗羲又从中精选明文数百篇编成一书,

① 以上引文见李濂《刘宋二子合刻序》,《宋濂全集》"附录二",第五册,第 2915 页。
② 薛瑄《续录》卷四,《读书录》,《景印文澜阁四库全书》,第 726 册,第 758 页。
③ 章懋《枫山集》卷二《与韩知府》,《景印文澜阁四库全书》,第 1291 册,第 53 页。

授其子百家阅读，是为《明文授读》。黄宗羲在搜集和编辑的过程中，在明人文集及其入选篇目上写了很多评语和批注，从中可见黄宗羲对有明一代文章家的看法。

《明文海》中收录了宋濂的多篇文章，黄宗羲不仅以宋濂为文章之正统，而且以其为有明一代学统、文统之发端。"有明之文统始于宋、方，东里嗣之"①，"有明文章正宗，盖未尝一日而亡也。自宋、方而后，东里、春雨继之，一时庙堂之上，皆质有其文。"②明代文章始于宋濂和方孝孺，继之而后的是杨士奇（1366—1444，号东里）和解缙（1369—1415，号春雨）。黄宗羲把明代文章的发展状况分成三个阶段：

> 有明之文莫盛于国初，再盛于嘉靖，三盛于崇祯。国初之盛，当大乱之后，士皆无意于功名，埋身读书，而光芒卒不可掩。……议者以震川为明文第一，似矣。试除去其叙事之合作，时文境界，间或阑入，较之宋景濂尚不能及。此无他，三百年人士之精神，专注于场屋之业，割其余以为古文，其不能尽如前代之盛者，无足怪也。③

他认为国初之所以文章出现了一个盛况，因为受科举时文影响小。之后大家专注举业，大部分精力都用于场屋之文，所以从总体上明文不如前代。当时人推归有光（1507—1571，号震川）文章为明代第一，黄宗羲则认为他的文章远不及宋濂：

> 欧、苏之后，非无文章，然得其正统者虞伯生、宋景濂而已。其一时之师友，生平之学力，皆非他人之所能及也。今欲舍景濂而以震川为嫡子，震川之学，毕竟挹之易尽。景濂无意为文，随地涌出波澜，自然浩渺，其大碑版，似乎方板平实无动人处，然整而暇。……其在元时之文虽多奇崛，而痕迹未销；入明之文，方是大成。④

和宋濂相比，归有光的学问不够深厚，"挹之易尽"。宋濂则名师益友皆为一时之选，一生手不释卷，学力深厚。其为文章皆信手拈来，没有刻意雕

---

① 《明文海评语汇辑》"王守仁《谏迎佛疏》"，《黄宗羲全集》，第十一册，第96页。
② 《明文案序下》，《黄宗羲全集》，第十册，第20页。
③ 《明文案序上》，《黄宗羲全集》，第十册，第18—19页。
④ 《明文授读评语汇辑》"宋濂《孔子庙堂议》"，《黄宗羲全集》，第十一册，第160页。

琢的痕迹,让人读来品味不尽,不见涯际。尤其是入明之后的文章,最为娴熟老练,简直是集大成之作。黄宗羲分析归有光的文章见重于当时的原因:"震川之所以见重于世者,以其得史迁之神也。其神之所寓,一往情深,纡回曲折次之。"①相比当时大部分人枯燥乏味的文章,的确如一股清流,让人耳目一新。其实细考归有光为文的原则:"为文以六经为根本,迁、固、欧、曾为波澜"②,这不正是黄溍教导宋濂的方法吗! 可以说,归有光继承了黄溍的方法,与宋濂的风格多少相似,所欠者,功力也。

和同时代人相比,黄宗羲也认为无人出宋濂之右。刘基曾放言:"天下文章,宋濂第一,基次之,张孟兼又次之。"黄宗羲评价:"言之太易! 将置赵东山、胡长山辈于何地乎!"他认为刘伯温的文章"洁净而未底于精微",恐怕连赵汸、胡翰都赶不上。王祎与宋濂同总裁《元史》,其文章在当时亦负盛名。黄宗羲评价曰:"公文欲并驱文宪,颇有意于博洽,故考索之多多,非自然也。"③王祎之文有刻意模仿之嫌,所以看上去没有宋濂之文浑然天成。

胡翰字仲申,号长山,参与编修《元史》,当时与宋濂并称"金华两先生",连王祎都不及。宋濂评价其文章"其矢者李习之之所好,而得者非习之所至也"④,李习之即唐代李翱,从韩愈学古文,共同推动古文运动。李翱反佛,但他的《复性书》却借鉴了佛教的佛性说。宋濂认为胡翰的文章也有这个问题,但其成就却非李翱可比。黄宗羲引宋濂此论评价胡翰,颇以为然。朱右字伯贤,黄宗羲评价其文曰:"质直,自是儒者之文,于经传多所考证。"并引用宋濂的评价:"其文多而不冗,简而有度,神气流动,而精魄苍劲,粲然藻火之章矣。"⑤可见,宋濂的评价,黄宗羲多是认同的。

对黄宗羲文论影响最大的,是宋濂的"五美"论。"五美"论出自《刘兵部诗集序》:

> 诗缘情而托物者也,其亦易易乎? 然非易也。非天赋超逸之才,不能有以称其器;才称矣,非加稽古之功,审诸家之音节体制,不能有以究其施;功加矣,非良师友示之以轨度,约之以范围,不能有以择其精;师友良矣,非雕肝琢肾,宵咏朝吟,不能有以验其所至之浅深;吟咏侈矣,

① 《郑禹梅刻稿序》,《南雷诗文集》(上),《黄宗羲全集》,第十册,第66页。
② 《明文海评语汇辑》"归有光《书斋铭》",《黄宗羲全集》,第十一册,第114页。
③ 《明文授读评语汇辑》"王祎《唐两省记》",《黄宗羲全集》,第十一册,第171页。
④ 《明文海评语汇辑》"胡翰《慎习》",《黄宗羲全集》,第十一册,第103页。
⑤ 《明文海评语汇辑》"朱右《物初论》",《黄宗羲全集》,第十一册,第103页。

非得夫江山之助，则尘土之思胶扰蔽固，不能有以发挥其性灵。五美云备，然后可以言诗矣。①

简言之，"五美"即天赋、稽古功力、良师友、推敲苦吟、游历江山。这五个条件都具备，才能谈得上作诗。反过来，如果不具备这"五美"，那诗就根本没法看：

> 盖不得助于清晖者，其情况而郁；业之不专者，其辞芜以庞；无所授受者，其制涩而乖；师心自高者，其识卑以陋；受质謇钝者，其发滞而拘。古之人所以擅一世之名，虽其格律有不同，声调有弗齐，未尝有出于五者之外也。②

他为之作序的"刘兵部"名崧，字子高，其诗便具备了这"五美"，所以"置之古人篇中，几无可辨者"。黄宗羲评价宋濂的这篇文章："将'五美'之论反复四番，而不见其复。"③他高度赞扬"五美"论："昔宋文宪以五美论诗，诗之道尽矣。余以为此学诗之法，而诗之原本反不及焉，盖欲使人自悟也。"④随即便以此理论衡量其他人的诗歌或诗论。他评价王廷相《与郭介夫学士论诗书》："作诗之法非不详备，然终是揣摩得之，不如宋景濂所谓'五美'者语语见血。"⑤

黄宗羲在很多方面接受了宋濂的理念和观点。如他拒绝了地方官修志书的邀请，认为"公志每不如私志"，并举宋濂为例："宋景濂之《浦阳人物记》，文章尔雅。"⑥他也效仿宋濂为个人立传："昔宋文宪公作《周贤母传》，以其贤而得书，故称之为周贤母。余师其书法，作《陈贤母传》。"⑦他虽然拒绝了入清廷史馆修《明史》，但也给了史馆很多建议，如反对于"儒林"中再别立《理学传》⑧。他评价《宋史》专立《道学传》一事："《宋史》'道学'一门，亦是一家之货，未必能传孔孟之道，徒起争端。此是元臣欧阳玄等陋处。"⑨联

---

① 《宋濂全集》卷二十四《刘兵部诗集序》，第二册，第495—496页。
② 《宋濂全集》卷二十四《刘兵部诗集序》，第二册，第496页。
③ 《明文海评语汇辑》"宋濂《刘兵部诗集序》"，《黄宗羲全集》，第十一册，第129页。
④ 《朱人远墓志铭》，《南雷诗文集》（上），《黄宗羲全集》，第十册，第483页。
⑤ 《明文海评语汇辑》"王廷相《与郭介夫学士论诗书》"，《黄宗羲全集》，第十一册，第118页。
⑥ 《再辞张郡侯修志书》，《南雷诗文集》（上），《黄宗羲全集》，第十册，第164页。
⑦ 《陈贤母传》，《南雷诗文集》（下），《黄宗羲全集》，第十一册，第33页。
⑧ 参见《移史馆论不宜立理学传书》，《南雷诗文集》（上），《黄宗羲全集》，第十一册，第221页。
⑨ 《明文海评语汇辑》"何维骐《答吴克服论宋史柬》"，《黄宗羲全集》，第十一册，第119页。

想到宋濂主修《元史》，废"道学"而统立"儒学"，黄宗羲的理念正与之相合。

黄宗羲认同宋濂的一些文论、史论，并不意味着他全盘接受了宋濂的思想。作为一位杰出的史学家和思想家，黄宗羲有其独立的思考。比如宋濂对孔子生卒年的考辨，考其生年以《公羊传》《穀梁传》为本，而卒年本《左传》。黄宗羲征引了多家记载进行互证，认为宋濂的结论是有问题的。然后他评论道："景濂欲伸公、穀，则必尽废诸家，无乃过欤？"①对于宋濂文集中大量的佛教文章，黄宗羲首先肯定了其写作手法前所未有："明初以文章作佛事者，无过宋景濂。其为高僧塔铭，多入机锋，问答雅俗相乱。试观六朝至于南宋，碑释氏者，皆无此法。虞伯生尚谨守之，至景濂而一变，堤决川奔，则又何所不至也。"②然而他认为这些文章倒却了儒者的"架子"："作文不可倒却架子。为二氏之文，须如堂上之人，分别堂下臧否。韩、欧、曾、王莫不皆然，东坡稍稍放宽。至于宋景濂，其为大浮屠塔铭，和身倒入，便非儒者气象。"③别人以儒者写佛文，都有好坏的区分或评价。宋濂则似乎完全赞同佛教，没有臧否的分别，让儒者没了架子和面子。

此外，黄宗羲还提到了宋濂的禄命论、《穆陵遗骼》、《阿育王寺碑》，均提出了异议。不过由此也证明宋濂的博洽："近世以博洽名者，陈晦伯、李于田、胡元瑞之流，皆不免疥驼书簏之诮；弇州、牧斋，好丑相半。上下三百年，免于疑论者，宋景濂、唐荆川二人，其次杨升庵、黄石斋。森森武库，霜寒日耀，诚间世之学者也。"④陈耀文（字晦伯）、李袞（字于田）、胡应麟（字元瑞）以博洽闻名，但有人讥诮他们像书簏子；王世贞、钱谦益之博洽，则因人品问题而好坏参半。终整个明代，称学问博洽而没有任何疑义者，只有宋濂和唐顺之，其次则杨慎和黄道周。

理学与文章的关系，黄宗羲并不认为二者是冲突的。他非常同意"文道合一"的思想：

> 念庵之文，从理窟中来，自然转折可观。彼以肤浅道学之语填写满纸，不可谓之道学，故不可谓之文也。若如念庵，何一句不是道学？推而上至潜溪、逊志，亦何一句不是道学乎？故言"文章不可入道学语"

---

① 《答陈士业论孔子生卒书》，《南雷诗文集》（上），《黄宗羲全集》，第十册，第 181 页。

② 《山翁禅师文集序》，《南雷诗文集》（上），《黄宗羲全集》，第十册，第 58 页。

③ 《论文管见》，《南雷诗文集》（上），《黄宗羲全集》，第十册，第 669 页。

④ 《传是楼藏书记》，《南雷诗文集》（上），《黄宗羲全集》，第十册，第 135 页。

者，吾不知其以何者为文也。①

　　清代学者彭始抟（1645—1732，字直上，号方洲）评价宋濂："以韩、欧之文笔而承朱、吕之嫡派也。"②夸赞宋濂的文章既有道学思想又有文采，说明道学和文章原本是可以统一的。这和上述黄宗羲的思想是完全一致的。但是黄宗羲虽然承认宋濂的文章"何一句不是道学"，但却始终将宋濂当作一个文章家，而不是道学家。他特意指出："有明学术，白沙开其端，至姚江而始大明。"③这里的"学术"，显然指理学。他著《明儒学案》，专立《师说》，以方孝孺为首，称其节义和理学均可"扶持世教，信乎不愧千秋正学者也"④。可是，方孝孺的老师即是宋濂，方氏从学于宋四年，知之最深，他称老师"庸言极论，莫匪正学。翼孟宗韩，沿洙遵洛。箪瓢陋室，若饫万钟。训物型家，惟孝惟忠"⑤，称自己"学于太史公，而后知为学之道大也；闻太史公之言，而后知天下之钜人也"⑥。方孝孺的文道观、六经论等都与宋濂一脉相承，他对宋濂的其他理论也非常认同。所不同者，方孝孺没有像宋濂那样做了那么多佛道文章，故而其学问看上去似乎更加纯粹。可是根据本文前些章节的分析，宋濂虽然崇奉佛道，但并不影响他的儒学本质，二者始终是各自独立的。但是，黄宗羲仍以方孝孺为《师说》之首，无视宋濂的存在，就是因为通过对比，方孝孺著《杂诫》"力排释氏"，而宋濂却"誓以文辞为佛事"，在梨洲看来，算不得醇儒。

　　至于宋濂主修之《元史》，黄宗羲从固守夷夏之防的立场出发，对此遗憾尤甚："高皇帝平天下，诏修《元史》。当时之臣，使有识者而在，自宜改撰《宋史》，置辽、金、元于《四夷列传》，以正中国之统，顾乃帝之宗之以为一代乎！""为史而使乱臣贼子得志于天下，其不如无史之为愈也。"⑦他批评主修《元史》者缺乏史识，竟然将夷狄之蒙元列入正史。哪怕是像徐寿辉、韩林儿那样的"盗贼"来治理中国，也强似夷狄之统治。相比元代杨维桢、郝经等人的"道统者，治统之所在"和夷夏互变论，黄宗羲的观点无疑是个倒退。

---

① 《明文授读评语汇辑》"罗洪先《峡山练公祠记》"，《黄宗羲全集》，第十一册，第 173 页。
② 彭始抟《刻宋集序》，《宋濂全集》"附录二"，第五册，第 2783 页。
③ 《移史馆论不宜立理学传书》，《南雷诗文集》（上），《黄宗羲全集》，第十册，第 221 页。
④ 黄宗羲著，沈芝盈点校《明儒学案》"师说"，中华书局 2008 年第二版，第 1 页。
⑤ 方孝孺《祭宋太史文》之四，《宋濂全集》"附录二"，第五册，第 2628 页。
⑥ 方孝孺《与郑叔度书》，《宋濂全集》"附录二"，第五册，第 2816 页。
⑦ 《留书·史》，《南雷诗文集》下，《黄宗羲全集》，第十一册，第 12、13 页。

三、清人对宋濂的评价

黄宗羲对宋濂的态度直接决定了宋濂在《宋元学案》中的地位。宋濂被置于《北山四先生学案》"凝熙门人"下,在其小传后,黄百家(1643—1709,黄宗羲第三子)加了个"案语":"金华之学,自白云一辈而下,多流而为文人。夫文与道不相离,文显而道薄耳,虽然,道之不亡也,犹幸有斯。"①他认为金华之学在许谦之后多为文人,文与道之间存在一定张力,通常是文显而道薄,但"道"之所以没有完全消失,幸亏有宋濂的文章,文与道结合得很好。但是无论怎样,宋濂终究还是个文人。

全祖望(1705—1755,字绍衣,号谢山,浙江鄞县人)《宋文宪公画像记》曰:

> 宋文宪公之学,受之其乡黄文献公、柳文肃公、渊颖先生吴莱、凝熙先生闻人梦吉。四家之学并出于北山、鲁斋、仁山、白云之递传,上溯勉斋,以为徽公世嫡。予尝谓婺中之学,至白云而所求于道者,疑若稍浅。观其所著,渐流于章句训诂,未有深造自得之语,视仁山远逊之,婺中学统之一变也。义乌诸公师之,遂成文章之士,则再变也。至公而渐流于佞佛者流,则三变也。犹幸方文正公为公高弟,一振而有光于先河,几几乎可以复振徽公之绪,惜其以凶终,未见其止,而并不得其传。虽然,吾读文献、文肃、渊颖及公之文,爱其醇雅不佻,粹然有儒者气象,此则究其所得于经苑之坠言,不可诬也。

> 词章虽君子之余事,然而心气由之以传,虽欲粉饰而卒不可得。公以开国巨公,首倡有明三百年钟吕之音,故尤有苍浑肃穆之神,旁魄于行墨之间,其一代之元化,所以鼓吹休明者欤!②

全祖望从学术传承的角度,以宋濂为婺中学术之三变、朱学之嫡传。朱学在金华一变而流于训诂章句,再变而为词章之学,至宋濂则沦为佞佛者流——佞佛,是宋濂最受谢山诟病处。虽然他肯定宋濂的文章"粹然有儒者气象",但就佞佛这一点,宋濂的理学思想便被全部抹杀。谢山在《方文正公

---

① 《宋元学案》卷八十二《北山四先生学案》,第四册,第2801页。
② 全祖望撰,朱铸禹汇校集注《鲒埼亭集外编》卷十九《宋文宪公画像记》,《全祖望集汇校集注》,上海古籍出版社2018年版,中册,第1100—1101页。

画像记》中评价方孝孺"其力排释氏,则高出于潜溪师传百倍者也"①,就足见他与黄宗羲的立场是一致的了。

之后,章学诚(1738—1801,字实斋,浙江会稽人)叙述朱陆学术源流时,则以宋濂为朱子之四传,他历数朱子之后能传其学者:"沿其学者,一传而为勉斋、九峰,再传而为西山、鹤山、东发、厚斋,三传而为仁山、白云,四传而为潜溪、义乌,五传而为宁人、百诗",并认为这些传人"皆服古通经,学求其是,而非专己守残,空言性命之流也"。除此之外,其他人"文则入于辞章,学则流于博雅,求其宗旨之所在,或有不自知者矣"②。很明显,章学诚的梳理并没有严格按照师承,而是按照其思想是否传承了朱学这一标准。因为宋濂、王袆的老师是黄溍,这一点实斋不会不知道。但他直接越过黄溍、柳贯等人,以宋、王直接在金履祥、许谦后,就在于他和全祖望一样,认为黄、柳之学乃"入于辞章"、"流于博雅"。在此,实斋还是肯定了宋濂之学问"服古通经",并非空谈性命者。

不论全祖望还是章学诚,虽然对宋濂的评价稍有差异,但都认为宋濂传承的是朱学。并不认为他的学问与心学有何关联,也不认为他传的是吕祖谦之学。究其原因,根本在于全祖望是严格按照师承关系来梳理学术发展史,而章学诚虽看到了思想,却没有完全看清宋濂思想的本质。

黄宗羲父子、全祖望和章学诚基本站在宏观的角度对宋明时期的学术做了总结。他们对宋濂思想和地位的评价,从某种程度上可以看出宋濂与浙东学术的关系,包括和他们本人的关系。他们的看法构成一家之言,却不能代表全部,至少他们没有看到宋濂思想在整个浙东学术史中的意义。原因就在于他们本身就是历史的当事人,偏好朱学或陆学,不可能中正客观地看待理学人物。就如以佞佛为标准,就把张九成、杨简、宋濂等心学思想家基本否定,如此一叶障目,对学术史的梳理自然是成问题的。

第二节　宋濂与浙江心学

关于宋濂与浙东学术的关系,目前尚未进入人们的视野。其原因大概有二:其一是学术界对于宋濂思想的认识还相当有限,绝大多数还停留于其文学思想,对其评价也仅仅限于《宋元学案》;其二,有些著作分析了宋濂的

---

① 《鲒埼亭集外编》卷十九《方文正公画像记》,《全祖望集汇校集注》,中册,第1102页。
② 章学诚著,叶瑛校注《文史通义校注》卷三《朱陆》,中华书局1985年版,上册,第264页。

理学思想,但囿于其师承关系,对其思想性质尚争论不已,视野也不够开阔。

本书研究的是宋濂哲学与浙东学术的关系。浙江学术简称"浙学",包括浙东、浙西之学。浙东、浙西本是地理概念,所以古人对两浙学术的区别远不如今天苛刻。朱熹在评价当时流行于浙地的学说时没有分浙东还是浙西,而是统称"浙学";明代刘鳞长《浙学宗传》也未分浙东、浙西,而是把张九成、杨简等人的学说都当作浙江学术这个整体看待;《宋元学案》始有浙东、浙西之说,但不是强调二者的区别,而是为了说明浙学的渊源①;章学诚《浙东学术》一文称"浙东贵专家,浙西尚博雅",指出两地各自的学术特点,但这里的浙东、浙西针对的是清朝时期,浙东以黄宗羲、万斯同为代表,浙西以顾炎武为代表,他们在学术上的确有很大差异。在章学诚之前,人们似乎并没在意浙东、浙西学术上到底有何差别,倒是今天的学者在研究浙江文化时有意划清浙东、浙西的界限。因为历史上浙东学术的影响远远比浙西大,所以这些学者作研究时更多着眼于浙东,至于浙西到底有哪些思想家,他们的学说究竟如何,却少有关注,也因此忽略了一些重要的思想家,如出生于杭州的张九成,出生于淳安的钱时。两地在地域划分上皆属浙西,但他二人一个在绍兴和温州做过官,一个是浙东杨简的得意弟子,从思想上说均与浙东分割不开。忽略了他们,对于浙东学术的解读必然是不完整的。浙东、浙西只是地理名称,学术交流却不受地域的阻隔。

宋濂是浙东人,但其视野却没有局限于浙东。他对两宋诸家思想均作过评判,最后以弘扬婺学为己任。本文将宋濂置于浙江学术这一大背景下,全面考察其心学、史学等思想与浙江学术的关联,进而看其思想史和学术史地位。

一、心学之"道统"观

通常认为,浙江心学源于江西心学:浙东杨简正式拜陆九渊为师,从此象山心学便大行于浙东。但是细细比较陆、杨的思想,却发现很多不同之处:象山述而不作,乃至被误解为不读书,杨简却遍注五经,通过注经阐发心学思想;象山推崇孟子,杨简却对孟子批评甚力,甚至认为他没有继承孔子之道;象山强调心理合一,一再强调本心具足一切,强调其"实"处,杨简却单独发挥"心之精神是谓圣",强调本心的空灵虚明,强调其"虚"处,等等。这

① 《宋元学案·士刘学案序录》:"庆历之际,学统四起。……浙东则有明州杨、杜五子,永嘉之儒志、经行二子,浙西则有杭之吴存仁,皆与安定翶学相应。"(《宋元儒学案》序录,第一册,第2页。)

些差异不能不引起我们的思考:浙江心学果真与江西心学完全一致吗?其实早在南宋,杨简的弟子钱时①就勾勒出了一个心学道统,明确宣示浙江心学不同于象山心学的独立地位。

自从韩愈有意识梳理儒学道统,并提出"尧—舜—禹—汤—文—武—周公—孔—孟"这一传承谱系之后,这一谱系基本上被宋明儒家所接受。只是到底谁接续了孔孟不传之学,诸家纷纷,当仁不让。洛学闽学以二程,湖湘以周敦颐,陆九渊则自谓"孟子之后至是而始一明也"。之所以众说不一,在于诸家对圣人之"道"理解不同。钱时在《慈湖先生行状》中也对圣人之"道"做了规定,并勾勒出了他心目中的儒家"道统":

> 呜呼!三代衰,圣教熄,异端邪说争鞭驾于天下,其后传注以为经,章句以为学,洙泗家法,徒存纸上之空言,穿裂剥蚀,舛于良莠。……于赫我宋,笃生贤哲,而先生又挺出诸儒后。伏羲肇画,初无文义可传;孔子遗书,以从言语上得。本心本圣,无体无方,虚明变化,无非妙用。斯道也,尧以之安安,舜以之无为,禹以之行其无所事,汤以之懋昭,文王以之顺帝则,武王以之访《洪范》,周公以之师保万民,孔子以之为删、为定、为系、为笔削褒贬。是之谓中,是之谓极,是之谓秉彝之则。茫茫千古,智探巧索,如聩商律,如膜指杓,而先生得之。斯道于是大明,开后学之夷涂,扫群迷之浮论,有功圣门,大矣!……若先生,真所谓天民先觉者欤!②

钱时所理解的圣教之"道",乃是"本心本圣,无体无方,虚明变化,无非妙用",传此之道的统绪是:尧—舜—禹—汤—文王—武王—周公—孔子—杨简。他并不否认孔子之后尤其是宋代诸儒贤哲的存在,但他度越诸人,特别是绝口不提孟子和陆九渊,而直接以杨简为传圣教之道的继承人,何哉?根本原因就在于钱时对圣教之"道"的重新理解和规定,符合这"道"的只有杨简和他自己。

---

① 钱时(1175—1244),字子是,浙江淳安人。因杨简尝为书"融堂"二大字,故门人称融堂先生。他年轻时便绝意科举,究心理学。曾因丞相乔行简推荐,以布衣授秘阁校勘,后出任过浙东仓幕等职。更多时间则是在象山书院等地讲学,"其学大抵发明人心,论议宏伟,指摘痛快,闻者皆有得焉"。(《宋史》卷四〇七,第35册,第12292页。)对经史多有注解研究,现有《四书管见》《融堂书解》《两汉笔记》《蜀阜存稿》存世。

② 钱时《慈湖先生行状》,杨简著,董平校点《慈湖先生遗书》卷十八,《杨简全集》,浙江大学出版社2015年版,第九册,第2284页。

杨简注解五经，以"心之精神是渭圣"为思想核心，强调本心本圣，变化云为，不可度思；钱时著《四书管见》（"四书"乃《大学》《中庸》《论语》《孝经》），更强调本心的虚明洞然、不杂任何意念的属性。在二人看来，本心是"无体无方"的，而孟子却把本心看成了有体之物。《孟子·尽心下》："养心莫善于寡欲。其为人也寡欲，虽有不存焉者，寡矣；其为人也多欲，虽有存焉者，寡矣。"杨简认为，有体才有所，有所才可以言存，"本心无体，无体则何以存？"所以孟子所说的"存"，存的是意、我，而不是善心善性。但是执著于存或不存，是一种"弃真而取伪"的做法，因为本心无体，根本不存在"存"或"不存"的问题①。事实上，杨简对孟子的思想并非全盘接受。他一方面肯定孟子"仁，人心也"、良知良能、"终身王道"的思想和精神，另一方面在讲课中对孟子多有批评，认为他对孔子多有误读②。陆九渊推崇孟子，专门作有《养心莫善于寡欲》一文，对孟子这段话作了详细阐释，提出"故欲良心之存者，莫若去吾心之害；吾心之害既去，则心有不期存而自存者矣"③。与孟子思想一脉相承，却与杨、钱的定义相异。

就道统而言，杨简明确否定了程朱一脉自认接续孔孟千载不传之学的说法。他遍论诸子，并明言："自孔子殁，而大道不明。自曾子殁，而道滋不明。孟子正矣而犹疏，荀卿勤矣而愈远。"董仲舒号称儒宗，而"支离屈曲"；王通之学"陋甚"④。他对《大学》《中庸》也颇有微词："作《大学》者，其学亦陋矣！……《大学》非圣人之言。"⑤对子思论中和，"孔子未尝如此分裂，子思何为如此分裂？"⑥二程推尊《大学》，却不识该书之"疵"在于支离⑦。伊川对《中庸》部分章节的解读，也显得"浅"。如此看来，孔子之后，贤哲虽多，却都没有光大圣人之道。他分析了圣学不传的原因："圣学之不传，学者之过也。学者之过，在于不求之心而求之名也。"本心即是道，本心即是日用常行之心，本心之发，便是春夏秋冬，便是孝悌忠信，便是仁义礼智，而"学者藩以私情，蔽以小智，绝圣人之大道，昧人心之固有，持异端邪说而欲立乎清虚无为之境，吁，可伤哉！"⑧

---

① 以上见《慈湖先生遗书》卷十四《论孟子》，《杨简全集》，第八册，第2164—2165页。
② 详见《慈湖先生遗书》卷十四《论孟子》，《杨简全集》，第八册，第2163—2169页。
③ 《陆九渊集》卷三十，第380页。
④ 《慈湖先生遗书》卷十四《论诸子》，《杨简全集》，第八册，第2174页。
⑤ 《慈湖先生遗书》卷十三《论大学》，《杨简全集》，第八册，第2156页。
⑥ 《慈湖先生遗书》卷十三《论中庸》，《杨简全集》，第八册，第2158页。
⑦ 《慈湖先生遗书》卷十三《论大学》，《杨简全集》，第八册，第2153—2154页。
⑧ 以上引文见《慈湖先生遗书》卷十四《论诸子》，《杨简全集》，第八册，第2177页。

　　杨简虽对象山推崇备至,在《象山先生行状》中高度赞扬"先生之道,至矣大矣",并谦称自己"安得而知之","不足以识先生"①,但同时在《象山先生集序》又把象山之"旨"切换成他自己的解释："此心本灵、本神、本明、本广大、本变化无方。奚独某心如此? 举天下万世人心皆如此。……先生谆谆为学者剖白斯旨,深切著明,而学子领会者寡。某不自揆度,敢稍致辅翼之力,专叙如右。"②显然,他对"此心"的规定是他自己的,不是陆九渊的。也许他认为只有做这样的解释时,才和圣人之道相一致。这同时就意味着象山本人对"本心"的解释和圣人之道是有距离的。作为象山高足,杨简充分肯定象山的思想广大,自己只是尽"辅翼之力",却并不承认象山继承了道统。

　　钱时的《四书管见》是心学一派的四书诠解,以"本心本明,意念害之"的思想一以贯之,可说是杨简思想的充分发挥。杨简对孟子的评价,对本心的规定,他是完全认同和接受的。既然孔子之后,大道不明,那谁可以明圣人之道于天下? 他所定义的"道"其实就是杨简之道,承接道统的自然就是杨简,再之后,就是他钱时本人了。

二、浙江心学的特征

　　杨简、钱时对孟子、陆九渊的态度可谓心学阵营的内部分化,钱时的道统观更像是浙江心学一派的宣言。虽然他们都非常尊重陆九渊,也吸收了象山的一些思想,但在学说发展上却并未完全按照象山的轨迹向前推进。更准确地说,他们是按照自己的领悟理解去发展心学的。从杨、钱表达思想的方式、讨论的话题、表现的特征看,都与象山心学有很大不同。毋宁说,他们传承并发展的是传统的浙江心学——这个心学自张九成开始,以诠释经典的方式自成体系;杨简、钱时之后,经宋濂肯定和总结,至王阳明、刘宗周等人集大成,最终形成了自己的特色。

(一)经学与心学相结合

　　象山自称其学乃读《孟子》而自得之,所谓"六经注我,我注六经",但他的确未留下一部真正的注疏之作。与之相反,将心学与经学结合起来,通过注释儒家经典来阐发心学思想,是浙江心学最显著的特色。具体表现在两个方面:一是理论上系统论述六经与心学的关系,二是将此理论运用于实

---

① 《慈湖遗书》卷五《象山先生行状》,《杨简全集》,第七册,第 1911 页。
② 《慈湖遗书》卷二十一《象山先生集序》,《杨简全集》,第九册,第 2341—2342 页。

践，诠释经典，从而使其心学化。

理论上，从张九成伊始就提出"六经之言皆圣贤之心"、"经非纸上语，乃人心中理耳"，圣贤之道存在于每个人的心中，每个人的心中其实都有一部六经，心中之理便是六经；而纸质的六经只是求道的工具，是圣人因怕众人迷惑而将圣贤之道著成书，以便这些人通过明六经之义理而得圣贤之心。只是语言、文字的功能毕竟有限，"圣王之道有非文字所能书、言语所能传者，是以未有六经而尧、舜为圣帝，禹、稷、皋、夔为贤臣"①。所以单纯读经也不能完全领悟圣贤之道。他不主张直接阅读六经，而是主张先格物，通过格物穷尽天下之理，自然就能悟得圣贤之心。这时再去看六经，就会"超然照见千古圣贤之心"。

杨简以六经皆本心之体现，开启了六经皆心学思想的先河："人心本正，起而为意而后昏，不起不昏。直而达之，则《关雎》求淑女以事君子，本心也；《鹊巢》昏礼天地之大义，本心也；《柏舟》忧郁而不失其正，本心也；《鄘·柏舟》之矢言靡它，本心也。由是心而品节焉，《礼》也；其和乐，《乐》也；得失吉凶，《易》也；是非，《春秋》也；达之于政事，《书》也。"②钱时虽然没有明确的论述，但他注"四书"，以实际行动证明传统经典皆是心学的体现。

宋濂总结以上诸人的理论和实践，明确提出"六经皆心学"的命题："六经皆心学也。心中之理无不具，故六经之言无不该，六经所以笔吾心之理者也。是故说天莫辨乎《易》，由吾心即太极也；说事莫辨乎《书》，由吾心政之府也；说志莫辨乎《诗》，由吾心统性情也；说理莫辨乎《春秋》，由吾心分善恶也；说体莫辨乎《礼》，由吾心有天序也；导民莫过乎《乐》，由吾心备人和也。人无二心，六经无二理，因心有是理，故经有是言。心譬则形，而经譬则影也。无是形则无是影，无是心则无是经，其道不亦较然矣乎！"③六经乃圣贤心中之理的体现，六经作为理之载体，所谓"心与理一"也就是"心与经一"。圣人与众人的心之"理"本来是完全一样的，圣人能做到心理合一，众人因有欲望所以丧失本心，心与理歧而为二，而恢复本心的途径就是学习六经。

到了明代中期，程朱道学日益教条化，于是阳明提出"六经者非他，吾心之常道也。故《易》也者，志吾心之阴阳消息者也；《书》也者，志吾心之纪纲政事者也；《诗》也者，志吾心之歌咏性情者也；《礼》也者，志吾心之条理节文

① 《惟尚禅师塔记》，《张九成集》"补遗"，第四册，第 1306 页。
② 《慈湖遗书》卷一《诗解序》，《杨简全集》，第七册，第 1845—1846 页。
③ 《宋濂全集》卷七十八《六经论》，第四册，第 1877—1878 页。

者也;《乐》也者,志吾心之欣喜和平者也;《春秋》也者,志吾心之诚伪邪正者也。"①六经不过是我心的记录,求"六经之实"还应当直接在心上用功,反对那些习训诂、传记诵、尚功利、崇邪说、竞诡辩、饰奸心的"侮经"、"乱经"、"贼经"的行为。这些思想从本质上和以上诸人的观点是完全一致的。

晚明最后一位大儒刘宗周推崇阳明,又不废程朱之学,他对六经的表述几与阳明相同:"读《易》而得吾心之阴阳焉,读《诗》而得吾心之性情焉,读《书》而得吾心之政事焉,读《礼》而得吾心之节文焉,读《春秋》而得吾心之名分焉。"②总之,学者欲知圣贤之心,遵圣贤之道,需读四书五经。但是圣贤之心与我之心并无不同,所以读经的过程其实就是发明本心的过程。

正是基于上述理念,张九成遍注群经,传世的有《孟子传》《中庸说》《尚书详说》《论语绝句》等,他还有《四书解》,惜已佚失。杨简注《诗》《易》《春秋》,于《尚书》作《五诰解》,于《礼记》则取其与孔子有关的言论事迹作注解;钱时有《四书管见》《融堂书解》,二人著述合起来堪称心学的四书五经注解。"甬上四先生"之一袁燮有《絜斋家塾书抄》,其子袁甫有《蒙斋中庸讲义》。阳明有《大学古本傍释》,刘宗周则有《论语学案》等。以上著作无一不是以心学解经,或者说,他们通过阅读经典从中开发出了心学思想。正是因为有了这些看得见的传世之作,浙东心学的传播范围和时间才比江西心学要广、要长。

(二)"心即天、天即心"的哲学逻辑起点

钱时将心定义为"本心本圣,无体无方,虚明变化,无非妙用",这是从体用的角度对本心的概括。从本质上说,本心虽无体积无方所,呈空虚状态,却因这"空虚"而具足一切仁义道德,本心是至善的;从功用上看,本心所发,便是春夏秋冬,便是孝悌忠信,便是仁义礼智,天地间之一切无不是我心之妙用。这是"心"作为最高存在的应有之意。那么本来是道德、认识、生理意义上的"心"是如何上升到本体高度的呢? 从理论体系建构来看,浙江心学皆以最高的传统范畴"天"为逻辑起点,提出天即是心、心即是天,不同于象山心学以"宇宙即是吾心"为立论基点。

张九成发挥儒家传统的天道、心性思想,以"天止吾心而已"、"天即是

---

① 王守仁著,吴光等编校《王阳明全集》卷七《稽山书院尊经阁记》,上海古籍出版社 1992 年版,上册,第 254—255、255 页。
② 刘宗周著,何俊点校《语类十·读书说》,《刘宗周全集》,第三册,浙江古籍出版社 2012 年版,第 268 页。

我,我即是天"作为理论起点,构建了一个"心—气—物—心"的心学逻辑结构①。从体用的角度,"心源无际,与天同体,与造化同用。"②本质上,心就是天,具有天的一切造化功用。从空间上说,天地阴阳之氤氲造化、调和运动皆在我心的范围内进行;从时间上看,前圣后圣,其心一也。"心"不再指个体之心,而是指超越于个体之上的宇宙实体,每一个体心都是这宇宙实体的具体表现。所谓"人有是心,心有是天",说明天地之理、万物之理都在我心的包容之下。

钱时延续这一解释传统,将经典心学化:"天即吾心也,地即吾心也。孩提知爱,不学而能,即所谓经也。意蔽情昏,始支始离,是故不可以不则焉。则之如何? 以此经为准的,使不失其因天之明,因地之义,以顺天下所以使之则也。"③"心之本体与天同运,自强不息,所以配天,可无用乎?④"天地即是我心,或者说,我心所固有的道德准则即是天地之准则。所谓天之"经"、地之"义",无不是我心之经、我心之义。孩提之时即知孝亲,这是不学而能、天生固有的本性,或者说,孝是天经地义的。因为私意情欲的蒙蔽,孝道丧失了,怎么办? 就要设法回归本心。

宋濂虽无"心即天"的命题,但他通过"太极"这一概念将心和天联结起来。同时他接受并发挥了钱时关于"心"的规定,认为人心"至虚至灵":"至虚"是指心没有任何具体的规定性,"心无体段,无方所,无古今,无起灭"⑤,"视之无形,听之无声,探之不见其所庐。一或触焉,缤缤乎萃也,炎炎乎爇也,莽莽乎驰弗息也"⑥。心是永恒的,不生不灭,无形无声,驰骋不息。正因为"至虚",所以才能容纳一切,变化一切。所谓心之"至灵"是指:"天地,一太极也;吾心,亦一太极也。风霆雷雨,皆心中所以具,苟有人焉,不参私伪,用符天道,则其应感之速,捷于桴鼓矣。由是可见,一心之至灵,上下无间,而人特自昧之尔。"⑦天地即太极,心亦是太极,所以心即是天,心与天是一非二,天人相感即是心之"至灵"的具体表现。神仙方技之士以方术实现天人感应,乃是"小数","人心同乎天地,可以宰万物,可以赞化育,而独局于

---

① 参见拙文《心学的肇始——张九成的哲学逻辑结构》,《孔子研究》2010 年第 2 期,第 13—18 页。
② 《孟子传》卷八,《张九成集》,第三册,第 804 页。
③ 钱时《融堂四书管见》卷十一,《景印文渊阁四库全书》,第 183 册,第 684 页。
④ 《融堂四书管见》卷九,《景印文渊阁四库全书》,第 183 册,第 666—667 页。
⑤ 《宋濂全集》卷十一《松风阁记》,第一册,第 200 頁。
⑥ 《宋濂全集》卷八十四《萝山杂言》,第四册,2020 页。
⑦ 《宋濂全集》卷二十五《赠云林道士邓君序》,第二册,第 527 页。

文辞一偏之技，何其陋邪！"①他们没有意识到"心"本身就是天地，宰育万物，天人相感根本不需要什么方术。

阳明既言"心即天"，也说"心即理"，二者具有同等的意义："人者，天地万物之心也；心者，天地万物之主也。心即天，言心则天地万物皆举之矣。"②我心之理与宇宙之理其实是一个理，所以只要尽我心中之理就可以了。

象山因读及"宇宙"的定义而悟到宇宙的无穷性，所以他的"宇宙即是吾心，吾心即是宇宙"其实是为了极言本心的无穷、无限性。他不说"心即天"，因为在他看来天有善有恶，而本心是至灵至善的③。针对程朱分心理为二的倾向，他更强调"心即理"。相比之下，"心即天"具有理论上的原创意义。因为"理"虽是传统范畴，却是在二程重新赋予其新意后才具有最高本体意义的。而"心即天"则直接借助传统最高范畴"天"，赋予"心"最高的本体地位。

（三）仁—觉—心

"心之本体，居则为仁，由则为义"，孟子以仁义作为本心的内容，普遍被宋明心学所接受。"仁，人心也"，是心学家们的共识。但我心本具这些道德，和这些道德如何落实，却是两回事。于是浙江心学将觉悟、觉醒作为本心从应然转化为实然的必要条件。

二程反对以觉训心、训仁，但其高弟谢良佐却坚持"心有所觉谓之仁"。张九成接受了这一观点，为强调本心的觉醒对仁德落实的重要性，提出"仁即是觉，觉即是心，因心生觉，因觉有仁"的思想。以觉作为心的本质属性，遭到朱熹大力反对：知觉属于"智"的范畴，不能作为仁的属性④。对此杨简为张九成辩护："仁，觉也，觉非思为。"⑤仁和觉都与知觉、思虑无关，它们不是从认识论的角度讲的。举例说，通常将草木之果实称作仁，草木本无思虑，却能自然发芽生长，何故？可见仁和觉"非思为之谓"也。那该如何解释？"仁者，道心，常觉常明之称"，"惟常觉而后可以言仁"⑥——这可作为

---

① 《龙门子凝道记》卷中《乐书枢第十》，《宋濂全集》卷九十三，第四册，第2204页。
② 《王阳明全集》卷六《答季德明》，上册，第214页。
③ "人心，只是说大凡人之心。……谓人欲天理，非是。人亦有善有恶，天亦有善有恶，岂可以善皆归之天，恶皆归之人？"（《陆九渊集》卷三十五《语录下》，第463页。）
④ 张九成的论述、朱熹等人的争论具体请参见拙文《论张九成"仁即是觉，觉即是心"的思想及其意义》，《孔子研究》2007年第2期，第86—93页。
⑤ 《慈湖先生遗书》卷十一，《杨简全集》，第八册，第2119页。
⑥ 《慈湖先生遗书》卷十一，《杨简全集》，第八册，第2125、2119页。

"因觉有仁"的注脚。觉就是不昏,就是不起意。他认为唯一对本心有影响的就是"意","意起则恶念生","意起则昏",故要"绝意"。要绝意就要使此心"常明常觉",就是使心保持一种无思无为、寂然不动的状态,不昏愦,澄然如鉴,如此万象就毕照于我心中了。

钱时在以上思想的基础上,把《论语》中几乎所有的"知"都解释成"觉","知,觉也,觉其本心而至于常觉常明者,仁"①。所谓仁,就是觉悟到本心之明并能时刻加以保持的人。王阳明提出"知是心之本体,心自然会知"②,"心不是一块血肉,凡知觉处便是心"③,刘宗周"夫心,觉而已矣","觉者,心之主也"④,将知觉当成心体的觉察活动,突显"工夫即本体"的理念,则是对以上诸人思想的继承和深化。

既是注经,就不可避免地要处理传统典籍中觉、意、念、知等概念的含义及关系。而这些概念在佛经中都具有超乎寻常的意义。浙江心学借用了佛教的思维方式,将传统儒典中"先知觉后知"、"先觉觉后觉"、"勿意,勿必,勿固,勿我"、"惟圣罔念作狂,惟狂克念作圣"等思想进一步引申发挥,形成心学。因此其与佛教思想非常接近。尤其是将知觉看成本心的本质属性,在朱熹及其后学看来,就是禅学的典型表现。这充分表明心学和道学在对"本心"的规定上存在重大分歧,而这分歧恰是因为"心"在这两个学派中的地位不同所致。

（四）心性合一、物我一体

对心、性、才、情这些概念,象山是不提倡细细分梳的。当弟子问他这些概念如何区分时,象山批评他所言都是"枝叶",没有抓住血脉,同时回答说这四个概念"都只是一般物事,言偶不同耳",心性之间可以勉强概括为"在天者为性,在人者为心"⑤的关系——针对不同的主体,称呼不同而已,心性其实是一体的。浙江心学则对心性关系有较详细的论述,并逻辑地得出天地万物本我一体的结论。

严格来说,早在邵雍、二程便有心性合一的倾向。邵雍曾形象地比喻心性关系:"心者,性之郛郭。"性就包含在心中。二程主张心性一体:"心即性也。在天为命,在人为性,论其所主为心,其实只是一个道。"心、性、理、命同

---

① 《融堂四书管见》卷三,《景印文渊阁四库全书》,第183册,第599页。
② 《王阳明全集》卷一《传习录上》,上册,第6页。
③ 《王阳明全集》卷三《传习录下》,上册,第121页。
④ 《语类八·证学杂解》,《刘宗周全集》,第三册,第237、238页。
⑤ 《陆九渊集》卷三十五《语录下》,第444页。

实而异名，是"道"在不同对象上的体现，但这并不是说二者毫无差别①。他们更多地是强调心的主宰意义，性从本质上说是纯粹无杂的，所谓"性即理"也。所以，心性合一只是就心是性的载体和主宰意义上来说的。

张九成以心为天地之本体，就性之内容而言，"夫性则仁义也，居之则为仁，行之则为义。仁义乃性之自然，非私意所能为也"②。仁义既是人的自然之性，也是心的内容，"夫心有何物哉？仁义而已矣"③。可见，心之本体就是性，心即性也。"夫心即性，性即天，心体甚大，尽之者少耳。"④"心即性"体现了他心性合一的思想，是对二程思想的继承；"性即天"则进一步彰显了他的心本论。

钱时对"性"作了较为详细的描述。性乃人所固有⑤，具有与本心同样的特点："至善而无恶，至灵而不昧，所谓性也。"⑥称之为天命之性。天命之性，人人所同。但因为后天所"习"不同，人性有了差别。天命之性与本心性质相同，实际上体现了"心即性"的理念。从体用的角度，性也和心一样，不仅范围天地，而且发育万物："天地广大，我实范围；万物众多，我实发育；天地万物岂在吾性之外也哉！"⑦正因如此，所以"《大传》曰'易有太极，是生两仪'，太极即性也，天地万物皆于此乎出也。"⑧太极是万化之根本，而这太极就是性，性有"生"意，故万物皆由"性"生出。天下无性外之物，性无处不在。

阳明说得更直接："性是心之体，天是性之原，尽心即是尽性。"⑨性是天赋予人的，是我心之本体（本来的样子），而心为一身之主宰，所以心主宰性。

张载曾作《西铭》表达了"民吾同胞，物吾与也"的物我一体的思想，受到同时代及后世众多思想家的称赞。物我一体的基础是气，天地间一气相为感通，我与万物都是天地之气作用的结果。张九成作《西铭解》进一步解释说，物我一体的基础是我与万物都同生、同处于天地间。因为同处于天地

---

① 宋志明等著《中国古代哲学研究》认为，"'心即性'的意义在于将主体与本体联结为一体，同时又不抹杀各自的特性。性既与心相通，又与天相连，天命与人性各有其存在的价值，但又都以心为其主宰"。（中国人民大学出版社1998年版，第131页。）
② 《孟子传》卷二十六，《张九成集》，第四册，第1027页。
③ 《孟子传》卷二十六，《张九成集》，第四册，第1039页。
④ 《尚书详说》卷十七，《张九成集》，第二册，第508页。
⑤ 《融堂四书管见》卷三释"夫子之文章可得而闻也"章："性，即人之所固有。"（《景印文渊阁四库全书》，第183册，第598页。）
⑥ 《融堂四书管见》卷十三，《景印文渊阁四库全书》，第183册，第711页。
⑦ 《融堂四书管见》卷十三，《景印文渊阁四库全书》，第183册，第712页。
⑧ 《融堂四书管见》卷十一，《景印文渊阁四库全书》，第183册，第687页。
⑨ 《王阳明全集》卷一《传习录上》，上册，第5页。

间,天地与我为一,万物与我并生,所以我之体、我之性与万物完全融为一体①。钱时则发挥《中庸》思想,以"性"作为天地万物统一的基础,通过"尽性"实现物我一体的圆融境界。"我之性即人之性,即物之性,能尽其性则能尽人之性矣,能尽人之性则能尽物之性矣。有生之类同具此理。"本性本来至善至灵,毫无欠阙,所以"尽性"就是通过修养的工夫恢复其纯然的本来面貌。通过尽性的工夫,推己及人,尽我之性方能尽人之性,进而尽物之性,从而达到天地万物本我一体。这"一体"的基础便是万物的共同之"性":"天地万物皆我性也。能尽其性,能尽人物之性,则发育自我,而天地在范围中矣。"如果尽我之性,便能尽人物之性,那意味着"我"之参天地、赞化育的地位和作用是决定意义的,"此致中和之极功也"②。阳明也主张天地万物为一体,其依据却是心之"仁",因为仁具知觉,有生意,故与鸟兽、草木乃至瓦石等同为一体。可见,物我一体是"心性即天地"必然推出的结论。

(五)即本体即工夫

象山主张,"心之体甚大,若能尽我之心,便与天同"。如何尽心?他提出辨志、剥落物欲、减担等方法。总之,直接在心上用功。

浙江心学则不约而同都主张慎独的修养工夫。张九成认为,中庸即是中和,乃天下之大本、达道。就人而言,中庸是一种处于未发已发之间的状态。为达到发而皆中节的效果,就要于未发之时涵养。"戒慎乎其所不睹,恐惧乎其所不闻",就是这种涵养未发时的工夫,也就是慎独的工夫。《中庸说》以"戒慎恐惧,涵养未发"贯穿始终,以之作为识中、求中、养中的手段。钱时进一步发挥了张九成的这一思想。他指出,本心不觉悟,是因为意念的遮蔽。因此就要"不起意"。如何才能做到"不起意"?慎独。何谓慎独?"独即是心之隐微不睹不闻处。"③隐微意味着尚未显露、尚不明显,念虑刚刚萌芽,不睹不闻,只有自己知道。慎独就是在这个只有自己知道的阶段时刻保持谨慎警惕,把这刚刚萌芽的念虑熄灭掉。只有在喜怒哀乐未发之时涵养此心,才会在既发之后达到"中节"的状态。但很多人其实并不知道如何在未发之时用力,他们总是求"中节"于既发之后。钱时认为这是徒劳的。

① "吾之体不止吾形骸,塞天地间如人、如物、如山川、如草木、如禽兽昆虫,皆吾体也。吾之性不止于视听言貌思,凡天地之间若动作、若流峙、若生植飞翔潜泳,必有造之者,皆吾性也。既为天地生成,则凡与我同生于天地间,皆同胞也。既同处于天地间,则凡林林而生、蠢蠢而植者,皆吾党与也。"(《横浦集》卷十五《西铭解》,《张九成集》,第一册,第169—170页。)

② 以上引文见《融堂四书管见》卷十三,《景印文渊阁四库全书》,第183册,第726—727页。

③ 《融堂四书管见》卷十三,《景印文渊阁四库全书》,第183册,第711页。

只有通过戒慎恐惧的慎独工夫,才能"保是中,全是和,而顺其固有之性者也。顺固有之性则无所不通矣,是达道也"①。慎独不过是防止这至善至灵的本性不被任何欲望气习遮蔽,保持其纯然的本来面目而已。

张九成和钱时还只是把慎独作为涵养本心的手段。到了王阳明,慎独不仅是工夫,还带有本体的意味:"实习之要,只是谨独。谨独即是致良知。"②刘宗周评价说此命题即知即行、即动即静,"庶几心学独窥一源"③。良知即是本体,致良知则是本体与工夫相结合,圆融无间。

刘宗周服膺阳明心学,也钦佩朱子之学,但对朱学也多有批评。他的学说,可以一言以蔽之:慎独。"《大学》之道,慎独而已矣;《中庸》之道,慎独而已矣;《论》、《孟》、六经之道,慎独而已矣。慎独而天下之能事毕矣。"④"慎独之外,别无学也。"他认为尧舜禹汤文武孔孟,无不以慎独作为为学宗旨。至二程主敬,朱熹又以主敬和致知为车之两轮,解"慎独"时又分动静两段工夫,"愈析而愈支矣"。唯有阳明的"慎独即是致良知",说得直截明白。慎独既是本体,又是工夫。"古人慎独之学,固向意根上讨分晓,然其工夫必用到切实处,见之躬行。"⑤因为每个人都是独立的个体,"独之外,别无本体;慎独之外,别无工夫"⑥。

以慎独作为修养工夫,并不意味着终日在心上静养体察,而是在日用常行、人伦物理上用功,讲求道德践履。如张九成提倡"孝悌做选锋,道德严中军",钱时主张笃志力行,把致知和力行结合起来:"学而不思,则无致知之功,故罔;思而不学,则无力行之实,故殆。"⑦王阳明提出"一念发动处,便即是行",刘宗周本人更是一生以慎独的工夫修养自己。明亡,刘绝食明志,勉励学生:"为学之要,一诚尽之矣,而主敬其功也。敬则诚,诚则天。"卧于榻上,尚不忘问学生:"吾今日自处无错误否?"⑧修养之勤,律己之严,四库馆臣评价他:"大节炳然,始终无玷,为一代人伦之表。"⑨

---

① 《融堂四书管见》卷十三,《景印文渊阁四库全书》,第 183 册,第 712 页。
② 《王阳明全集》卷五《文录二·与黄勉之》,上册,第 195 页。
③ 《经术六·大学古记约义》,《刘宗周全集》,第二册,第 611—612 页。
④ 《文编九·读大学》,《刘宗周全集》,第六册,第 867 页。
⑤ 《语类八·证学杂解》,《刘宗周全集》,第三册,第 236 页。
⑥ 《语类十·中庸首章说》,《刘宗周全集》,第三册,第 270 页。
⑦ 《融堂四书管见》卷一,《景印文渊阁四库全书》,第 183 册,第 586 页。
⑧ 《会录》,《刘宗周全集》,第三册,第 491、492 页。
⑨ 《圣学宗要学言提要》,《刘宗周全集》"附录下",第十册,第 672 页。

三、重新审视浙江心学

以上是通过讨论的话题和思想上的某些共性或前后相继,认为浙江自成心学源流和体系。其实,朱熹的弟子陈淳(1152—1217)早就将杨简和张九成联系在了一起:

> 只向日张无垢之徒杨慈湖为陆门上足,专佩服《孔丛子》"心之精神是谓圣"一句,作《己易》四千余言,只发挥此意,无一句是。①

陈淳把张九成和杨简看成同一类人,当然是因为他们思想上的某些共性。明代刘鳞长(1598—1661,字孟龙,晋江人)在《浙学宗传》中也以张九成、杨简为浙江心学之"先觉":

> 今夫尧舜文周孔子孟氏,万世知觉之先。大宗之祖,闽与越共之。论浙近宗,则龟山、晦翁、象山三先生,其子韶、慈湖诸君子,先觉之鼻祖欤!阳明宗慈湖而子龙溪数辈,灵明耿耿,骨肉相贯,丝丝不紊,安可诬也!
> 圣为心宗,心为圣宗。苟得其传,毋论子韶、慈溪而下,堪称慈父。行且尧舜周孔,同我正觉。②

他为浙江心学勾勒出了一条传承路线:张九成—杨简—王守仁—王畿等。杨时乃张九成的老师,陆九渊是杨简的老师,但他二人都不是浙江人,所以浙江心学之先觉为张九成和杨简。刘鳞长是福建人,他没有必要拔高或刻意突显浙学,他的看法应该来自他对浙江学术的整体了解和把握。从本文前面的分析也基本印证了刘氏的观点。浙江学者通过注解四书五经的方式构建心学,他们讨论的话题、经过逻辑推理得出的结论,基本上呈一脉相承之势。尽管钱时对圣人之"心"的定义、对"道统"的概括只考虑了他和杨简,但这并不妨碍我们纵览整个浙江心学的发展脉络。浙江心学以"心即天"为逻辑起点,心性合一,物我一体,最后落实到慎独的涵养工夫上。本体和工夫、形上和形下打成一片,呈现出与江西心学很大不同的特征。

---

① 陈淳《北溪大全集》卷二十四《答黄先之》,《景印文渊阁四库全书》,第1168册,第693页。
② 刘鳞长《浙学宗传》,《四库存目丛书》,史部,第111册,第2—4页。

通常认为"甬上四先生"之心学直接来自陆九渊，依据主要是《宋史》。但全祖望却看到了一个细节："顾四先生皆导源于家学，其积力已非一日，及一见陆子即达其高明广大之境，相与神契而无间。"他历数四先生之家学，皆渊源有自，自有规矩。"然则四先生自其始志学之时，已早得门内之圭臬而由之，况又亲师取友，遍讲习于乾淳诸大儒，而去短集长，积有层累，及其抠衣陆子之门，遂登首座，固其所也。"①以杨简为例，据其《行状》："初，先生在循理斋。当入夜，灯未上。忆通奉公训，默自反观，已觉天地万物通为一体，非吾心外事。"此处的"通奉公"即其父杨庭显。杨庭显（1106—1188）字时发，人称老杨先生。一生隐德不仕，直至淳熙十一年（1184），才以子官封承务郎，两年后累赠通奉大夫。史料中对杨庭显的记载非常少，仅可从杨简行状及陆九渊为其作的墓碣窥一大概。他少年时勤于自省改过，刻意为学，年在耄耋，其学仍日进，令陆九渊感叹不已。其主要言行被杨简记录在《慈湖遗书》"纪先训"一章中，从中可以窥见其心学思想。杨庭显的思想在当时很受学人敬重。陆九渊曾言："余获游甚晚，而知公特深。平生为学本末，无不为余言。四方士友辱交于余，惟四明为多。自余未识公时，闻公行事言论详矣。"②杨庭显对人心、本心的论述应该对象山有所启迪。"甬上四先生"之一的舒璘亦云："吾学南轩发端，象山洗涤，老杨先生琢磨。"③将杨庭显与张栻、陆九渊并提，可见杨庭显学问之渊博及影响之大。其他三人，袁燮、舒璘、沈焕的问学经历与杨简均类似。所以全祖望提醒说："夫师明道兄弟者，必推本于大中；论康节者，上及古叟；宗建安者，不遗韦斋；则四先生之所自出，可以置之不问乎？"④再以钱时为例，作为杨简的得意高足，其心学思想也并不直接来自慈湖。他曾自述问学经历及《四书管见》成书过程：

> 时未弱冠，先君子筠坡翁授以《论语》及《中庸》《大学》，且曰只会得"学而时习之"一句，余书不解自通。属遭多难，虽崎岖颠顿万状，服膺斯训，未尝庋置。然不过寻绎先儒文义助之演说。年逾四十，忽自警省，始大悟旧学之非。于是取三书读之，洒然如脱缠蔓矣。间因讲习积而成编。后获从慈湖先师游，竟椟藏弗果出，迨今十有三载。春二月，

---

① 以上引文见《鲒埼亭集外编》卷十四《四先生祠堂碑阴文》，《全祖望集汇校集注》，中册，第 1007、1008 页。
② 《陆九渊集》卷二十八《杨承奉墓碣》，第 325—326 页。
③ 《宋元学案》卷五十八《象山学案》，第三册，第 1921 页。
④ 《鲒埼亭集外编》卷十四《四先生祠堂碑阴文》，《全祖望集汇校集注》，中册，第 1008 页。

儿辈请观,乃稍稍删润,附以音训,并述古文《孝经》二十二章,题曰《四书管见》。呜呼,非敢为他人道也。传之家塾,庶几先君子之志云。

从中可以看出,其问学经历了四个阶段:对《论语》《中庸》《大学》的启蒙来自家学;然后沿袭已有成说,"寻绎先儒文义";四十二岁时①忽领悟旧学之非,重新阅读三书,并将讲习心得成编;两年后从游杨简,服膺其说,又过了十三年,《四书管见》最终成书。可见,"自得"、"自悟"是浙东学子与象山的共性,不同之处在于,浙东学人通过注经的方式表达心学思想,而象山惟凭讲学。最终的结果也是显而易见的:"槐堂之学,莫盛于吾甬上,而江西反不逮。"②

任何思想的形成都与其所属的社会环境(包括学术环境)分不开。就"甬上四先生"而言,他们出生并生长于浙东,受的是浙东思潮的影响。从其少年开始,张九成的著作就已经在浙东广为流传了。朱熹曾忧心忡忡却又无奈地说:"近世道学衰息,售伪假真之说肆行而莫之禁。比见婺中所刻无垢《日新》之书,尤诞幻无根,甚可怪也。己事未明,无力可就,但窃恐惧而已。"③朱熹38岁时方作《中庸解》全力驳斥张九成的学说,那时是1168年,而此时他说"己事未明,无力可就",说明他自己的学说体系尚未完善,还无力对九成的学说进行回击。此时"甬上四先生"都已经入太学,他们对张九成的著作不可能不知道或不受影响,袁燮受朋友之托曾作《元城横浦刘张二先生祠堂记》,盛赞九成状元策和经筵侍讲,称其"一言一动,可为世则"④,可见其对九成并不陌生。

浙江心学从形成伊始就饱受非议。朱熹视张九成之学为禅学,其书为禅书,并专门作《张无垢中庸解》对张氏的《中庸说》逐条批判。朱熹高弟陈淳批评杨简及其后学:"两浙间年来象山之学甚旺,由其门人有杨、袁贵显据要津唱之,不读书,不穷理,专做打坐工夫,求形体之运动知觉者以为妙诀,大抵全用禅家宗旨,而外面却又假托圣人之言牵就释意,以文盖之,实与孔孟殊宗,与周程立敌。"⑤他从朱学的立场判定杨简之学乃禅家宗旨,与孔孟之学相去甚远。宋濂融通三教,虽然在其心学思想中剔除了佛教成分(以觉训仁训心),仍被视作援佛入儒。阳明心学更是要为明朝的灭亡背锅,刘宗

---

① 钱时于《顺堂记》中自述:"予早丧先君,崎岖万状。年四十有二,始微有省。又二年,拜慈湖先生。"(《蜀阜存稿》卷三,宋集珍本丛刊,第74册,第701页。)

② 《宋元学案》卷七十七《槐堂诸儒学案》,第三册,第2570页。

③ 《晦庵先生朱文公文集》卷三十三《答吕伯恭》之二,《朱子全书》,第21册,第1424页。

④ 袁燮《絜斋集》卷九,《景印文渊阁四库全书》,第1190册,第431页。

⑤ 陈淳《北溪大全集》卷二十三《与陈寺丞师复一》,《景印文渊阁四库全书》,第1202册,第682页。

周的学问则被视作迂腐。总之，因为他们的很多思想与程朱不一致，与禅宗很相似，所以一直被正统视作异端。

若跳出这种门户之争，站在宋明学术大背景之下来审视浙江心学，就会发现它其实是和其他学派一样，因为对经典的解读不同而形成的一种新学说而已。正如程朱从经典中读出了天理，两浙心学家们则领悟出了本心。在这些学者看来，传统儒家经典就是圣人之心的体现，而他们经过潜心体会，默识心通，完全是自得之学。也正因如此，浙江心学的影响在当时比江西大，其传承也一直没有断绝过。两浙心学自张九成肇其始，经历了秦桧当国时期的思想低谷，然后乘着乾淳时期学术繁荣的东风，至杨简和钱时成其盛。王梓材《慈湖弟子从祀记》列出从祀及家学答问者共计八十四人，徐时栋《慈湖弟子考》列举了杨简之学在整个浙江境内的影响，其传承一直绵延到明初。同时他也为杨简辩护，认为慈湖之学虽然宗象山，却并无陆学之流弊。

> 宋乾道间，吾乡杨、袁、沈、舒四君子昌明陆学，从游者闻风兴起，而文元杨公门下尤盛。……《宋史》举慈湖弟子，以融堂为都讲，盖以其著述之富、授受之广，有非他人所可比者。……呜呼，慈湖之流泽长矣！后世乃谓慈湖宗陆学，多流弊。夫陆学流弊，则是傅子渊、包显道之徒有以致之，而杨、袁诸公不尔也。慈湖生平斋明严恪，好读书静坐，其践履与朱子无异，故一时高弟信从者众，而学派又若此其久远也。若以史弥远之有玷师门为慈湖病，则程门有邢恕、朱门有傅伯寿，不必讳也。世儒好存门户之见，而妄议先哲，岂尚有公道在其心哉？[1]

因为浙江心学注重阅读儒经，在诠发义理上也多平正朴实，所以避免了江西心学"惟凭心悟，或至于恍惚杳冥"的弊端[2]。在修养方式上，提倡日用常行即是道，注重人伦践履，所以并非如陈淳所说的"不读书，不穷理，专做打坐工夫"。在人格修养上，张九成"忠义凛然"，清明刚正，为渡江大儒；杨简斋明严恪，"躬身实践，仁熟道凝，清风肃然"；钱时淡泊名利，一生以讲学为事，弟子遍浙西；宋濂道德文章，俨然一世儒宗；阳明更是实现了儒家"三不朽"事业，为旷世大儒；刘宗周则以"耻食周粟"的实际行动体现了传统士

---

① 《慈湖先生遗书》卷二十三"新增附录"，《杨简全集》，第十册，第2503—2504页。
② 语见《融堂四书管见》四库提要，《景印文渊阁四库全书》，第183册，第580页。

大夫的高尚气节。尊其人而信其言，他们的学说能广泛流传是有道理的。

四、"六经皆心学"在浙东学术史上的意义

通过以上对浙东心学思想的回溯与剖析，可以看出宋濂心学思想在这个长长链条中的地位和意义。

宋濂"六经皆心学"的命题，可谓是对张九成以降以注经方式表达心学思想的肯定和总结。张九成、杨简、戋时无一不是如此，将心学与经学结合起来。宋濂没有注经，未尝不是因为他要表达的心学思想前人已经说尽，他只要在前人的基础上有所取舍就行了。"六经皆心学"既是他对以上诸人思想的认可，也表达了自己的学术立场——以六经为根本，防止仅凭心悟；不拘泥于传注，要有自己的心得。他力图克服朱熹和陆九渊学说的弊端，取长补短，这即是他会通朱陆学说的体现。

"六经皆心学"还有另一层含义，即六经是圣人之心的体现，体会古圣人之心，还须尽自己之心，六经只是提供一个帮助而已。宋濂于小龙门山中仰观俯察，若有所乐。门人质疑他为何弃经不学，宋濂答曰："吾正学《易》耳。"又问："夫子既学《易》，何不日置之左右乎？"宋濂笑曰："子以为《易》在竹简中耶？阴阳之降升，《易》也；寒暑之往来，《易》也；日月之代明，《易》也；风霆之流行，《易》也；人事之变迁，《易》也。吾日玩之而日不足，盖将没齿焉。子以为《易》在竹简中耶？求《易》竹简中，末矣，陋矣！"①真正的大道存在于宇宙的大化流行、人事的日常生活中，六经之书只是载道的工具。这一思想对后世的王阳明、章学诚等人产生了直接的影响。

单就六经与心的关系而言，阳明的思想明显来自宋濂。"六经者非他，吾心之常道也。故《易》也者，志吾心之阴阳消息者也；《书》也者，志吾心之纪纲政事者也；《诗》也者，志吾心之歌咏性情者也；《礼》也者，志吾心之条理节文者也；《乐》也者，志吾心之欣喜和平者也；《春秋》也者，志吾心之诚伪邪正者也。"尽管在文字表述上有差异，二人对六经的内容和功能看法基本是一致的。阳明紧接着指出，"六经者，吾心之记籍也，而六经之实则具于吾心"②。六经不过是我心的记录，求"六经之实"还应当直接在心上用功。这不是轻视经典，恰恰是"尊经"的表现。那些习训诂、传记诵、尚功利、崇邪说、竞诡辩、饰奸心的行为才是"侮经"、"乱经"、"贼经"。宋濂感慨当时的学

① 《龙门子凝道记》卷下《令狐微第十二》，《宋濂全集》卷九十四，第四册，第 2237 页。
② 《王阳明全集》卷七《稽山书院尊经阁记》，上册·第 254—255、255 页。

人以六经为"进取之计"从而"割裂文义"，所以要求尽其心以体会经典。到了阳明时代，四书五经作为科举考试的教材，其思想已经完全僵化，经典沦为教条，再提倡读经已完全没有意义，这也是阳明回归心学、提出"致良知"思想的原因之一。

阳明心学在大江南北得到广泛流传。南中王门薛应旂进一步发挥了宋濂"道在六经"的思想，提出"圣人之道在我"。"人之言曰：圣人未生，道在天地；圣人既生，道在圣人；圣人既往，道在六经。是六经者，固圣人之道之所寓也。然其大原则出于天，而夫人之心则固天之心也。人能会之以心，则圣人之道即吾人之道，有不在六经而在我者矣。"①此处"人之言曰"引用的就是宋濂的话。薛应旂承认圣人之道寓于六经，但根据董仲舒"道之大原出于天"、《礼记·礼运》"人者，天地之心也"，得出结论：人心即是天心。人若用心去体会，则圣人之道就在我们每个人的心里。因此对于六经，不要"以经求经"，而要"以吾之心求经"；不是"求经于经"，而要"求其理于吾心"②——这与阳明"求六经之实于吾心"的观点是相同的。归根结底，都是针对当时泥于传注而忽略义理、舍本逐末的学风而发。

章学诚从道器关系的角度来表述六经与大道的关系，提出"六经皆器"的观点：

> 《易》曰：形而上者谓之道，形而下者谓之器。道不离器，犹影不离形。后世服夫子之教者自六经，以谓六经载道之书也，而不知六经皆器也。《易》之为书，所以开物成务，掌于《春官》太卜，则固有官守而列于掌故矣。《书》在外史，《诗》领大师，《礼》自宗伯，《乐》有司成，《春秋》各有国史。三代以前，诗书六艺，未尝不以教人，不如后世尊奉六经，别为儒学一门，而专称为载道之书者。盖以学者所习，不出官司典守，国家政教；而其为用，亦不出于人伦日用之常，是以但见其为不得不然之事耳，未尝别见所载之道也。夫子述六经以训后世，亦谓先圣先王之道不可见，六经即其器之可见者也。后人不见先王，当据可守之器而思不可见之道。故表彰先王政教，与夫官司典守以示人，而不自著为说，以致离器言道也。……夫天下岂有离器言道，离形存影者哉？彼舍天下事物、人伦日用，而守六籍以言道，则固不可与言夫道矣。③

---

① 薛应旂《方山先生文录》卷十六《折衷》，《四库存目丛书》，集部，第102册，第384页。
② 薛应旂《方山先生文录》卷十六《原经》，《四库存目丛书》，集部，第102册，第384页。
③ 《文史通义校注》卷二《原道中》，上册，第132页。

道器相即不离,道寓于器中。道就存在于人伦日用中,六经所载就是这日用常行之道。所以只要在日常人伦中践履就可以了。如果仍无法掌握这日用常行之道,可以借助六经以明道。但古人未尝自著为说,怕的是离器言道。后世儒者专守六经,甚至家自为说,人自为法,政教分离,离器而言道,道终不可得。所以,"六艺者,圣人即器而存道"①。六经,不过就是载道存道的工具。道在事物,学者求道,当于事物中求其所以然,而非直接从六经中求,六经不足以尽道。

无论是宋濂的"道不在竹简",还是阳明的"六经乃吾心之记籍"、章学诚的"六经皆器",均可看出心学一派在对六经的看法上,越来越通透跳脱——他们要求打碎六经头上的神圣光环,回归其本来面目;让学子们不再沉溺于书本当中,而更加重视日常的行为践履,从实践中体悟做人的道理。

全祖望曾言:"明招学者,自成公下世,忠公继之,由是递传不替。……明招诸生历元至明未绝,四百年文献之所寄也。"②浙江心学自张九成开创,由吕祖谦继承,至宋濂进一步发扬了浙江心学的精髓,融会朱陆,开有明一代学术之端绪。到明代中叶,阳明心学兴起,浙江再次成为心学的中心——这并非偶然,实在是浙江不绝如缕的心学传承使然。毫无疑问,宋濂在这一传承过程中起到了承前启后的重要作用。

第三节　宋濂与浙东史学

宋濂的史学思想对浙东学术的影响,并不仅仅在于他"经史不异"的观点,而是他在文章中有意无意对学术发展的梳理,为《宋元学案》直接汲取。他对历史的分类、对家谱的重视、对乡贤传记的搜集书写,都对后世重视地方志、乡贤传的编纂产生了重要影响。

一、宋濂与《宋元学案》

出于对历史的敏感性,宋濂在为人作各种传记、碑铭等文章时都会有意无意从历史的角度梳理一些事物,这自然体现了他渊博的知识,更重要的是自成一家之言,为后人提供了学术研究的宝贵资料。尤其是对区域学术发展史的梳理和评价,通过《宋元学案》的吸收,为今天的相关研究提供了视角。

---

① 《文史通义校注》卷二《原道下》,上册,第 138 页。
② 《宋元学案》卷七十三《丽泽诸儒学案》,第三册,第 2434 页。

1. 婺学

对于婺学,黄溍率先做过总结:

> 婺之学,陈氏先事功,唐氏尚经制,吕氏善性理,三家者唯吕氏为得
> 其宗而独传。至于人自为书,角立竞起,吕氏终莫能挈而合之也。其在
> 温则王道甫之慷慨名义,尝合于陈氏矣,而其言无传焉。陈君举本薛士
> 隆,上下古今而和齐斟酌之,以综世变,为说不皆与唐氏合,其廑存者亦
> 莫之传也。叶正则推郑景望、周恭叔以达于程氏,若与吕氏同所自出,
> 至其根柢六经,折衷诸子,剖析秦汉,讫于五季,凡所论述无一合于吕
> 氏,其传之久且不废者,直文而已,学固弗与焉。①

今人论述婺学流派多根据杨维桢(1296—1370)论述,杨曾言:"余闻婺
学在宋有三氏,东莱氏以性学绍道统,说斋氏以经世立治术,龙川氏以皇帝
王霸之略志事功,其炳然见于文者,各自造一家,皆出于实践,而取信于后之
人而无疑者也。"②这里的"余闻",当闻之于黄溍。在黄溍看来,婺州三家之
学中,陈亮事功学无传,经制之学有唐仲友,亦无传,只有吕祖谦之学尚在。
温州之学倒与陈亮、唐仲友的学术追求相仿佛,但或者不传,或者不相合。
叶适最晚进,影响也最大,究其学问似乎与吕祖谦"同所自出",然其流传于
后世者却是文学,而不是性理思想。这一观点被《宋元学案》采纳:"乾淳诸
老既殁,学术之会,总为朱陆二派,而水心断断其间,遂称鼎足。然水心工
文,故弟子多流于辞章。"③

宋濂从学黄溍最久,他完全接受了老师的这个总结,并认为婺学之盛,
在于诸儒之间讲学之功,而吕祖谦在其中起到了关键性作用:

> 窃惟东莱以中原文献之传,倡鸣道学于婺,丽泽之益,迩沾远被。
> 龙川居既同郡,又东莱之从表弟,虽其所志在事功,不能挈而使之同,反
> 复摩切之,其论议或至夜分,要不为不至也。止斋留心于古人经制、三
> 代治法,虽出于常州者为多,至于宋之文献相承,所以垂世而立国者,亦
> 东莱亹亹为言之而学始大备。考其一时学术人材之盛,而能照耀于古

---

① 《黄溍集》卷十一《送曹顺甫序》,第二册,第411页。
② 杨维桢《潜溪新集序》,《宋濂全集》"附录二",第五册,第2738页。
③ 《宋元学案序录》,《宋元学案》"卷首",第一册,第11页。

今者,不归之朋友讲学之功,抑岂可哉!①

陈亮志在事功,东莱则以道学规劝之;陈傅良留心经制,东莱则言之以中原文献中之所以然。至于唐仲友,宋濂不仅为之补传,还为其后人撰写墓志铭(见本书"宋濂的学问宗旨和学术渊源"章)。在黄溍、宋濂的影响下,《宋元学案》特立"说斋学案",备述唐仲友生平及朱唐交争始末,并于其后加"案语":

> 乾淳之际,婺学最盛。东莱兄弟以性命之学起,同甫以事功之学起,而说斋则为经制之学。考当时之为经制者,无若永嘉诸子,其于东莱、同甫,皆互相讨论,臭味契合。东莱尤能并包一切,而说斋独不与诸子接,孤行其教。②

至于金华之学,最早大力表彰"北山四先生"之学的是吴师道:

> 《读四书丛说》者,金华白云先生许君益之为其徒讲说,而其徒记之之编也。君师仁山金先生履祥,仁山师鲁斋王先生柏,从登北山何先生基之门,北山则学于勉斋黄公,而得朱子之传者也。③

他还请求乡学祠金履祥,上书请立北山书院,为何基立专祠。在其基础上,宋濂在文中多次谈到朱学在婺州的传承,梳理得更加详细:

> 先生(指何基)当宋之季,侍宦临川,获从考亭高第弟子黄文肃公传伊洛正宗之学。首喻真实刻苦之训,继闻浃洽四书之旨,积力既久,道凝德立。威严莫犯,有如泰山之干霄,和气充牣,俨若阳春之煦物。故其学一传为王文宪公,再传为金文安公,三传为许文懿公,联蝉散彩,焜耀后先,使吾婺为邹鲁之俗,五尺之童皆知讲明道德性命之学者,先生之功也。④

---

① 《宋濂全集》卷四十三《跋东莱止斋与龙川尺牍后》,第二册,第967—968页。
② 《宋元学案》卷六十《说斋学案》,第三册,第1954页。
③ 《吴师道集》卷十五《读四书丛说序》,第344页。
④ 《宋濂全集》卷二十六《赠何生本道省亲还乡序》,第二册,第540页。

　　"北山先生"原本只指何基,但何基、王柏、金履祥、许谦四人前后相承,又都是金华人,北山即金华山,所以《宋元学案》为以上四人立"北山四先生学案"。从此有了"北山四先生"之专名。此外,在金华传承朱学的还有徐侨、叶由庚:

> 　　婺传朱熹之学而得其真者,何基则受经朱熹之高第弟子黄榦,而王柏则基之门人也。至若徐侨,亲承指授于朱熹,而由庚从侨游者最久,又尽得其说焉。及侨既没,由庚与基、柏遂以道学为东南倡。①

　　宋濂还专门为叶由庚立传,详述叶氏问学始末:他从学徐侨(字崇甫,号毅斋,义乌人),与何基、王柏相互书信辨析理学②。《宋元学案》以叶由庚为"毅斋门人",简略的介绍一字一句均出自宋濂的《叶由庚传》③。

　　对于陈亮的永康学,宋濂于浙东发现了喻偘和喻南强,为之立传。他高度评价喻偘:

> 　　当乾道淳熙间,朱熹、吕祖谦、陆九渊、张栻四君子皆谈性命,而辟功利,学者各守其师说,截然不可犯。陈亮倔起其傍,独以为不然,且谓:"性命之微,子贡不得而闻,吾夫子之所罕言,后生小子与之谈之不置,殆乎多哉! 禹无功,何以成六府?《乾》无利,无以具四德,如之何其可废也。"于是推寻孔孟之志、六经之旨、诸子百家分析聚散之故,然后知圣贤经理世故、与三才并立而不废者,皆皇帝王霸之大略。明白简大,坦然易行。人多疑其说而未信,偘独出为诸生倡,布契纲纪,发为词章,扶持而左右之。使亮之门恶声不入于耳,高名出诸老上,皆偘之功也。④

　　喻南强是喻偘的从弟,从学陈亮,陈氏夸赞他:"喻伯强文墨翰议凛然可畏也。"陈亮下狱,他四处奔走为师洗冤,叶适夸他"子真义士也!"⑤《宋元学案》以二人为"龙川门人",其传记和评价亦完全出自宋濂的文字⑥。

---

① 《宋濂全集》卷十六《叶由庚传》,第一册,第309—310页。
② 见《宋濂全集》卷十六《叶由庚传》,第一册,第307—309页。
③ 见《宋元学案》卷七十《沧洲诸儒学案》,第三册,第2332页。
④ 《宋濂全集》卷十六《喻偘传》,第一册,第302页。
⑤ 见《宋濂全集》卷十六《喻偘传》,第一册,第303—304页。
⑥ 见《宋元学案》卷五十六《龙川学案》,第三册,第1850—1851页。

此外,《胡长孺传》被收入《木钟学案》。他还曾为丽水吴思齐、福建谢翱立传,于《浦阳人物记》中为方凤、何大猷、倪朴立传,也被《宋元学案》悉数吸收,列于《龙川学案》中。所撰《叶秀发传》,为《丽泽诸儒学案》吸收。

2. 四明之学

"四明"代指宁波地区,因其四眀山而得名。对于四明之学,编撰于南宋宝庆年间(1225—1227)的《宝庆四明志》"先贤事迹"中,宋代从杨适、杜醇、楼郁、王说、王致开始,当时"五先生"已并祠。戴表元最早就四明学术渊源作过论述:

> 吾乡奉化经学渊源可考者,起楼先生文叔。文叔与慈溪杜先生醇,一时俱为鄞令王荆公所尊礼。文叔终庆历中,其门人弟子散布东南,而私淑于奉化者,赵教授范民,舒文靖公元质。①
>
> 自洛学东行,诸大儒各以所闻分门授徒。晦庵朱文公在闽,东莱吕成公在浙,南轩张宣公在湘,象山文安公在江西,其徒又皆各有所授,往往散布远近,殊途同归。而象山之传独盛于四明,正献、正肃父子,若文元杨公敬仲,文靖舒公元质,端献沈公晦叔,其尤著者也。正肃公既贵,尝持江东宪节,数数为士大夫讲象山之说。行部之贵溪,乃为象山改创祠塾,故江东之人自正肃公而尊象山之道益严。②

他把四明之学最早推自庆历年间的楼郁和杜醇,此后便是"甬上四先生"——杨简、袁燮、舒璘、沈晦。袁燮之子袁甫曾持节江东,讲象山心学,故而浙东之人均尊象山学。袁桷所修的《延祐四明志》(1320 年成书)"人物考"中沿袭了《宝庆四明志》的记载。

黄溍则就朱子之学在四明地区的传播做过梳理:

> 四明之学,祖陆氏而宗杨、袁,其言朱子之学者,自黄氏震、史氏蒙卿始。朱子之传,则自晏氏渊、大阳先生某、小阳先生某,以至于史氏,而先生承之。黄氏主于躬行,而史氏务明体而达用。③

---

① 《戴表元集》卷十八《送杜子问赴学官序》,第 170 页。
② 《戴表元集》卷十八《题新刻袁氏孝经说后》,第 235 页。
③ 《黄溍集》卷二十二《将仕佐郎台州路儒学教授致仕程先生墓志铭》,第三册,第 805—806 页。

这里的"先生"指程端礼。他勾勒的四明朱学传播路线有两个，其一是：
朱熹—畧渊—阳枋、阳岊—史蒙卿—程端礼，另一个则是从黄震开始。黄潽
的这一观点被《宋元学案·静清学案》吸收：

> 四明之学，祖陆氏而宗杨、袁，其言朱子之学，自黄东发与先生始。
> 黄氏主于躬行，而先生务明体以达用。①

宋濂在以上诸人的基础上，讲明"五先生"为四明学渊源的原因，并对王
说的著述生平详加论述：

> 昔在宋时，桃源王说应求，亦鄞人，同季父致招楼郁、杨适、杜醇诸
> 公，因就妙音院立孔子像，讲贯经史，倡为有用之学，学者宗之。应求所
> 著，唯在立言，他则未暇及。故有《五经发源》五十卷，奏议、书疏、诗文
> 二百十一篇。荐者列其事，召为明州长史，应求辞。及其既殁，敕建桃
> 源书院，赠银青光禄大夫，赐紫金鱼袋。②

这段话，被冯云濠以"案语"的方式完整采入《宋元学案·士刘诸儒学
案》"鄞江家学"王说的传记下，作为补充③。

3. 莆田之学

主要指朱熹以前，洛学在东南的传播情况。林光朝（1113—1178，字谦
之，号艾轩）作为福建莆田人，被认为是最先把洛学带到福建的人。作为林
光朝的后学，刘克庄率先记录了艾轩学问在福建的传播：

> 乾淳间，艾轩先生始好深湛之思，加锻炼之功，有经岁累月缮一章
> 未就者。……盖先生一传为网山林氏，名亦之，字学可；再传为乐轩陈
> 氏，名藻，字元洁；三传为竹溪。④

林光朝、林亦之和陈藻后来并祠于城山，称"三先生"。此处的"竹溪"指
林希逸，字肃翁，福清人，受学于陈藻。正是他，任职莆田时，一到任便告知

---

① 《宋元学案》卷八十七《静清学案》，第四册，第2910页。
② 《宋濂全集》卷二十七《守斋类稿序》，第二册，第558页。
③ 参见《宋元学案》卷六《士刘诸儒学案》，第一册，第264页。
④ 《刘克庄集笺校》卷九十四《竹溪诗序》，第九册，第3997页。

众学者：

> 三先生之学，自南渡后，周程中歇，朱张未起，以经行倡东南，使诸生涵咏体践知圣贤之心不在于训诂者，自艾轩始。疑洛学不好文辞，汉儒未达性命，使诸生融液通贯，知性与天道不在文章之外者，自网山、乐轩始。①

宋濂在刘克庄、林希逸的基础上，又梳理了林光朝的学术渊源，意思与二人接近，但表述更加清楚直接：

> 昔者艾轩林文节公谦之，有慕伊洛之学，闻吴中陆子正得和靖尹氏之传，因往从之。自是专心于圣贤践履之事，一言一动，莫不以礼。远近学者翕然尊事之。南渡后，以伊洛之学倡东南者，实自艾轩始也。……艾轩既没，其道一传于林文介公学可，再传于陈文远公元洁。前承后引，重徽叠照。新学小生咸有所师法，非先王之言弗道，非先王之行弗行，人号之为小邹鲁云。②

他的这一观点被《宋元学案·艾轩学案》吸收：

> 林光朝，字谦之，莆田人。自少闻吴中陆子正学于尹和靖，因往从之，由是专心圣贤践履之学。……说者谓南渡后倡伊洛之学于东南者，自先生始云。③

很明显，这里的"说者"所谓乃出自宋濂之口。

若将宋濂的记录与《宋元学案》对勘，就可发现后者按照学术传承来安排人物，在细节上有很多欠妥之处。比如，宋濂曾为黄昺作碑铭，黄昺先学于吴澄，寻往学于虞集、揭傒斯。"已而闻直清先生祝公蕃倡明象山陆氏之学于鄱阳，与同舍生王企不远数百里往候焉。一见之顷，欣然有契于眉睫之间。归而喜曰：'昺岂昧其本心者哉！'自是一动静，一云为，惟心是监，凛然

①《刘克庄集笺校》卷九十《城山三先生祠记》，第九册，第 3834 页。
②《宋濂全集》卷二十八《赠林经历赴武昌都卫任序》，第二册，第 583—584 页。
③《宋元学案》卷四十七《艾轩学案》，第二册，第 1471 页。

若上帝之临。"①此叙述乃依据黄㫷弟子所造行状，所记当更接近事实。从中可知对黄㫷影响最大的当属祝番，祝番是陆学传播者，所以黄㫷属于陆学传人。但《宋元学案》将黄㫷置于《草庐学案》"虞集"之下，吴澄和虞集皆属和会朱陆者，而祝番则被放在《静明宝峰学案》"静明门人"下。这一安排恐怕与黄㫷的学问渊源不相符合。

二、宋濂与章学诚

章学诚不仅是一代文史大家，也是浙东学术的总结者。从他对经史关系、历史分类、家谱、文道关系的论述中，均可看到宋濂思想的影响。

1. 经史关系

宋濂并非第一个提出经史不异的人，吕祖谦就有"观史先自《书》始"、"看《诗》即是史"的观点，叶适也有"《春秋》名经而实史"的论断。元代的刘因、郝经都有"古无经史之分"的命题。所以王阳明、章学诚等人提出"六经皆史"一点都不奇怪。我们需要关注的是，这一观点是针对什么问题提出的，它的思想史意义是什么。

宋濂"古之人曷尝有经史之异"的观点，是在有人质疑金华之学"惟史最优，其于经则不密察"的情况下提出的。通常认为，经言理，史言事，但很明显，六经不仅言理，而且记事，尤其是《春秋》，能分出三传，有记事的《左传》，亦有说理的《公羊》《穀梁》，足以说明《春秋》亦经亦史了。所以宋濂主张"凡理足以牖民，事足以弼化，皆取之以为训耳，未可以歧而二之"——经史只是经世教化的手段罢了，把二者截然分开没有意义。当然，宋濂此论并不是要真正动摇"经"的地位。经和史相比，经始终处于主导地位。经可以是史，但"史固非经也"。说吕祖谦专心于治史，而忽略于经，是没有看到他也要求学者读经时要尽心体会古圣贤之"精神心术"，并以心学思想解《左传》。可以说，东莱的《左氏博议》《增修东莱书说》都是经史结合的典范之作。故而宋濂说："谓优于史而不密察于经，曲学之士固亦有之，而非所以议金华也。"②——宋濂此辩，意在表明金华之学经史结合、以经为本的特征。

章学诚的"六经皆史"论，余英时先生认为"实为针对东原'道在六经'的基本假定而发，同时也是对顾亭林以来所谓'经学即理学'的中心理论作一

---

① 《宋濂全集》卷五十五《元故翰林待制黄殷士墓碑》，第三册，第1303页。
② 《龙门子凝道记》卷下《大学微第八》，《宋濂全集》卷九十四，第四册，第2227—2228页。

种最有系统的反挑战"①。对章学诚"浙东之学,言性命者必究于史,此其所以卓也"之说,余先生亦认为缺乏历史根据:"南宋之浙东学者自不乏治史之人,如吕祖谦、叶适及王应麟皆是。但这些人与清代黄梨洲以至实斋本人并无学术思想史上的传承关系。且实斋所谓'浙东儒哲之言性命者',只能是指陆学系统中人而言,如三袁、王阳明及刘蕺山等人,然而此辈理学家却又未尝重史学。"他还引用金毓黻先生的观点以为佐证,"金毓黻先生便曾指出,自南宋至清代浙东并没有一个延续不断的史学传统"②。金先生之所以有此看法,是因为"观黄宗羲承其师刘宗周之教,而导源于王阳明,盖与宋代吕、叶、二陈绝少因缘,其源如此,其流可知"③。"绝少因缘"应当是指后文说的"具有家法互相传受"。总之,余先生认为章学诚的《浙东学术》是针对戴震而作,与南宋浙东学并无关系。对于此观点,本文以为余先生犯了先入为主的错误。余先生从文本考证和心理学的角度认定章学诚的观点完全针对戴震而提出,他要提出一个源远流长的学统与戴氏的程朱学统相抗衡。所以《浙东学术》完全梳理的是浙东心学一派,必不能包含程朱派的人物。而在余先生眼里,浙东心学就是陆学在浙地的传播,其传人如三袁(袁燮、袁甫、袁韶)、阳明和刘宗周,其思想都"言性命",但并无"必究于史"的特征。有这一特征的,如吕祖谦、叶适、王应麟,余先生又认为和清代黄宗羲、章学诚没有学术传承关系——无论从师承关系,还是思想的前后联系上讲,这一结论都过于轻率。从学术传承看,吕祖谦之学由宋濂继承并发扬,宋濂的"六经皆心学"被阳明及其后学继承并发挥,刘宗周服膺阳明学并兼宗程朱,而黄宗羲则是蕺山的得意弟子。他在文集中屡次提及宋濂文章,对其史学、文学观点多有吸收。何况,吕祖谦的老师张九成生活于两宋之际,通过注经形成了心学并经史结合的特征。很显然,张九成、宋濂并不在余先生的视野内,而吕祖谦、叶适、王应麟等人距离清代又太远,他们的学术似乎后继乏人。

章学诚之论针对戴震而发,姑且备一家之言。单纯从"六经皆史"这一观点看,其实是心学一派对"六经载道"的普遍持疑。六经乃载道之文,为儒家普遍接受。但"道"是否只存在于六经中,这又是另外一个问题了。如果答案是肯定的,必然是死啃书本而忽略了行为践履,这与先秦儒家精神显然是相悖的。心学提出经书体现了圣人之心,要求以我之心体会圣贤之心,意

---

① 余英时《论戴震与章学诚》,生活·读书·新知三联书店 2005 年版,第 59 页。
② 余英时《论戴震与章学诚》,第 69 页。
③ 金毓黻《中国史学史》,商务印书馆 2010 年版,第 335 页。

在告诉人们,真正的道不在经书中,而存在于每个人的心中。经书只是载道的工具,却不足以承载全部的道。张九成提出六经乃"王道之书",承载的是王道,是具体的、可以经世致用的东西。吕祖谦提出《尚书》等经典蕴涵了古圣人的心术精神,宋濂"六经皆心学"、王阳明"六经皆记籍",都直接或间接地指出六经不足以承载全部的道。本心具足一切,所以要求在日常实践中发明本心。以上诸人还承认六经乃载道之书,章学诚"六经皆史"论则直截否定了这一点,他提出理在事中,人事之外别无所谓义理,于日用常行中求理就足够了,六经只是史料而已——生活的时代和环境不同,对"经"的看法自然有异。章学诚生活于乾嘉考据占主流的清代后期,出于对史学的执着,他看不上那些钻故纸堆、尽在训诂考证上作文章的人。他认为惟有历史可以经世,训诂考据皆是无用之学。此后,章太炎提倡以史为本,整理国故,将六经转化为中国历史的源头,从而重建中国历史的叙事。胡适提出"六经皆史料",六经皆是上古时代的史料,"经"的光环彻底消失了。

章学诚把浙东学术归结为"言性命者必究于史",是对南宋以降浙东学术特征的整体概括,而不是对每个浙东思想家的要求。这一论断体现了浙东学术学为有用、经世致用的一面。从张九成提倡"有用之学",经史结合,便开启了先河。南宋乾淳时期浙东诸学派的经制学、性理学、事功学,无不是史学与理学的结合。元代黄溍、宋濂都主张写文章要"以六经为根柢,以迁、固为波澜",而宋濂治学就是根本六经、经史结合以备将来修齐治平的。王阳明集先儒理学之大成,提出"五经亦史",以心学绾史学、事功学,终成"三不朽"式的人物。明清后的黄宗羲、万斯同、万斯大、邵晋涵、全祖望等人更是如此。章学诚既然如此概括浙东学术,生当诸儒之后,他本人自然就是浙东学术的继承人了。

金毓黻先生承认南宋浙东兴起了一股治史之风,随后便说"浙东人研史之风,元明之世,本不甚盛"[①],直到清初黄宗羲挺然而出。和南宋浙东学术的热闹相比,元明的确显得有些冷清,可是胡三省(1230—1302,浙江宁海人)、宋濂、王祎、方孝孺等都有丰富的史学思想。只是在人们的心目中,宋濂以文学称,王祎、方孝孺以忠义显,他们的其他学术成就遂被忽略。浙东从两宋张九成开始,吕祖谦、唐仲友、薛季宣、陈傅良、叶适、王应麟、胡三省、宋濂、王祎、方孝孺、王阳明、黄宗羲、全祖望、章学诚等等,经元明至清代,浙东史学发展不绝如缕,形成了一个经史结合、经世致用的学术传统。除了张

① 金毓黻《中国史学史》,第 335 页。

九成、王阳明不特别从事史学研究外，其他人都在史学上有很深的造诣、形成了系统的史学思想。一代有一代的学术，哪种学术思想占据时代主流，受这个时代各个方面因素的影响，要求某一种学术思潮一直成为该地区、该时代的主流地位，有些苛刻。如果以"具有家法互相传受"作为标准才能形成一个学派的话，那么思想史上的各个所谓"学派"都可能成问题了。

2. 历史分类

宋濂将历史分为国史、家史、闰史、一人之史。这种划分基本自上而下涵盖了各个单位的存在。之后，王世贞（1526—1590，字元美，号弇州山人）按史书的内容和编撰者，将明代史学分为国史、野史和家史三大类。其中"野史"是指明人私修史著，如李贽的《藏书》《续藏书》，还有各种笔记小说中记录的野巷杂谈，也可算作野史。黄宗羲、钱谦益、张岱等人也很赞同王世贞的分法。

章学诚则遵循宋濂的分类法，将历史分为天下之史、一国之史、一家之史、一人之史。天下之史即一朝一代的历史，一国之史则指部府县郡等地方志，相当于宋濂说的闰史，一家之史即族谱家乘，一人之史是指传状志述。只有分类尽其详，"然后合者能择善而无憾也"。就各类史的特征而言，"谱牒散而难稽，传志私而多谀，朝廷修史，必将于方志取其裁"。地方志处于朝史与家史、个人传志之间，避免了家史和个人传志的缺点，所以朝史一般多从方志取材，"而方志之中，则统部取于诸府，诸府取于州县，亦自下而上之道也。然则州县志书，下为谱牒传志持平，上为部府征信，实朝史之要删也"①。正因为方志是朝史的主要来源，所以章学诚毕生都极其重视地方志的修撰。他对方志的体例、性质、如何取材等都有详细的论述。

私家谱牒之兴起，自然是社会秩序重建、重视家庭单位建设的要求；个人传状墓碑的撰写，则是因为国史篇幅有限，难以尽录。正所谓"国史系天下之公，法当严；墓碑纪一人之私，理宜详"②。身为史官的宋濂，当然明白这个道理。所以他在《元史》之外，不遗余力地撰写了大量谱序、碑铭、传志，这些文章有些成为《元史》的直接来源，更多则成为后人研究元明时期的重要史料。他的《浦阳人物记》以"浦阳"为地域范围，相当于地方志中的"名人""名宦"篇。章学诚也非常重视家牒谱乘的修撰，"家牒不修，则国之掌故，何所资而为之征信耶？"但是如果都入国史，又太繁多，所以地方志可以将其

---

① 以上引文见《文史通义校注》卷六《州县请立志科议》，下册，第 588 页。
② 《宋濂全集》卷五十五《元故翰林待制黄殷士墓碑》，第三册，第 1303 页。

"考定成编，可以领诸家之总，而备国史之要删"①。家牒可以由地方志收录，为国史储备材料。

"家之有谱，犹国之有史"，这一观念早已深入人心。章学诚又增加了"方志"一项："夫家有谱，州县有志，国有史，其义一也。然家谱有征，则县志取焉。县志有征，则国史取焉。今修一代之史，盖有取于家谱者矣，未闻取于县志。则荒略无稽，荐绅先生所难言也。"②家谱、方志、国史，都具有历史的性质。相比之下，县志所取之家谱乃是其中于事有征的部分，国史所取是方志中于事有据的部分，自下而上，层层取舍。对于国史而言，方志无疑比家谱更可靠些。他感叹当时修国史者直接取诸家谱，而不取方志，必然会造成史实失真。

宋濂虽然重视"闻史"，但因为元代统治下的地方官素质普遍不高，他又是一介布衣，所以根本无力修撰什么地方史。章学诚本身就做地方官，所以有条件组织人力编写。宋濂看到了家牒谱乘对于收族聚族、稳定彝伦、地方教化的意义，章学诚则看到了地方志在总领家史、备要国史中的作用。二人所重视不同，却都是根据时代的需求在推动史学的发展。

三、宋濂与乡贤传的兴起

宋濂的《浦阳人物记》二卷是为家乡浦阳的历代贤人立传，所以其意义已经超出了一人之史的范围。据今日之学者考证，乡贤传记是从古代的"郡书"发展而来。刘知几《史通》提到的《陈留耆旧》《汝南先贤》《益州耆旧》《会稽典录》都是"郡书"，其实就是该州郡的先贤传记。欧阳玄在《浦阳人物记原序》中分析了乡贤传兴起的原因，自然是国家大一统之后，仅凭一部国史不足以囊括四海之众、天下之事。所以后世有识之士纷纷记其所闻，其作用不仅在于补国史之遗亡，而且激发了人们的天性秉彝，激励地方民风。他列举了多家传记，他所知道的"凡九十余家"。

杨艳秋先生考证，唐宋以来乡贤传记并不多见，《宋史·艺文志》仅有5种，《千顷堂书目》仅录了1种，按《四库全书总目》，元代吴师道有《敬乡录》1种，而《明史·艺文志》著录的名贤传就有27部。而明代以后为乡贤立传蔚然成风，正是受了宋濂《浦阳人物记》影响③。由浙东学者撰写的就有宣德年间郑柏《金华贤达传》12卷、成化年间黄润玉《四明文献录》1卷、谢铎《尊

① 以上引文见《文史通义校注》卷六《和州志氏族表序例上》，下册，第621页。

② 《文史通义校注》卷八《为张吉甫司马撰大名县志序》，下册，第880页。

③ 参见杨艳秋《明代史学探研》，人民出版社2005年版，第280页。

乡录》41卷、应廷育《金华先民传》10卷等等。应廷育(1497—1578,字仁卿,号晋庵,浙江永康人)在自序中说：

> 金华为浙东名郡,人物踵生,自昔称小邹鲁,而于斯为盛。其杰然者,国史固已有传,而卷帙浩繁,不便考求。其或乡评可稽,史或弗录者,历世渐远,传闻日微,亦将声销迹泯,竟与石火电光同归变灭而已,此则尚论者之所悯也。①

这一理念与宋濂为个人立传之想法一脉相承。《浦阳人物记》只是分了忠义、孝友、政事、文学、贞节五个标目,"嘉靖之后,乡贤传记分类趋向精细,注意史料有据,合载地理、诗文"②。如应廷育《金华先民传》就分《道学》《名儒》《名臣》《忠义》《孝友》《政事》《文学》《武功》《隐逸》《杂传》十类,非常详备。"山不在高,有仙则名",乡贤传的兴起除了起到激励当地士风学风、移风易俗的作用外,对于当地历史人物的记载传播、该地方名声地位的提升亦起到关键性作用。郑涛为《浦阳人物记》作序称："浦阳之为县,不改于前,而昔之人物若希阔寂寥,今则昭著赫奕,与通都大邑相抗者,庸非景濂氏振厉之功欤?"③因为有了《浦阳人物记》,所以为浦阳历史的研究提供了宝贵资料,同时也让人们认识到浦阳是个历史悠久、人才辈出、有着深厚文化底蕴的地方。此后,宋濂本人也被采入到了《金华贤达传》(郑柏著)。至于地方志,就更不用说了。

黄宗羲曾自述："余少时读宋文宪《浦阳人物记》而好之。以为世人好言作史,而于乡邑闻见,尚且未备,夸诬之诮,容讵免诸?"他感慨家乡姚江地区人才辈出,但记录留存下来的诗却很少。宋濂作《浦江人物记》,即是见一善事善行便随手记录下来,是以日积月累而成编。受此启发,黄宗羲在浏览诸家文集时,凡是有关姚江之文,"必为别记,其有盛名于前者,亦必就其后裔而求之,如是者数十年矣"④。如是越积越多,后梨洲与友人一起将其整理成《姚江逸诗》。这也是以诗存人、以人存史的体现,是以诗的形式记载的姚江人物记。

---

① 应廷育《金华先民传》"自序",《四库存目丛书》史部,第91册。
② 杨艳秋《明代史学探研》,第282—283页。
③ 郑涛《浦阳人物记序》,《宋濂全集》"附录二",第五册,第2712页。
④ 以上引文见《姚江逸诗序》,《南雷诗文集》(上),《黄宗羲全集》,第十册,第11页。

第四节　宋濂与浙东"经史文合一"的学术特点

　　浙东不仅重经学史学，而且重文学。文章可以经世，自吕祖谦编撰《宋文鉴》就表明了这一意图，从而形成了"经史文合一"的传统。学术界一直强调浙东经史结合这一特点，而对浙东以文章鸣道这一点似乎不够重视。

一、宋濂对浙东"经史文合一"传统的继承

　　在先秦儒家，经、史、文并没有明确的界限，且一开始便被赋予经世功能。孔门"四科"：德行、言语、政事、文学（《论语·先进》），"子以四教：文、行、忠、信"（《论语·述而》），都充分说明孔子的教学内容包含政事和文学，只不过弟子们各有专长。单就《诗》而言，"不学诗，无以言"（《论语·季氏》），"诵诗三百，授之以政，不达，使于四方，不能专对。虽多，亦奚以为？"（《论语·子路》）不懂《诗》，没有文采，都无法进行国际交流。经孔子编订、汉代正式尊为"经"的六经，本身也是文学作品。而司马迁之《史记》，班固之《汉书》，在后人眼里，既是史书，也是文笔简洁流畅、叙事幽婉曲折的文学书。《春秋》，在文为经，在事为史，汉代官吏以《春秋》断事决狱，用以经世治国——这是经史文合一最典型的例子。至隋唐实行科举制，以诗赋为主取进士，而明经科反受冷落，导致学问知识与现实需要日渐脱离。宋惩其弊，开始在考试中增加策问，但仍"尚声律浮华之词，是以风俗偷薄"①。王安石以其《三经新义》取士，黜词赋而重经义，意在选拔经世之才。王安石被后世誉为"唐宋八大家"之一，其文才自不待言，他改革科考的动机也不错，只是似乎低估了科举考试对士人、对学风的导向作用。至南宋，"近世文章政事分为两途，朝廷贵人雍容高谈，指州县为猥冗之司，谓非清选者所当与。俗吏又谓非我无以办事，故贪污不法，恣其所为，此风俗凋敝之由，百姓困穷之本也"②。叶适等人所抨击的就是这类现象。

　　北宋二程洛学与三苏蜀学针锋相对，不论《二程遗书》还是宋人笔记均有记载，乃不争之事实。影响到学术上，程颐以其严苛的性格，肯定了"作文害道"之说，鄙薄那些在文章上花费时间和精力的做法。从某种程度上说，未尝不是针对蜀学而发。但这毕竟是伊川一人的立场，并不影响后人研习

①　《宋元学案》卷一《安定学案》，第一册，第25页。
②　郑刚中《北山集》卷九《答张子韶》，《景印文渊阁四库全书》，第1169册，第138—139页。

欧阳修、苏轼的文章。浙东诸儒便都看重文章对于明道、传道的意义。两宋之际的张九成是绍兴二年（1132）的状元，其《状元策》中因有"桂子飘香"之语，可能过于抒情，还遭到李清照等人嘲笑①。他的经解，"援引详博，文义翻澜"②，朱熹虽然将其书列入"禅者之书"，但也承认"无垢《论语》说得甚敷畅，横说竖说，居之不疑"③。正因为其书文笔不凡，所以在浙东广为流传，乃至"家置其书，人习其法"（陈亮语），朱熹比之为"洪水猛兽"。《荆溪林下偶谈》记载，"淳熙间，欧文盛行，陈君举、陈同甫尤宗之。水心云：君举初学欧不成，后乃学张文潜，而文潜亦未易到"④。张文潜即张耒，"苏门四学士"之一，足见欧阳修、苏轼在浙东的影响。邓广铭先生曾举吕本中《江西诗社宗派图》以黄庭坚为祖、自身作殿为例，说明吕氏的诗文以苏、黄为法。吕本中乃吕祖谦的伯祖，二人有大、小东莱之称，吕祖谦与苏学的关系即导源于此。朱熹有"伯恭爱说史学"、"护苏氏尤力"之说，说明祖谦对苏学的偏爱。吕祖谦编撰《宋文鉴》，蕴含治道于其中，《直斋书录解题》言："朱晦庵晚年尝谓学者曰，此书编次，篇篇有意。每卷首必取一大文字。所载奏议，亦系一时政治大节。祖宗二百年规模，与后来中变之意，尽在于此。"叶适也评价说："盖一代之统纪略具焉。"蒙文通先生得出结论："斯《文鉴》者，不啻挈纲示义，言北宋一代之良史也。"⑤此乃"文道合一""文史合一"的完美体现。

叶适，在今天一直被当作事功学的集大成者。他于乾淳诸子中最晚出，对各家之学均有所批判吸收。刘壎《隐居通议》载，"闻之云卧吴先生曰：近时水心一家，欲合周程欧苏之裂"。其结果，"其地位亦只文章家耳"⑥。黄溍评价叶适的学问："其传之久而不废者，直文而已，学固弗与焉。"⑦可见当时人对叶适的看法，与今人的推崇甚有距离。不过可看出，叶适以文章鸣道的努力。

"甬上四先生"不仅理学盛名于世，其文章亦闻于时。《宝庆志》记载，嘉定初，朝廷欲革除文弊，"选前辈之文以范后学，舒文靖公实冠编首"。为何会如此？全祖望认为，大概是因为舒璘的文章"心气和平，而议论质实，足以

---

① 陆游《老学庵笔记》记载，"张子韶对策，有'桂子飘香'之语。赵明诚妻李氏嘲之曰：'露花倒影柳三变，桂子飘香张九成。'"（卷二，青岛出版社 2002 年版，第 30 页）李氏即李清照。

② 陈振孙《直斋书录解题》，第 31 页。

③ 黎靖德《朱子语类》卷一三二，第 3173 页。

④ 吴子良《荆溪林下偶谈》卷二"李习之诸人文字"，《景印文渊阁四库全书》，第 1481 册，第 507 页。

⑤ 以上引文见蒙文通《中国史学史》，上海人民出版社 2006 年版，第 85 页。

⑥ 以上引文见刘壎《隐居通议》卷二"合周程欧苏之裂"，《景印文渊阁四库全书》，第 866 册，第 35 页。

⑦ 《黄溍集》卷十一《送曹顺甫序》，第二册，第 411 页。

消诡诞之习俗"①。袁燮的文章，"较之慈湖则平正，而视广平又畅达焉，其在南宋亦名家也"②。可见，他们也是将理学和文学结合得比较成功的人。

至于婺学，"北山四先生"之后的黄溍、柳贯、吴莱均以文章著称，屡被称道，当然也从侧面说明他们于理学几乎无所发明。至宋濂，其文其学被誉为明代"文统"、"学统"之宗。他的成就再次证明，文学与理学本不相悖，所谓"洛学兴而文字坏"不过是针对那些文道分离的现象而言。真正的大儒，都会做到文道合一，文史合一。黄溍教宋濂"学文以六经为本，迁、固二史为波澜"，正是本着经、史、文合一的原则。只不过，因个人的兴趣所在、努力程度和对经典的领悟能力不同，最终的造诣各有深浅而已。宋濂主张学问应根柢六经而非后人传注，读经和读史相结合，他的文章"理明辞腴"，是继吕祖谦之后将经史文融为一体比较成功的典范。

二、黄宗羲对"经史文合一"传统的总结

宋濂以六经、孔孟为文学之根本，从而认为汉唐文章只得其皮肤和骨骼，只有宋代承继学统的数位先生得其精髓。而明代沈昭则认为于天人性命、经制度数而言，汉唐学者的确不如宋代数先生；但若就文章之能事、衡之以质文，则汉唐儒者以专长相胜。黄宗羲在阅读了宋元文集数百家之后，认为以上"两说似乎有所未尽。"他梳理了宋元时期文统与学统的关系：

> 夫考亭、象山、伯恭、鹤山、西山、勉斋、鲁斋、仁山、静修、草庐，非所谓承学统者耶？以文而论之，则皆有《史》《汉》之精神包举其内。其他欧、苏以下，王介甫、刘贡父之经义，陈同甫之事功，陈君举、唐说斋之典制，其文如江河，大小毕举，皆学海之川流也。其所谓文章家者，宋初之盛，柳仲途、穆伯长、苏子美、尹师鲁、石守道渊源最远，非泛然成家者也。苏门之盛，凌厉见于笔墨者，皆经术之波澜也。晚宋二派，江左为叶水心，江右为刘须溪。宗叶者，以秀峻为揣摩；宗刘者，以清梗为句读，莫非微言大义之散殊。元文之盛者北则姚牧庵、虞道园，盖得乎江汉之传；南则黄晋卿、柳道传、吴礼部，盖出于仙华之窟。由此而言，则承学统者，未有不善于文；彼文之行远者，未有不本于学，明矣。降而失传，言理学者，惧辞工而胜理，则必直致近譬；言文章者，以修词为务，则

① 以上引文见《鲒埼亭集外编》卷二十四《广平先生类稿序》，《全祖望集汇校集注》，中册，第 1193 页。
② 《鲒埼亭集外编》卷二十四《二袁先生文钞引》，《全祖望集汇校集注》，中册，第 1195 页。

宁失诸理，而曰理学兴而文艺绝。呜呼，亦冤矣！①

他历数宋元承继学统者，从南宋的朱熹、陆九渊、吕祖谦到元代的金履祥、刘因、吴澄，他们都是道学家，他们的文章皆有《史记》《汉书》之精神包其内，足以经世；而两代之文章家，从宋初的柳开、穆修到元代的黄溍、吴师道等，其学术各有渊源，其文章无不有义理蕴其中，足以传世。哪怕是提倡事功的陈亮、陈傅良、唐仲友，他们的文章也如"学海之川流"，历历可观。所以他得出结论：凡能继承学统、以理学闻名者，均擅长著文，文章好坏，取决于好学力学，不刻意为文而文自工。后世将理学和文章割裂开，或"直致近譬"，或"理学兴而文艺绝"，其实是背离了文道合一的传统，只能说明其人要么未尽"道"，要么未尽"学"，均是学之末流。

黄宗羲在明亡之后编纂了《明文案》《明文海》《明文授读》，其目的是"欲使一代典章人物，俱藉以考见大凡"②。他提出："诗之与史，相为表里者也。"③诗可以弥补史事记载的不足，就如元好问的《中州集》，便记录了金元一代的北方人物，借文存人，借人传旦。因为黄宗羲打算为将来编《明史》作准备，所以《明文案》《明文海》所收集的文章涉及明代政治、经济、文化等各个方面，堪称百科全书式的史料集。比之吕祖谦的《宋文鉴》，其《明文案》在选文上采取"唯视其一往深情"的原则，所以梨洲自信"文章之盛，似谓过之"④。他还自编《南雷诗历》四卷，这是他历经丧乱变故、积数十年之作中的精选，自谓"诗之道甚大，一人之性情，天下之治乱皆所藏纳"⑤。可以说，《明文案》《明文海》《南雷诗历》秉承了文史合一的浙东传统，体现了梨洲强烈的历史责任感。

全祖望记叙梨洲在甬上证人书院讲学时，针对明中叶以后"讲学之风已为极敝，高谈性命，直入禅障，束书不观，其稍平者则为学究，皆无根之徒"的现象，提倡："学必原本于经术，而后不为蹈虚；必证明于史籍，而后足以应务，元元本本，可据可依。"⑥不只黄梨洲，清初的大思想家深痛过去几百年整个社会沉溺于后世传注而轻视六经原典的学风之弊，基本上都主张重新回归六经，顾炎武提出"理学即经学"的观点，邵廷采（1648—1711，字念鲁，

---

① 《沈昭子耿岩草序》，《南雷诗文集》（上），《黄宗羲全集》，第十册，第59页。
② 《明文海》四库提要，《景印文渊阁四库全书》，第1453册，第2页。
③ 《姚江逸诗序》，《南雷诗文集》（上），《黄宗羲全集》，第十册，第10页。
④ 以上引文见《明文案序上》，《南雷诗文集》（上），《黄宗羲全集》，第十册，第19页。
⑤ 《南雷诗历·题辞》，《南雷诗文集》（下），《黄宗羲全集》，第十一册，第204页。
⑥ 《鲒埼亭集外编》卷十六《甬上证人书院记》，《全祖望集汇校集注》，中册，第1059页。

余姚人）主张学校教育应当"自宋以后语录诸书，一切且束勿观，而惟从事于六经、孔、颜、曾、孟之教"①。这些主张岂不正与宋濂提倡以六经为根柢、传注为辅助的学问原则完全一样吗！

全祖望还历数黄宗羲在家乡的高弟，他们分别以"经术""名理""躬行""史学""文章"著名于世②。这五个方面当然也可看作是对梨洲学术的概括。作为明清时期浙东学术的领袖，梨洲上承南宋乾淳以降至明末刘宗周的学问，下开清代浙东学术的新局面，这五个方面亦可用来概括浙东学术——"经术"与"名理"指浙东性理之学，"文章"即今天所说之文学，将经学、史学和文学统合一体，内含经世致用，这方是浙东学术的总体特征。

本章小结

清代浙东史学兴起，名家辈出，一方面主要是时势使然，倡经世致用之学，史学便恰当其道；另一方面则是浙东经史文合一的传统所营就的学术氛围，自宋至清从未间断。宋濂便是这一传统中的一个环节。他生当元明浙东道学衰歇、文学昌盛之时，继承吕学，提倡心学，发扬史学，形成了以心学绾史学、文学、事功学的思想特色。这一特点也正是浙东学术整体的体现。

考浙东学术的发展源流，虽然有学者直推至东汉时期的王充，但真正形成却是在宋代。张九成通过遍注群经形成心学思想，并具有了经史结合的特点。之后吕祖谦兼采诸家而走上了通过研史以求圣人之道的路径，他所求之道便是"心"。宋濂的"六经即心学"是对浙东以诠释经典阐发心学这一做法的肯定，承上启下，是浙东心学发展过程中重要的一部分。他对历史的分类、对家史的重视、对乡贤人物的传记，都对后世产生了直接影响。而吕祖谦所开创的以文学"明一代之治体"，宋濂以传记之文保存地方史的做法，被清代黄宗羲、全祖望等人效仿。黄宗羲对宋元学统与文统关系的梳理，他个人在统合经学、史学、文学方面的努力，从理论上明确了浙东学术的特征，在实践中推动了浙东学术的发展。

---

① 邵廷采著，祝鸿杰点校《学校论下》，《思复堂文集》，浙江古籍出版社 2010 年版，第 341 页。
② 参见《鲒埼亭集外编》卷十七《二老阁藏书记》，《全祖望集汇校集注》，中册，第 1064 页。

结　语

一、婺学的传承与发展

婺学，从黄溍、杨维桢等人的总结看，包含了吕祖谦的金华学（性理为主）、陈亮的永康学（事功为主）和唐仲友的经制学。但是到了元代，三家中只有金华一地学术尚活跃，从一定意义上说，此时的婺学实际就是指东莱开创的金华学①。从吕氏学问的特征看，他"多识前言往行以畜德"，兼收并蓄，博采诸家。哲学上，他融合了理气心性等概念而以心学为主；解读经典上，他经史结合，着力挖掘经书中圣人的"精神心术"；他编著《宋文鉴》，融合文理，"试图将文章与学术、政治理念统合起来，以获得文与理的平衡"②。东莱"主盟斯文"，与浙东薛季宣、陈傅良、陈亮、叶适等多有往来，互相切磋交流，学问互进。东莱早逝，其弟吕祖俭于四明传授其学问，于是金华学也在四明地区传播开来。

通常认为，吕祖谦之后，活跃于金华的便是"北山四先生"。四先生学问虽各有所发明，但总的来说都以朱熹《四书集注》为矩镬，如许谦就说："圣贤之心，具在《四书》；而《四书》之义，备于朱子。"③从长远看，这种不依传统经典而一本后人传注的做法，无助于金华学的创新发展，尤其掩盖了金华学之特色，从而使其陷入危殆的境地。元代重开科举后，以《四书集注》取士，朱学独盛。不止婺学，其他学派也都纷纷寂寂无闻，南宋百家争鸣的局面一去不返了。宋濂以振兴婺学为己任，成为婺学在元明时期的继承光大者。

哲学上，宋濂虽然主心学，但也吸收了张载的气学、朱熹的性论，承认人性分天命之性和气质之性；气化生万物，理和气均由心主宰。他不同意谢良佐、张九成以"觉"训心训仁的做法，如此便避免了误入禅机。他认为陆学失于立意太高，缺少下学的工夫；朱学虽下学上达，却未免支离过细之嫌。因

---

① 全祖望《泽山书院记》、《宋文宪公画像记》在梳理东莱之学的传承时，就直接用"婺学"、"婺中之学"。

② 慈波《政治、学术与文章：〈宋文鉴〉编刊之争再审视》，《浙学新视野暨"东南三贤"国际学术研讨会论文集》，2019 年 6 月，第 129 页。许和亚《吕祖谦编纂〈宋文鉴〉的文学思想与学术实践》亦持此观点，见《中国文化研究》2019 年春之卷，第 123—132 页。

③ 《元史》卷一八九，第 14 册，第 4319 页。

此他试图以"六经皆心学"融通两家,主张回归经典,而不是耽恋后人传注(包括朱熹的经注),通过读经体会古圣贤之心,提倡自得之学,体现了婺学去短集长、兼容并蓄的特点。

史学上,宋濂将婺学擅长治史的特点发挥到了极致。他并没有注经或解史之专著,但他在为友人所作"序"中,表达了他对《春秋》这部特殊经典的看法。受北方郝经和刘因"古无经史之分"的影响,他提出"经史不异"的观点,在看史书(如《史记》《汉书》)时,往往能挖掘出其深藏的义理,以理断其是非;读经书时,则能发现其蕴涵的史事,以事证其理义。

他将儒家的伦常道德贯穿于他的历史观中,形成道德历史哲学。他要求人君以德修身治国,个体家庭以德传家,个人以德立世。他注重搜集家乡的先贤名人,其选择标准、善恶褒贬亦是以道德为主。身为一代《元史》总裁,他也抛弃了传统的夷夏内外观,以元朝为接续宋的正统,其史识与史才为一时称颂。史以经世,总结一代之得失以为鉴戒,通过为乡贤立传以示奖惩褒贬,其政治教化意义不言而喻。

文学方面,宋濂"文道合一"的思想正是吕祖谦编写《宋文鉴》所要传达的理念。世人以"文章"、"文人"目宋濂,实在只看到了其文采,而未看到其内核。文字、文章是传达思想的媒介,好的文章都是形式("文")和内容("道")的统一。宋濂于各种文体均驾轻就熟,虽文采斐然,气势雄浑,却内容翔实,不作泛泛之论,这也正是他的文章在当时享有盛誉的原因之一。哪怕是为众多家谱所作的"序",他也绝少重复,而是反复开陈道德传家的观念。他利用撰写佛道教文章的机会,梳理各派法系传承,阐述自己的"会通"思想。借文传道,文道不离,吕祖谦是借编辑他人的文章来传"道",宋濂则通过自己深厚的学识、对经典的体悟来为文。阅读他的文章,很容易能领略到其中蕴涵的道理。

吕祖谦不佞佛,但也绝不像其他道学家那样激烈排斥佛教。宋濂则不讳言自己与佛道教的因缘,他"誓以文辞为佛事",撰写了大量佛教的文章;也与道士交往密切,留心记录当时道教的发展状况。尽管心仪佛、道,他却始终秉持"三教平行"的原则,在撰写三教文章时,分别用各家术语,不混用,不借用,表达了自己儒家的本位和立场,也表现出了对儒学义理的自信。这一原则既是魏晋南北朝以来三教不断融合的继续发展,也是婺学对学术包容态度的体现。

宋濂开有明一代学术之先,他原本坚持宋代以来"道统高于治统"的原则,在洪武四年(1371)所上《孔子庙堂议》中就表达了这一立场。但随后朱元璋的一系列举措表明，他根本没有把儒家的"道统"或者理学放在眼里。洪武五年(1372)，他下令罢黜孟子配祀，因钱唐等人以命相谏，第二年才恢复。洪武十年(1377)，宋濂的好友张孟兼因与僧吴印相争，被朱元璋先廷杖后弃市。朱元璋的行为为后世子孙作出了示范，此后明王朝多数帝王宠信宦官，打压儒臣，儒士大夫的尊严和地位越来越低。这种残酷的政治生态影响到学术层面，便是宋代理学家们所倡导的"内圣外王"之学变成了只剩"内圣"而无"外王"。儒士们能"独善其身"就已经很不容易，遑论"兼善天下"！① 透过整部《明儒学案》，我们所看到的就是明代理学家们在大谈心性修养、慎独工夫，看不到"得君行道"的意气风发。明代科举仍以《四书集注》取士，且形式上采用八股文，不容有个性的发挥。这一导向也令士子们不必钻研原典，只需熟背《四书集注》就行了。所以，宋濂以后，阳明心学崛起之前，理学在思想上是乏善可陈的。那些著名的理学家，曹端、吴与弼等，不过是尊朱述朱的著名学者罢了。宋濂的学生方孝孺，全祖望对其学问赞叹有加，认为其所作《幼仪》《宗仪》《杂诫》《深虑论》等要么是经世之书、君子体事之功，要么是经世明言②，然而孝孺最终还是以气节而不是思想显名于世。学派的传承和振兴需要有思想的人，此时朱学一家独尊，不要说婺学，连曾经与朱学分庭抗礼的心学也一并湮没于这一统的学术中了。

二、经·史·文：浙东学术的再认识

章学诚在论述浙东学术起源时，断自朱熹："浙东之学，虽出婺源，然自三袁之流，多宗江西陆氏，而通经服古，绝不空言德性，故不悖于朱子之教。"③根据叶瑛先生注释，"浙东之学出婺源"依据的是全祖望《木钟学案·序录》"永嘉为朱子之学者，自叶文修公(味道)与潜室(陈埴)始"，叶味道和陈埴少师叶适，后从朱熹学，能墨守师说，"按此为浙东之学出朱熹者"④。若叶先生所注不虚，则以今日之所见，章学诚的这一说法明显将浙东学术的产生时间向后推迟了。近世学者何炳松先生于民国十七年(1928)在上海公学史学会上发表讲演时，提出"浙学实渊源于程氏"，即程颐。他论证说：

> 浙东人之传程学者有永嘉之周行己、郑伯熊，及金华之吕祖谦、陈

---

① 以上参见余英时《宋明理学与政治文化》，吉林出版集团 2008 年版，第 173—175 页。
② 参见《鲒埼亭集外编》卷十九《方正学画像记》，《全祖望集汇校集注》，中册，第 1100 页。
③ 《文史通义校注》卷五《浙东学术》，上册，第 524 页。
④ 见《文史通义校注》卷五《浙东学术》"叶瑛校注(二)"，上册，第 525 页。

亮等，实创浙东永嘉、金华两派之史学，即朱熹所目为"功利之学"者也。金华一派又由吕祖俭传入宁波而有王应麟、胡三省等史学之辈出，金华本支则曾因由史入文，现中衰之象；至明初宋濂、王祎、方孝孺诸人出，一时乃为之复振。唯浙学之初兴也盖由经入史，及其衰也又往往由史入文。故浙东史学自南宋以至明初，即因经史文之转变而日就衰落。此为浙东史学发展之第一个时期。

迨明代末年，浙东绍兴又有刘宗周其人者出，"左袒非朱，右袒非陆"，其学说一以慎独为宗，实远绍程氏之无妄，遂开浙东史学中兴之新局。故刘宗周在吾国史学史上之地位实与程颐同为由经入史之开山。其门人黄宗羲承其衣钵而加以发挥，遂蔚成清代宁波万斯同、全祖望及绍兴邵廷采、章学诚之两大史学系。前者有学术史之创作，后者有新通史之主张，其态度之谨严与立论之精当，方之现代西洋新史学家之识解，实足竞爽。此为浙东史学发展之第二个时期。①

何先生意在梳理浙东史学之产生发展，浙东学术起源于程颐，依据是《宋元学案》"元丰九先生"的说法。浙学第一阶段的特点是"由经入史"、"由史入文"，则依据《宋元学案》和《文史通义·朱陆》的梳理。他以刘宗周为浙东史学第二时期的开山，大概是因为其学生黄宗羲为史学大家之故。他断言浙东史学与朱熹道学、陆九渊心学同为我国学术思想的"三个系统"。这自然是何先生的创见，但也同时暗示：浙东学术似乎就只是史学，理学、文学都不构成浙东学术的特征或组成部分。

何先生将以上演讲内容作为 1931 年成书的《浙东学派溯源》"自序"的一部分，该书出版后引起了学术界的争议。邓广铭先生为之书评，通过考证浙东诸人的学术渊源、倾向和特点，全面批驳了何先生浙东学术源于程颐的说法。邓先生将"浙东学派"的地域范围界定为永嘉、金华、永康三处，他认为："从学术方面看看，唯有他们谈性理之处，可说是大部导源于二程，而性理之学原非他们着力之点。文学、史学方是浙东各家学术的汇流之地，也即是浙东学术的主流所在。""若作为一个整体而看浙东之学，则正是熔铸性理、经制、文史三方面的学问于一炉之内的。性理之学本于伊洛，经制学沿溯新经,而文史之学出诸苏氏。"①但他同时强调,"浙东诸人的学问渊源至少已尽有了北宋的三派,但却不是说他们的造诣是北宋三派所能局限得了的"②。所谓青出于蓝,学术才会不断向前推进。邓先生独具慧眼,依据大量史料论证了浙东融性理、经制、文史、事功于一体的特征,尤于文史结合特别致意,以之为浙东学术的主流,这自然是针对何先生"由经入史,由史入文"的遗憾而发,但也恰恰提出了一个至今都为学术界所忽略的观点:吕祖谦编辑的《宋文鉴》,绝不单纯是一部文选,而是"欲约一代治体,归之于道"(叶适语)。

邓广铭先生的观点,随即得到蒙文通先生的响应。在给柳诒徵先生的信中,他初步谈了自己对浙东史学的看法:"窃以北宋之学,洛、蜀、新三派鼎立,浙东史学主义理、重制度,疑其来源即合北宋三派以冶于一炉者也。"③随后他旁征博引,论证浙东史学与三派之关系。1943年他发表《宋代史学》,将浙东史学分为三派:义理派史学,以吕祖谦、叶适为代表;经制派史学,以唐仲友、陈傅良为代表;事功派史学,代表人物是陈亮、王自中④。不过,蒙先生整体上还是围绕浙东史学并非出自洛学这一观点展开,运用了更详细的史料论证浙东之学实源于北宋洛、蜀、新三家。作为历史学家,蒙先生更关注的自然是浙东史学的源流。

章学诚总结浙东学术的特色:"浙东之学,言性命者必究于史,此其所以卓也。"⑤无论是南宋乾淳时期的浙东诸儒,还是其后继者如王应麟、胡三省、宋濂、王祎、王守仁、刘宗周直到清代的黄宗羲、全祖望、章学诚等,均具有这个特点,浙东史学受到瞩目乃在情理之中。从哲学的角度,浙东诸儒有主心学者,有主道学者,若细究其渊源,则要比何、邓、蒙三位先生所说复杂得多。

从两宋时期的地域划分看,浙东学术不仅包含金华、永嘉、永康之学,还有四明地区的心学和史学。何炳松先生只言由吕祖俭传入宁波的史学,未及"甬上四先生"之心学。从学术特点看,浙东诸儒无不是"根柢六经",他们

① 邓广铭《浙东学派探源——兼评何炳松〈浙东学派溯源〉》,原载天津《益世报·读书周刊》第十三期(1935年8日29日),今见《邓广铭全集》,河北教育出版社2005年版,第10卷,第27—28页。
② 同上书,第20页。"北宋的三派"是指他在书评第一部分提到的北宋学术分三派:二程的伊洛之学、三苏的蜀学和王安石的新学。伊洛主性理,蜀学主文章兼史事,新学主经制。
③ 蒙文通《致柳翼谋(诒徵)先生书》(1935年9月),《中国史学史》"附录",第126页。
④ 参见蒙文通《中国史学史》,第82—104页。
⑤ 《文史通义校注》卷五《浙东学术》,上册,第523—524页。

创立新说均是以孔孟六经为根本，而不是传述后人注疏语录。从张九成遍注群经构建心学体系开始，吕祖谦致力于挖掘经书史书之"圣人心术"，杨简、钱时完全以心学解读四书五经，实际上形成了"经学即心学"的理念。宋濂提出"六经皆心学"，则是对以上做法的肯定和总结，也再次强调六经才是圣人心术之记录，是学术之源头，读书当从六经开始，而不是时人推崇的《四书》，更不是后人的注疏。明中期王阳明痛感科举时文导致学术僵化，开始大倡"致良知"，明末刘宗周强调"慎独"的体用工夫，均要求回归本心。阳明作《大学古本旁释》，蕺山著《论语学案》，都是以本心思想一以贯之。清代的黄宗羲、章学诚都对心学情有独钟，心学构成为浙东学术形而上层面的主流思想。

经史文结合是浙东学术的另一大特征。从张九成开始以史解经、以史证经，到吕祖谦"亦经亦史"，宋濂提出经史不异，阳明则含蓄提出五经皆史，到章学诚明言"六经皆史也"，说明浙东诸儒越来越意识到经和史之间并没有截然的界限，二者是一而二、二而一的关系，其实是向先秦"经史不分"的回归。而所有这些浙东思想家，又都是文章大家，他们既注重文章的内容，又看重文章的形式。文章足以经世，主要表现在：一，浙东思想家均反对作无益之文，而求"有用之文"、"有用之学"。所谓"有用"，即文章应当明道，含"道"在其中，如宋濂所说"文不系道，不作焉可也"。文不传道，则行之不远。相反，文若不工，则其道难明。因此文和道相辅相成，不可分离。二、浙东思想家注重通过编纂一代之文记录一代历史，从吕祖谦编纂《宋文鉴》以明"一代之治体"，到黄宗羲编辑《明文海》记录"一代典章人物"，编辑《南雷诗历》通过"一人之性情"以观"天下之治乱"，都是文章经世的最好体现。

正如黄宗羲所总结，凡能继承"学统"者，也能继承"文统"。文章并不是刻意为之的东西。程颐直言"作文害道"，却并非忽视"文"的功能，他的《伊川易传》文辞凝练，亦是上佳的文学作品，他只不过是否定专意工文的做法。宋濂被誉为有明一代之"学宗""文宗"，证明他实现了"文道合一"。他的《浦江人物记》既是传记文学，又是史书；《龙门子凝道记》是以文学语言表达理学思想的佳作，《洪武圣政记》则是记录明初时政的史书。其他文章，如各种人物碑铭、传记，均可看做记录一代之史料。而纵观南宋以降浙东诸儒，无不是通过统合经、史、文以实现经世致用。所以，邓广铭先生说浙东之学"是熔铸性理、经制、文史三方面的学问于一炉之内的"，笔者深以为然。

参考文献

一、古籍

（宋）陈淳:《北溪字义》,中华书局1983年版。

（宋）陈淳:《北溪大全集》,文渊阁四库全书1168,台湾商务印书馆1986年版;文澜阁四库全书1202,杭州出版社2015年版。

（宋）陈振孙:《直斋书录解题》,上海古籍出版社1987年版。

（宋）程颢、程颐:《二程集》,王孝鱼点校,中华书局2004年第二版。

（元）戴表元:《戴表元集》,李军、辛梦霞校点,吉林文史出版社2008年版。

（明）戴良:《戴良集》,李军、施贤明校点,吉林文史出版社2009年版。

（宋）范浚:《范浚集》,范国良点校,浙江古籍出版社2015年版。

（明）方孝孺:《方孝孺集》,徐光大点校,浙江古籍出版社2013年版。

（清）顾炎武:《顾亭林诗文集》,上海古籍出版社2012年版。

（唐）韩愈:《韩愈全集》,钱仲联、马茂元校点,上海古籍出版社1997年版。

（元）郝经:《郝经集编年校笺》,张进德、田同旭编年校笺,人民文学出版社2018年版。

（元）黄溍:《黄溍全集》,王颋点校,浙江古籍出版社2013年版。

（清）黄宗羲、全祖望等编:《宋元学案》,中华书局1986年版。

（清）黄宗羲:《明儒学案》,沈芝盈点校,中华书局2008年第二版。

（清）黄宗羲:《黄宗羲全集》,吴光点校,浙江古籍出版社2012年版。

（宋）黎靖德编:《朱子语类》,王星贤点校,中华书局1986年版。

（清）李颙:《二曲集》,中华书局1996年版。

（宋）刘克庄:《刘克庄集笺校》,辛更儒校注,中华书局2011年版。

（明）刘鳞长:《浙学宗传》,四库存目丛书本。

（元）刘谧:《三教平心论》,中华书局1985年版。

（南朝梁）刘勰:《文心雕龙注释》,周振甫注,人民文学出版社1981年版。

（元）刘因：《静修集》，文澜阁四库全书 1233，杭州出版社 2015 年版。

（元）刘壎：《隐居通议》，文澜阁四库全书 866，杭州出版社 2015 年版。

（唐）刘知几：《史通》，辽宁教育出版社 1997 年版。

（明）刘宗周：《刘宗周全集》，何俊点校，浙江古籍出版社 2012 年版。

（元）柳贯：《柳贯集》，魏崇武、钟彦飞点校，浙江古籍出版社 2014 年版。

（宋）陆九渊：《陆九渊集》，钟哲点校，中华书局 1980 年版。

（清）陆世仪：《思辨录辑要》，文澜阁四库全书 738，杭州出版社 2015 年版。

（宋）陆游：《老学庵笔记》，青岛出版社 2002 年版。

（宋）吕祖谦：《吕祖谦全集》，浙江古籍出版社 2008 年版。

《明代笔记小说大观》，上海古籍出版社 2005 年版。

《明史》，中华书局 1974 年版。

（元）欧阳玄：《欧阳玄集》，陈书良、刘娟校点，岳麓书社 2010 年版。

（清）彭绍昇：《居士传校注》，张培锋校注，中华书局 2014 年版。

（宋）释契嵩：《镡津文集校注》，林仲湘、邱小毛校注，巴蜀书社 2014 年版。

（宋）钱时：《融堂四书管见》，文渊阁四库全书 183，台湾商务印书馆 1986 年版。

（宋）钱时：《蜀阜存稿》，宋集珍本丛刊 74。

（元）丘处机：《丘处机集》，赵卫东辑校，齐鲁书社 2005 年版。

（清）全祖望：《全祖望集汇校集注》，朱铸禹汇校集注，上海古籍出版社 2018 年版。

（南朝梁）释僧祐撰：《弘明集校笺》，李小荣校笺，上海古籍出版社 2013 年版。

（清）邵廷采：《思复堂文集》，祝鸿杰点校，浙江古籍出版社 2010 年版。

（宋）邵雍：《邵雍集》，郭彧整理，中华书局 2010 年版。

（明）宋濂：《宋濂全集》，黄灵庚编辑校点，人民文学出版社 2014 年版。

（明）宋濂：《宋濂全集》，罗月霞主编，浙江古籍出版社 2009 年版。

《宋史》，中华书局 1985 年版。

《宋元笔记小说大观》，上海古籍出版社 2001 年版。

（宋）苏辙：《苏辙集》，陈宏天、高秀芳点校，中华书局 1990 年版。

（元）孙作：《沧螺集》，文澜阁四库全书 1265，杭州出版社 2015 年版。

（元）谭处端等：《谭处端刘处玄王处一郝大通孙不二集》，白如祥辑校，齐鲁书社 2005 年版。

（明）陶宗仪：《南村辍耕录》，李梦生校点，上海古籍出版社 2012 年版。

（明）王祎：《王祎集》，颜庆余点校，浙江古籍出版社 2016 年版。

（明）王守仁：《王阳明全集》，吴光等编校，上海古籍出版社 1992 年版。

（宋）王应麟：《困学纪闻》，孙通海点校，辽宁教育出版社 1998 年版。

（元）王嚞：《王重阳集》，白如祥辑校，齐鲁书社 2005 年版。

（元）吴澄：《吴文正集》，文澜阁四库全书 1232，杭州出版社 2015 年版。

（元）吴莱：《渊颖集》，文澜阁四库全书 1243，杭州出版社 2015 年版。

（元）吴师道：《吴师道集》，邱居里、邢新欣校点，吉林文史出版社 2008 年版。

（宋）吴子良：《荆溪林下偶谈》，文渊阁四库全书 1481，台湾商务印书馆 1986 年版。

（明）薛瑄：《读书录》，文澜阁四库全书 726，杭州出版社 2015 年版。

（明）薛应旂：《方山先生文录》，四库存目丛书本。

（宋）杨简：《杨简全集》，董平校点，浙江大学出版社 2015 年版。

（宋）叶适：《叶适集》，刘公纯、王孝鱼、李哲夫点校，中华书局 2010 年版第二版。

（宋）叶适：《习学记言序目》，中华书局 1977 年版。

（明）应廷育：《金华先民传》，四库存目丛书本。

（元）虞集：《虞集全集》，王颋点校，天津古籍出版社 2007 年版。

（元）袁桷：《袁桷集校注》，杨亮校注，中华书局 2012 年版。

《元史》，中华书局 1976 年版。

（宋）袁燮：《絜斋集》，文澜阁四库全书 1190，杭州出版社 2015 年版。

（清）查继佐：《罪惟录》，浙江古籍出版社 1986 年版。

（宋）张九成：《张九成集》，杨新勋整理，浙江古籍出版社 2013 年版。

（明）章懋：《枫山集》，文澜阁四库全书 1291，杭州出版社 2015 年版。

（宋）张栻：《张栻集》，杨世文点校，中华书局 2015 年版。

章太炎：《国故论衡》，商务印书馆 2016 年版。

（宋）张行成：《皇极经世观物外篇衍义》，文澜阁四库全书 821，杭州出版社 2015 年版。

（清）章学诚：《文史通义校注》，叶瑛校注，中华书局 1985 年版。

（明）张以宁：《翠屏集》，文澜阁四库全书 1261，杭州出版社 2015 年版。

（明）张宇初：《岘泉集》，文渊阁四库全书 1236，台湾商务印书馆 1986 年版。

(金)赵秉文:《闲闲老人滏水文集》,孙德华点校,科学出版社 2017 年版。

(元)赵汸:《东山存稿》,文澜阁四库全书 1256,杭州出版社 2015 年版。

(清)赵翼:《陔余丛考》,中华书局 1963 年版。

(宋)郑刚中:《北山集》,文澜阁四库全书 1169,杭州出版社 2015 年版。

(元)郑玉:《师山文集》,文澜阁四库全书 1252,杭州出版社 2015 年版。

(宋)朱熹撰,朱杰人、严佐之、刘永翔主编:《朱子全书》,上海古籍出版社、安徽教育出版社 2010 年版。

(明)朱元璋:《明太祖集》,胡士萼点校,黄山书社 1991 年版。

(唐)宗密:《原人论全译》,董平译注,巴蜀书社 2008 年版。

二、当代著作

白云:《中国史学思想通论》(历史编纂学思想卷),福建人民出版社 2011 年版。

(美)包弼德:《斯文:唐宋思想的转型》,江苏人民出版社 2001 年版。

常建华:《宋以后宗族的形成及地域比较》,人民出版社 2013 年版。

常乃惪:《中国的文化与思想》,中华书局 2012 年版。

陈昌云:《宋濂文学新论》,黄山书社 2016 年版。

《邓广铭全集》第十卷,河北教育出版社 2005 年版。

葛兆光:《宅兹中国:重建有关"中国"的历史论述》,中华书局 2011 年版。

葛兆光:《中国思想史》,复旦大学出版社 2018 年第二版。

韩儒林主编:《元朝史》,人民出版社 2008 年第二版。

何炳松:《浙东学派溯源》,广西师范大学出版社 2004 年版。

黄进兴:《李绂与清代陆王学派》,江苏教育出版社 2010 年版。

黄进兴:《优入圣域:权力、信仰与正当性》(修订版),中华书局 2010 年版。

黄启芳编辑:《中国文学批评资料汇编——北宋》,台湾成文出版社 1978 年版。

洪淑芬:《儒佛交涉与宋代儒学复兴——以智圆、契嵩、宗杲为例》,台湾大安出版社 2008 年版。

侯外庐:《宋明理学史》,人民出版社 1997 年第二版。

《江南文化研究 宋濂研究专辑》,文苑出版社 2011 年版。

金毓黻:《中国史学史》,商务印书馆 2010 年版。

(日)近藤一成:《宋元史学的基本问题》,中华书局 2010 年版。

赖永海主编:《中国佛教通史》,江苏人民出版社 2010 年版。

黎杰编著:《明史》,台湾大新书局 1964 年版。

廉敏:《明代历史理论研究》,中国社会科学出版社 2012 年版。

梁启超:《清代学术概论》,中国人民大学出版社 2004 年版。

《梁启超史学论著四种》,岳麓书社 1985 年版。

刘浦江:《宋辽金史论集》,中华书局 2017 年版。

刘雄伟:《章学诚"六经皆史"研究》,吉林大学出版社 2017 年版。

刘玉敏:《心学源流——张九成心学与浙东学派》,人民出版社 2013 年版。

罗光:《中外历史哲学之比较研究》,台湾"中央文物供应社"1982 年版。

蒙文通:《中国史学史》,上海人民出版社 2006 年版。

潘桂明:《中国佛教思想史稿》(宋元明清近代卷),江苏人民出版社 2009 年版。

潘桂明:《中国居士佛教史》,中国社会科学出版社 2000 年版。

秦志勇:《中国元代思想史》,人民出版社 1994 年版。

卿希泰、唐大潮:《道教史》,中国社会科学出版社 1994 年版。

任宜敏:《中国佛教史》(元代),人民出版社 2005 年版。

容肇祖:《明代思想史》,齐鲁书社 1992 年版。

石峻等编:《中国佛教思想资料选编》,中华书局 1987 年版。

释印光著述、张育英校注:《印光法师文钞》,宗教文化出版社 2008 年版。

宋克夫:《宋明理学与明代文学》,中国社会科学出版社 2013 年版。

宋志明等:《中国古代哲学研究》,中国人民大学出版社 1998 年版。

汤用彤:《隋唐佛教史稿》,武汉大学出版社 2008 年版。

唐惠美:《元明之际士人出处之研究——以宋濂为例》,台湾花木兰文化出版社 2014 年版。

陶秋英编选:《宋金元文论选》,人民文学出版社 1999 年版。

(美)田浩:《朱熹的思维世界》,江苏人民出版社 2011 年版。

(德)苏费翔、(美)田浩:《文化权力与政治文化——宋金元时期的〈中庸〉与道统问题》,中华书局 2018 年版。

涂云清:《蒙元统治下的士人及其经学发展》,台湾大学出版中心 2012

年版。

（日）窪德忠：《道教史》，上海译文出版社1987年版。

王春南、赵映林：《宋濂、方孝孺评传》，南京大学出版社1998年版。

王鹤鸣：《中国家谱通论》，上海古籍出版社2011年版。

王锟、金晓刚：《百年版历史的投影：二十世纪以来浙东学派研究平议》，中国社会科学出版社2018年版。

王运熙、顾易生主编：《中国文学批评通史》（宋金元卷），上海古籍出版社2011年版。

魏青：《元末明初浙东三作家研究》，齐鲁书社2010年版。

吴海兰：《黄宗羲的经学与史学》，厦门大学出版社2010年版。

吴怀祺：《中国史学思想通论》（宋辽金卷），黄山书社2002年版。

吴志坚：《中国科举制度通史》（元代卷），上海人民出版社2015年版。

向燕南：《中国史学思想通史》（明代卷），黄山书社2002年版。

萧启庆：《内北国而外中国：蒙元史研究》，中华书局2007年版。

谢玉玲：《宋濂的道学与文论》，台湾花木兰文化出版社2011年版。

徐洪兴：《中国学术思潮史》卷五"道学思潮"，上海社会科学院出版社2006年版。

徐永明：《宋濂年谱》，浙江大学出版社2011年版。

徐永明：《文臣之首——宋濂传》，浙江人民出版社2007年版。

杨军：《宋元三教融合与道教发展研究》，巴蜀书社2009年版。

杨艳秋：《明代史学探研》，人民出版社2005年版。

余英时：《论戴震与章学诚》，生活·读书·新知三联书店2005年版。

余英时：《宋明理学与政治文化》，吉林出版集团2008年版。

展龙：《元明之际士大夫政治生态研究》，人民出版社2013年版。

张岱年：《中国哲学大纲》，江苏教育出版社2005年版。

张佳：《新天下之化：明初礼俗改革研究》，复旦大学出版社2014年版。

张健编：《中国文学批评资料汇编——南宋》，台湾成文出版社1978年版。

张舜徽：《清儒学记》，齐鲁书社1991年版。

张学智：《中国儒学史》（明代卷），北京大学出版社2011年版。

张学智：《明代哲学史》（修订版），中国人民大学出版社2012年版。

周少川：《中国史学思想通史》（元代卷），黄山书社2002年版。

三、研究文章

仓修良：《宋濂的谱牒学理论》，《历史文献研究》总第 33 辑，华东师范大学出版社 2014 年版。

查洪德：《元代理学"流而为文"与理学文学的两相浸润》，《文学评论》2002 年第 5 期。

查洪德：《理、气、心与元代文论家的理论建构》，《文学评论》2010 年第 1 期。

查洪德：《文道离合与元代文学思潮》，《晋阳学刊》2000 年第 5 期。

陈昌云、温世亮：《融通与折中：宋濂"文道观"的思想内涵与特性》，《淮北师范大学学报》2015 年第 2 期。

陈高华：《陆学在元代》，《中国哲学》第九辑，生活·读书·新知三联书店 1983 年版。

陈葛满：《宋濂交游考》，《浙江师范大学学报》1992 年第 2 期。

陈葛满：《宋濂"养气"说述评》，《高校社会科学》1989 年第 6 期。

陈寒鸣：《简论宋濂思想的特色》，《孔子研究》1993 年第 3 期。

陈坚：《不是"体用"，而是"体相用"——中国佛教中的"体用"论再思》，《佛学研究》2006 年第 1 期。

陈军燕：《宋濂经学思想初探》，《兰州学刊》2012 年第 11 期。

陈俊民：《关学源流辨析》，《中国哲学》第九辑，生活·读书·新知三联书店 1983 年版。

陈玉东：《宋濂交游及文学思想考论》，广西师范大学硕士论文，2007 年。

慈波：《政治、学术与文章：〈宋文鉴〉编刊之争再审视》，载《浙学新视野暨"东南三贤"国际学术研讨会论文集》，2019 年 6 月。

方立天：《儒、佛以心性论为中心的互动互补》，《中国哲学史》2000 年第 2 期。

葛兆光：《道统、系谱与历史——关于中国思想史脉络的来源与确立》，《文史哲》2006 年第 3 期。

郭英德：《黄宗羲明文总集的编纂与流传——兼论清前期编选明代诗文总集的文化意义》，《郑州大学学报》（社会科学版）2000 年第 4 期。

黄灵庚：《宋濂的学术道统论考》，《中国典籍与文化论丛》2015 年。

黄灵庚：《宋濂的阐述性理之作——〈龙门子凝道记〉、〈诸子辨〉辨证》，

《浙江社会科学》2014 年第 12 期。

贾素慧：《近三十年来宋濂与佛教研究述评》，《江苏第二师范学院学报》（社会科学）2015 年第 7 期。

贾素慧：《宋濂佛门交游研究》，《昆明学院学报》2016 年第 4 期。

贾文胜、吕旭峰：《宋濂"文""道"思想及其婺学渊源》，《学术交流》2011 年第 1 期。

John D. Langlois. *Song Lian and Liu Ji in 1358 on the Eve of Joining Zhu Yuanzhang*. Asia Major, Third Series, Vol. 22, No. 1 (2009).

邝明威：《宋濂的内丹养生法——兼论其儒、道会通思维》，《鹅湖月刊》第 43 卷第 9 期。

李承贵：《宋代新儒学中的佛、儒关系新论——以儒士佛教观之基本特征为视角的考察》，《中国哲学史》2008 年第 1 期。

李道进：《宋濂的佛教观》，《浙江学刊》1995 年第 3 期。

廖可斌：《论宋濂前后期思想的变化及其他》，《中国文学研究》1995 年第 3 期。

林怡君：《宋濂〈龙门子凝道记〉之仕隐观析论》，《台北教育大学语文集刊》第 30 期，2016 年 7 月。

刘成群：《中州文献之传与金源文派之正——金元"文统"儒士之研究》，《人文杂志》2013 年第 10 期。

刘文起：《宋濂之文论》，《东吴中文学报》第 22 期，2011 年 11 月。

刘玉敏：《六经皆心学：宋濂的心学特色及其影响》，《孔子研究》2016 年第 4 期。

刘玉敏：《钱时的道统论与浙江心学》，《浙江学刊》2018 年第 5 期。

路鹏飞：《明初理学思想辨析——以刘基、宋濂、方孝孺为例》，《贵阳学院学报》（社会科学版）2018 年第 3 期。

彭琦：《南宋孝宗与佛教》，《浙江学刊》2002 年第 5 期。

朴志诜：《宋濂〈龙门子凝道记〉研究》（硕士论文），台湾师范大学 2012 年。

钱明：《"浙学"涵义的历史衍变》，《浙江社会科学》2006 年第 2 期。

任宜敏：《空有相资 真俗并用——明代"开国文臣之首"宋濂佛学思想述论》，《浙江学刊》2006 年第 4 期。

沙似雪：《略论宋濂的理学思想和文学主张》，《明史研究》第 4 辑，黄山书社 1994 年版。

申明秀:《宋濂道统文学观之成因与内涵探析》,《江南大学学报》2011 年第 1 期。

宋开之:《宋濂政治教育思想论》,《河海大学学报》(社会科学版)1999 年第 4 期。

宋克夫、熊恺妮:《宋濂朱学渊源考》,《湖北大学学报》(哲学社会科学版)2013 年第 5 期。

索宝祥:《论宋镰的颂圣文学——兼论颂圣文学的基本特征与明初君臣关系》,《文学遗产》2001 年第 3 期。

汤元宋:《语类编纂与"朱吕公案":以〈朱子语类〉为中心的再考察》,《中国哲学史》2017 年第 1 期。

唐宇元:《宋濂的理学思想》,《孔子研究》1987 年第 3 期。

唐宇元:《元代的朱陆合流与元代的理学》,《文史哲》1982 年第 3 期。

王嘉川:《〈诸子辨〉性质考辨》,《浙江社会科学》2004 年第 5 期。

王魁星:《论宋濂入仕明朝前的言文观及仕隐观——当前宋濂研究二热点新探》,《河南社会科学》2010 年第 6 期。

王宇:《试论〈明儒学案〉对明代理学开端的构建》,《中共浙江省委党校学报》2007 年第 4 期。

魏青:《刘基与宋濂》,《殷都学刊》2000 年第 4 期。

向燕南:《宋濂的史学思想》,《湛江师范学院学报》2008 年第 1 期。

向燕南:《宋濂的学术渊源与学术评论》,《历史文献研究》第 27 辑,华东师范大学出版社 2008 年版。

谢玉玲:《宋濂的道学与文论》(博士论文),台湾中正大学 2005 年。

谢智明:《儒释道关系视野中的宋濂思想研究》(博士论文),彰化师范大学国学研究所 2012 年。

徐梅:《经学思维范式下的文学观——宋濂文学思想述论》,《廊坊师范学院学报》2013 年第 1 期。

徐儒宗:《宋濂融贯众说集婺学之大成》,《江南文化研究 宋濂研究专辑》,文苑出版社 2011 年版。

许东海:《仙道、圣政、世变——宋濂〈蟠桃核赋〉之仙道书写及其明初史学意涵》,《汉学研究》第 26 卷第 2 期,2008 年 6 月。

许和亚:《吕祖谦编纂〈宋文鉴〉的文学思想与学术实践》,《中国文化研究》2019 年春之卷。

晏景中：《论宋濂的族治思想——从"定规聚族"的层面来论述》，《石河子大学学报》（哲学社会科学版）2008 年第 1 期。

曾龙生：《明初正一道天师张宇初与士大夫交游考》，《宗教学研究》2018 年第 1 期。

张敏杰：《易代之际的诗史之辨——以〈南雷诗历〉、〈明文海〉、〈思旧录〉为中心》，《文艺理论与批评》2012 年第 6 期。

张新民：《儒释之间：唐宋时期中国哲学思想的发展特征——以儒学的佛化与佛教的儒化为中心》，《文史哲》2016 年第 6 期。

张雪松：《"三教合一"概念的历史钩沉》，《党政干部学刊》2014 年第 11 期。

章毅：《元明易代之际儒士的政治选择：赵汸、朱升、唐桂芳之比较》，《中国文化研究所学报》2010 年 7 月。

张之楠：《"任道为宗"：宋濂的学术传承和理学思想》，《东方论坛》2010 年第 4 期。

朱仲玉：《宋濂和王祎的史学成就》，《史学史研究》1983 年第 4 期。

后　记

　　平居婺州城，遥望金华山。潜心穷婺学，相看两不厌。以宋濂，这一被誉为有明"开国文臣之首"、思想史地位颇有些争议的人物为切入点，窥探其"朋友圈"，考察其历史背景、思想内容和特征及前后的历史关联，最终发现他不仅继承发展了婺学，而且助推了整个浙东学术的发展。南宋后兴起的浙东学术在理学、史学、文学等各个领域都卓有建树，其后不绝如缕直至清代，俨然一座宝藏，挖掘得越深，惊喜越多。挖掘的过程是艰苦的，但最终能触摸到宝藏的一角，无疑又是令人快乐的。

　　非常幸运，本课题再次获得国家社会科学基金的资助，让我买起书来无所顾忌。2016 年我由国家留学基金委和浙江省联合委派，于岁末赴美国亚利桑那州立大学（ASU）访学一年，合作导师是著名汉学家田浩（Hoyt C. Tillman）教授。ASU 丰富的藏书、便利的馆藏互借和电子阅读等为本研究提供了极大的方便。田浩教授温文尔雅，学识丰富，颇有儒者风范，与他交流甚是愉快。他采取历史考证的方法研究中国思想史，对我启发甚深。回国后，在收集资料中偶然发现台湾有一篇研究宋濂三教思想的博士论文，但该论文并没有正式出版，电子版也无法获得。最后只好求助正在台湾作研究的田浩先生。田先生立刻和图书馆联系，利用身份的"便利"将论文复印下来，并带至金华，使得本研究少了一份缺憾。在此，对田先生致以特别的敬意和感谢！

　　此外，访学期间还结识了众多的美国朋友和中国访友。ASU 图书馆研究员刘倩博士热情大方，不仅在图书检索上给予我很多指点，在生活上亦提供了很多方便。我的室友，江苏大学的韩新月老师，她严格的作息规律、严谨的学术态度时刻鞭策着我，让我不敢有半点懈怠。茫茫人海，相遇即是有缘，相识更是不易。整整一年的访学生活让人难忘，在此，对所有在美国相识相知的朋友表示深深的谢意和怀念！

　　本课题属于浙江地域文化研究，于是选择在浙江大学出版社出版。感谢浙大出版社宋旭华老师的大力支持，在宋老师的积极运作下，书稿顺利进入编审流程。责任编辑蔡帆老师严格把关，对书稿的遣词用语仔细斟酌，对所有引文及出处详加核查，纠正了很多错误。让我羞愧之余，也感受到了浙大出版社编辑的谨严。谢谢宋旭华和蔡帆两位老师！

本书的出版也得到浙江师范大学马克思主义学院重点学科出版经费的资助。2014 年我调入浙江师范大学工作，至今已有六年。学院的郑祥福、王锟、周志山等教授和领导对我出国访学、教学科研给予了大力支持和帮助。于淑娟老师，与我是人大校友，亦是同乡，博学多识，聪慧善良，于我多方照顾，助益甚多。"独学而无友，则孤陋而寡闻"，良师益友殊为难得，借此后记，向以上师友表达诚挚的谢意！

刘玉敏

识于辛丑年·小雪